广东省交通运输厅　主编

21世纪海上丝绸之路与广东航运丛书 一

蔚蓝轨迹

——广东航运经济文化史

廣東旅游出版社
GUANGDONG TRAVEL & TOURISM PRESS
悦读书·悦旅行·悦享人生

中国·广州

图书在版编目（CIP）数据

蔚蓝轨迹 ：广东航运经济文化史 / 广东省交通运输厅主编. — 广州 ：广东旅游出版社，2017.11
（21世纪海上丝绸之路与广东航运丛书 ；1）
ISBN 978-7-5570-1146-8

Ⅰ. ①蔚… Ⅱ. ①广… Ⅲ. ①航运－交通运输史－广东 Ⅳ. ①F552.9

中国版本图书馆CIP数据核字(2017)第253941号

出 版 人：刘志松
策划编辑：官　顺
责任编辑：厉颖卿
装帧设计：谢晓丹
责任校对：李瑞苑
责任技编：刘振华

蔚蓝轨迹：广东航运经济文化史
WEILAN GUIJI: GUANGDONG HANGYUN JINGJI WENHUASHI

出版发行：广东旅游出版社
社　　址：广州市越秀区环市东路338号银政大厦西楼12楼
邮　　编：510060
邮购电话：020-87348243
网　　址：广东旅游出版社网站：www.tourpress.cn
印　　刷：广州家联印刷有限公司
（广州天河吉山村坑尾路自编3-2号）
开　　本：787毫米×1092毫米　1/16
印　　张：15
字　　数：240千字
版　　次：2017年11月第1版
印　　次：2017年11月第1次印刷
印　　数：1-2000册
定　　价：68.00元

《蔚蓝轨迹：广东航运经济文化史》

编委会

主　任

李静

（广东省交通厅运输厅厅长）

副主任

刘晓华

（广东省交通集团总经理，时任广东省运输厅副厅长）

主　编

陈少华 林涛

顾问（按姓氏笔画排序）

付纶香 付广 乔培华 刘晓明 杨久炎 陈长琦

聂昌琪 黄伟宗 程国赋 黎燕媚 潘莉 戴黍 童本标

编委

陈少华 林涛 晓伟 丁超 闵定庆 申洁玲

序 1

广东，是经济大省、外贸大省，也是文化大省、航运大省，濒临南海，海岸线长，港湾众多，江河纵横交错，广东本土文化与生俱来携带着亲海洋性基因，与航运经济有着千丝万缕的联系，且源远流长。《淮南子·原道训》曰：“九嶷之南，陆事寡而水事众”。早在越族先民在此生息繁衍之时，便已“刳木为舟，剡木为楫”进行渔猎。后来逐渐发展到利用舟楫进行各部落间产品交换，并通过内河与岭北交往，还沿着海岸航行与东南亚各地发生偶然往来，由此产生了早期航运经济活动。越人以擅长“涉游刺舟”著称，经年生活在烟波浩渺的河海之上以“舟楫为食”，水上世家，专业易精，有利于航运和造船技术的提高，因此“广船”与“福船”并称享誉于世，历久而未衰，绝非偶然。

优越的自然条件和越人“善用舟”的历史传统，使广东的航运业自始领先发展。从航运兴起之早、航海与造船技术之精、海河航行范围之广、客货运输量之大等方面可以看出，古代广东航运在全国独占鳌头。春秋战国时期，广东沿海的水上运输已十分频繁；秦代修筑灵渠贯通南北，深化了岭南和中原腹地的经济文化交流；汉代形成了以徐闻、合浦为最初始发港的海上丝绸之路雏形；隋时大庚岭新道开凿成功，广东货物可经广州北上，珠江支流北江作为岭南主航道的地位得以确立；唐代开辟的“广州通海夷道”大大延伸了汉末的海上丝绸之路，作为始发港和终到港的广州，逐渐发展成岭南中心城市和贸易集散地；五代、宋、元与南海诸国的水上交通和频繁的贸易交往，明代港市的兴起及内河水运网络的形成，都对广东经济文化的发展起到了重要的作用；至清代中期，以“十三行”的兴起和繁盛为标志，广东航运业“臻于全盛”，沿海运输已与内河运输紧密相连为一体，形成一个纵横南海、通贯西、北、东三江，兼带岭北的巨大运输网络。然而，必须指出的是，清代广东航运业的繁盛，是在“一口通商”背景下的特殊的繁荣，在其背后隐藏着衰退和危机。

广东航运业的近代发展变化，是西方列强在炮艇开道下商业扩张的先行行业而被移植的。两次鸦片战争后，英国等西方列强凭借一系列不平等条约的特权，利用其快速、安全、准时、省费的轮船，以及利用被英国侵夺并建立起殖民统治的香港作为他们的航运业的基地，迅速地将其日益完善的近代航运业在广东推行，广东传统的帆船航运业在外国先进交通工具的冲击下，迅速走向凋敝，被誉为“天子南库”的“粤海关”完全受外国人所控制，内河航行权也丧失殆尽，西江几乎全线无防。面对外国优势航运资本的威胁，伴随内河航禁的逐步解除，广州民营轮运业利用珠江水系特点及自身优势，积极发展内河轮运业，在第一次世界大战时期和省港大罢工时期先后出现两次发展高潮，相继出现了近代轮船、港口和造船业。广州民营航运业的发展，尤其是内河轮运业的发展，冲破了外国轮运业的挤压，显示了顽强的生命力，成为民族航运业的主体与中坚。在抗战初期，广东航运担负起大后方对外贸易的重任，为抗战物资的运输做出了突出贡献。但令人扼腕的是，国民党反动派败退台湾时，对大陆经济设施大肆破坏，使广东民营航运业再次陷入衰落的境地。总的来说，这一时期广东航运业的发展十分曲折，始终是在反帝反封建的斗争中求存图强，是一段侵略与反侵略、压迫和反压迫的历史。

广东航运经济文化发展史，本质上也是中原文化、岭南文化、海洋文化、外来文化等诸多文化大交融的历史进程。从唐代张九龄主持开凿大庾岭，打通中原与岭南文化交流的梅关古道之后，中原人皆沿着“长江水路—梅关古道—珠江水路”的水路联运路线进入岭南地区。唐宋八大家之首的韩愈，三次经此南下广东，将先进中原文化带入这片地区，极大地提高了当地人的文化素养和推动了当地经济文化的发展。西方文化传播者利玛窦、汤若望和南怀仁乘船来华，以广东为原点，向中国的政权与文化核心—北京及其周边地区逐步推进与渗透，最终完成了“西学东渐”在中华大地的历史进程。不可否认，广东能成为多元文化交融荟萃的“反应发生器”，正是海、河航运业领先发展的必然结果。广东人在文化大交融中不断汲取中原传统的儒家文化和西方先进的海洋文化之精髓，逐渐塑造出“开放、包容、创新”的精神特质和独立自信的海洋意识，使广东人始终具备开阔的眼界和开明的思维，能够在时代变迁的浪潮中勇立潮头。在近代中国民主主义革命中，孙中山等革命先驱、省港大罢工中的运动者、广东民营航运业的海员、“下南洋”艰苦创业的华侨……这些与广东具有极深渊源的力量，是推动中国社会转型进步不可或缺的动力。

现代广东航运经济文化史，是最辉煌的篇章。新中国成立以来，在中国共产党的坚强领导下，伟大祖国逐渐恢复了昔日的荣光，广东航运经济再次焕发蓬勃生命力，航运公司、远洋船队、深水港口等从无到有、从小到大迅速发展，广东沿海和内河相继建成一批又一批现代化的港口和专业化的深水泊位，以及与港、航相配套的各种设施：航道疏浚、船舶修造、海事管理、通信导航、船舶检验、救助打捞、海洋环境保护等，还建设了具有相当规模水平的航运科研设计机构和航运院校，形成了一个比较完整的航运经济体系。在改革开放时期，广东更是以其独树一帜的智慧和创造，为其他地区发展提供了可复制的“广东经验”。进入21世纪，全球经济一体化进程加快，国际贸易日益广泛，珠江水系正逐步形成江海联运、水陆联运的综合水运体系。据2017年世界航运公会(World Shipping Council)公布的统计数据，依照集装箱吞吐量计算，世界十大集装箱港口中，中国占了七个，其中深圳港、广州港分列第三、第八。广东继续以其独特的地理位置，向内地辐射海洋文化的先进观念和积极开展区域合作，一个个与航运相关的宏伟目标被列入了广东发展蓝图：“泛珠三角区域合作”“广东自贸试验区”“粤港澳大湾区”“珠江—西江经济带”……

“乾坤有序，宇宙无疆。星辰密布，斗柄指航”。“富有冒险精神的人们，驾驶着当时属于世界最大型和最先进的帆船，操作着本国发明的航海指南针，满载着早已闻名于世的中国陶瓷和丝绸同海外各国人民进行和平的商业往来，互通有无”，这是古籍中对中国海上丝绸之路的描述。2013年9月、10月，习近平总书记出访中亚、东南亚国家期间，先后提出共建“丝绸之路经济带”和“21世纪海上丝绸之路”的重大倡议，得到国际社会高度关注，自此，“一带一路”成为国家重要发展战略。这一战略的实施，使古老的海上丝绸之路焕发更蓬勃的生命力，全球航运重心将随着航运物流网东移，而广东这片航运经济文化厚积薄发的热土，必将成为祖国建设世界航运经济强国的重要引擎。

纵观广东航运经济文化史的盛衰起伏，虽然经过许多曲折，走过不少弯路，但成就始终是主流。感谢《广东航运经济文化史》编写小组的辛勤努力，使这本书不仅叙述了广东航运漫长历史的兴衰演变，也叙述了有关的地理、考古、民俗及先辈的勤劳智慧和民族精神，并且联系中国和世界历史进行考察，探索其发展规律，总结历史的经验教训，具有承前启后、继往开来的重大意义，对当前广东航运融入“一带一路”区域合作平台，开拓港口、航运物流和临港产业等领域合作，将起到重要的启迪和借鉴作用。

梁建伟

（广东省人民政府参事、广东海事局原局长）

序 2

广东河网稠密，径流量大，坡降平缓，终年可以通航。自古以来，河流就是广东最主要交通方式。广东又面临我国最大的南海，连接太平洋，沟通全世界。且珠江八口入海，江海一体，其他独流入海的河流，也自成格局，共同构筑起广东庞大的江海交通体系。至今仍是广东内外交通的大动脉，无论今古，都为广东社会经济发展，为广东与世界各国的文化交流和进步，做出不可磨灭的贡献，而蜚声海内外。在当今“一带一路”建设中，广东航行正承担着繁重的使命，充当着一个不可或缺的角色。

正是在这样一个充满希望和竞争的时代背景下，广东省交通运输厅顺应时代潮流，站在历史制高点上，总结广东航运的历史经验和启示、谋划未来，为此而编写《21世纪海上丝绸之路与广东航运经济文化史》一书，可谓深得要领，适合时宜。在时间维度上，不但对广东航运经济文化发展历史，做了深入梳理，导出其中主要特点、经验和规律，并提供了一系列历史剖面；而且在空间和航运要素维度上，阐述了广东航运的区域、门类、方式、文化和效益等差异，从而使广东航运作为一个庞大的经济文化史体系，呈现在世人面前。这不但为社会各界认识广东航运事业的历史地位和作用，提供一部很有分量的专著，具有学术研究意义，而且对广东航运的规划和发展，也提供重要的决策参考，具有实际应用价值。

从这个总体概念出发，个人认为该著具有如下特点：

首先，在选题上，该著将航运的经济和文化视为一整体加以研究，钩沉其中特点和规律，这就有别于将两者单独分开研究，更能彰显经济和文化相结合的优势，既符合航运业自身的性质，也有利于从两者一体的视野，透视、把握广东航运业发展历史过程、兴败盛衰、枯荣得失及相应经验教训和规律。

因为从一定意义上说，文化是经济发展一种外在表现，而经济又是文化支持的结果，两者互为表里，互为因果，不可分割。该著独出心裁，将经济文化作为一个对象开展研究和论述，可谓别开生面，取得整体效益，也可以说是一种学术和研究方法的创新。

次之，该著结构合理，浑然一体。

首发端于广东航运历史演变，所划分几大阶段，见解精到，切中要害。例如秦汉航运，在于开拓疆土；魏晋隋唐，要旨在于南北交流；宋元明主要对外；清末民国为内外窗口；改革开放时期起到先锋作用，健康地发展。它们既有联系，但更在突出时代重点，给读者深刻印象。这表示著者对广东航运有深入了解和对整个广东社会经济发展的历史有相当把握，将航运视为其中一大元素，并站在历史明朗的高处加以评价，从而做出合乎逻辑的结论。继述及广东航运区域特点，这既有广东陆地水文、航线内河、海洋空间格局、港口布局和效益经济；也有广东航运的经济地位和作用剖析、总结；最后归结于航运的文化建构，从名人到岭南人精神世界，条分缕析，既有一定理论指引、大时代背景，更重于广东航运事实的掌握，在此基础上融会贯通、层层深入，从而得出令人信服的结论。

再次，该著内容丰富，但主次分明，重点突出，达到内容和形式的统一。

航运是一项综合性产业，涉及自然和社会环境、航运技术经济、管理、文化、外交、海防、神明崇拜、风俗活动等多个要素和层面，实为一个自然、经济、技术、社会、文化等综合体。故要表达的内容十分庞杂，头绪纷繁，不好把握；但该著能在复杂纷繁元素中，紧紧抓住航运的江海路线及与之配合陆上交通，以及运输货流结构、港口布局和以它们为核心的航运管理等为主线，开展相应论述，犹如庖丁解牛，把如此庞大广东航运业解构得一清二楚，从而达到以古论今，为现实服务之目的。

最后，该著使用大量照片、地图来说明问题，可谓图文并茂，不仅弥补文字表述之不足，且进一步强化了航运业的空间格局和表达效果。

众所周知，地图是地理学第二语言，而照片更有直观效果，两者合并使用，给人以强烈地域概念和空间印象，这较之一般历史著作缺乏这方面表达形式，实胜一筹。并且不少照片是著者亲身拍摄所得，这离不开野外考察的结果，字里行间，浸渍着他们辛勤劳动的汗水。

广东航运在历史上享有崇高地位，广东是蜚声海内外航运大省。只是近年，陆上交通崛起，内河航运式微。但随着交通形势变化，特别是陆上交通引起生态环境问题日趋严重，水运优势重新凸现而且受到重视，相信广东航运业将有光辉灿烂前途。在大力推进“一带一路”建设高潮中，广东航运不可或缺，地位不可取代。在这个背景下面世的这部著作，不但非常必要，而且很合时宜。在相类似著作比较匮乏背景下，广东旅游出版社将该著付梓，也是值得称道的。

是为序。

司徒尚纪

2017年3月25日

于中山大学望江斋

（司徒尚纪系中山大学教授、广东省人民政府特聘参事、广东省珠江文化研究会名誉会长）

目录

★ **第一篇** ★

广东航运历史篇

广东航运的历史，既是岭南的文化史，也是古代中国外交与对外贸易历史的重要组成部分，更是海上丝绸之路的主体篇章。

自从公元前219年秦始皇修筑灵渠统一南越，将广袤岭南纳入帝国版图，内河航运就将中原和岭南连为一体，航运作为主要的长途交通方式，成为了岭南政治、经济、文化发展的动脉，开启了岭南文明的新篇章。这主要表现在几个方面：

1.中央政府开始在岭南设置州郡，岭南社会形态从部落形态进入封建形态。

2.中原的铁器和冶金技术、农业技术、手工技术等传入岭南，使岭南告别原始的生产方式，开始形成了初步的农业、畜牧业、渔业和手工业等。

3.汉字开始传入岭南并得到广泛使用，岭南结束了没有文字的历史，进入文化发展的新阶段。同时，岭南的海盐源源不断输入中原，成为国家盐业的重要组成部分。

秦汉时期，南海航线初现雏形，初期以徐闻与合浦为始发海港，后以广州为始发港，海上丝绸之路基本成型。广州的优势有三：

1.广州在三国时期已经成为重要的造船中心。

2.岭南地区相对中原来说，战乱较少，经济发展稳定，中原人口南迁更加速了岭南经济的发展。

3.广州港既是海港又是珠江河港，河海联运，可以直达中原，便于贸易。因此，广州逐渐发展为成为东西方贸易和文化交流的东方大港。

唐代形成了以广州港为始发港和终到港的“广州通海夷道”，航线经过南海可以到达今东南亚、南亚和阿拉伯半岛的广大区域，全长14000公里，是哥伦布发现新大陆之前的世界最长航线。唐朝政府长期实行开放包容的对外政策，在广州设立市舶机构，允许多种外币在市场流通，赋予蕃坊相当大的自治权，并保护外国人的财产，唐时广州外侨人口达20万左右，广州发展为一个国际性的大都市。唐初张九龄修凿了大庾岭道，使珠江货物（外贸和国内贸易的大宗商品如海盐、粮食和棉花等）经北江实行水陆联运，再由赣江北上，大大缩短了路程。唐贞元年间，广州市舶税收与“两税（唐朝的两个主要税种：土地税和丁税）”相埒，可见外贸对国家财税的重要性。

宋代完善了市舶制度，在广州等地设立市舶司。宋元丰年间制定了《元丰广州市舶条法》，作为政府管理海外贸易的专门法律通行全国，这是迄今世界上发现的最早的海上贸易成文法规。由于宋室南迁杭州，外贸货物多由靠近杭州的泉州解压，广州因此一度落后于泉州，但到元末，广州港又赶上了泉州港。

明代郑和下西洋，客观上为从广州出发的海上丝绸之路向非洲和拉丁美洲扩展打下了基础。隆庆开禁之后，广州港的贸易更加繁忙，西洋南洋贸易货船常舶广州。嘉靖三十二年（1553年）葡萄牙人租借澳门之后，西班牙和英国接踵而来，贸易骤增，中央政府长期奉行的朝贡贸易制度已经不能适应新形势，明世宗特批广州开放民间贸易。这是中国外贸形式从朝贡贸易向民间外贸的转型，广州因此再次确立作为中国最大港口的地位，从广州通往非洲、欧洲和拉丁美洲的远洋航线也应运而生。

清代政府在广州设立粤海关，为四关之首。粤海关的制度创新体现在：

1.将进出口贸易从国内一般贸易中剥离出来。

2.将外贸管理与外贸机构分离。

在此基础上确立了鸦片战争之前的外贸模式：行商模式。为便于海防与管理，乾隆下令西洋商船只许在粤海关通商，随着西方因工业革命而带来的巨大贸易需求，粤海关税收几乎占国库一半，广州成“天子南库”。鸦片战争之后，清政府丧失外贸关权，航运业被西方列强垄断。

建国之后，广东航运业进行了社会主义改造。改革开放之后，广东省开放航运市场，实现航道标准化、船舶专业化、港口服务信息化，广州成为货物吞吐量位居世界前10名的港口。进入21世纪后，广州南沙港成为国家级自贸区，广州确立了“国际航运中心”的发展定位。在海上丝绸之路的建设中，广东航运再次迎来巨大发展机遇。

总结广东航运的历史，可以得到如下的启示：

1.航运自古以来就是经济文化交流的重要方式

广东古代历史的发展，与航运息息相关。灵渠的开通、大唐岭道的修凿以及历朝历代对水道和岭道的维护，保障了岭南和中原的交流，中原先进的政治制度、经济形态及文字文化的传入，以及人口的流动，加速了岭南与中原的文化认同与民族融合，可以说没有水运（包括水陆联运）就没有今天的岭南。另一方面，岭南面向广阔的南海，海上航行与珠江内河航行相衔接，海上的人员、物资和文化的往来带来了中华文明和异域文明的交流、碰撞与融合，蹈海而来的异域宗教文化、异域制度和科学思想已经融合成为中华文化的组成部分，而随船而去的儒家文化、道家思想以及中华器物也传播到全世界。因此，岭南水运和南海海运对中华文明的塑造亦有重大作用。

进入21世纪，航运的经济交流功能日益凸显。航运，尤其是海运在全球化的趋势下越来越重要。古代的商品流通是以内陆地区的商品交换为主、海运为辅，但在当今经济全球化形势下，各大洲之间的大宗商品交换比重大幅增加，如非洲和澳洲的矿石、中东的原油、中国的电器、南美洲的农产品等，都在各大洲之间进行交换，都依赖航海运输。因此，海运会变得越来越重要。内河航运可能逐渐被铁路、公路等陆上运输分割份额，但是海运具有无可替代的重要性。广东应该努力把握这个海运发展的新机遇。

2.制度创新是维持广州航运地位的保障

广州一直是古代航运的制度创新地。唐代在广州设立了市舶机构，在全国最早形成了蕃坊制度；宋代在广州完善了市舶制度，出台了《元丰广州市舶条法》，这是迄今发现的世界上最早的成文外贸管理法规；明代在广州开放了民间贸易，这是中国外贸从朝贡模式向民间模式的转型；清代广州粤海关为四关之首，粤海关所制定的税则为其他三关所奉行，清代行商制度的确立，也是在广州实现的。可见广州一直处于中国外贸制度创新的前沿，不断地通过制度创新来适应外贸新形势并推动外贸发展。广州能保持作为海上丝绸之路的始发港和终到港的地位，固然有多种原因，但广州具备适应外贸的制度是其中最重要的因素。在21世纪海上丝绸之路的建设中，制度创新至关重要。制度创新与时俱进，这是保持广州航运与贸易地位的保障。

3.航运繁荣需要各方动力，尤其是民间动力

历史上中国（广东）航运的发达是由中国（广东）和西方（16世纪中叶之前是阿拉伯，其后是欧洲）的几组双向动力共同推动的。不但有中国人前赴后继地出海贸易，更有海外民众摩肩接踵蹈海而来；不但有中外政府对朝贡贸易的需求，更有民间商人对贸易利润的追逐；不但有商品贸易对经济形态的塑造（如广东的商品农业、商品手工业），也有经济形态对商品贸易的适应，等等。

在这些动力中，民间外贸的动力可以说是最重要最持久的动力。汉唐时期，基本没有海禁，民间贸易颇为繁荣，唐代蕃坊的出现就是一个证明。唐朝之后的历朝历代的政府，出于海防或者其他目的，基本上对民间外贸采取禁止的政策。所谓“海禁”“走私”几乎是相伴相生的，可以说“走私”盛行是“海禁”的必然结果。宋代《元丰广州市舶条法》对“私商”设置了门槛，但是当时广东广西的私盐贸易和走私外贸非常活跃；明清海禁颇为严厉，虽说是为了海防，但是民间贸易力量在被禁止之后铤而走险，形成了复杂的局面和海防的困局。不能处理好民间外贸是明清的深刻教训。民间贸易的动力是一股巨大的力量，成功的经验和失败的教训都值得汲取，作为今天的借鉴。

4.“海丝文化”的核心价值是和平与交流

海上丝绸之路在漫长的发展过程之中基本上是以和平交流为目的的。中国古代的外贸长期采取“朝贡贸易”的模式，朝贡贸易实际上是处理国与国关系的一种方式，即通过财物的往来实现两国友好往来。中国各市舶司待商如客，“常加存问”“犒设”，往往还在季风吹起各国商贾即将离去时宴请他们予以送行。即使是在中国海军实力居于世

界首位的明代，郑和的七次航行，也是以外交和商贸为基调，这与西方16世纪以后的以殖民掠夺为目的的航行截然相反，证明东方的海上丝绸之路乃是和平之路，交流之路。在“一带一路”的建设中，我们要通过“海丝文化”宣扬和平与交流的理念，破解某些国家别有用心的“中国威胁论”，为中国的和平崛起塑造具有亲和力的国家形象。

第一章　秦汉时期海运的初期发展

一、修筑灵渠使用至今

公元前221年，秦始皇相继平定韩、赵、燕、魏、楚、齐六国，统一天下。秦始皇雄才大略，统一货币和度量衡，以利经济发展；统一文字，以利文化融合与交流；实行郡县制，以利控制四方。始皇雄视帝国版图，东到东海，西至陇西；北临匈奴，修长城以拒之；唯有南方，南岭之南，世代为百越聚居之地，仍非王土。传说舜曾经南巡岭南，后崩于苍梧之野，归葬九嶷。百越也曾经是楚国的南方疆土。战国时期，作为七雄之一的楚国称霸之时，国力雄厚，一方面与中原各国抗衡，兼并小国，攻城略地；另一方面在南方开疆拓土，筚路蓝缕。楚国建国的漫长过程一直伴随着与"南蛮"的征战，楚国灭三苗，平山越，南吞百越，成千里之国。楚国疆域最大的时候，北至黄河，东到江南，南方深入现今两广之地，所谓"楚地千里"。楚成王在位时期，周天子要求楚国"节制百越，无侵中国"，可见楚国具备对百越的实际控制能力。秦始皇统一中国，南方之地早在其计划之中。

公元前219年，秦始皇就命令屠睢统率50万大军，兵分五路，以征南越。

《淮南子》记载："（秦始皇）又利越之犀角象齿翡翠珠玑，乃使尉屠睢发五十万，为五军；一军塞镡城之岭，一军守九疑之塞，一军处番禺之都，一军守南野之界，一军结余干之水。三年不解甲驰弩。"①五路大军，一路驻扎在镡城（今湖南省靖州苗族侗族自治县西南）附近的越城岭，一路驻扎在九嶷山（今湖南省宁远县南），一路驻扎在番禺（今广州），一路驻扎在南野（今江西省南康市南），一路驻扎在余干（今属江西省）。从进军路线来看，秦军选择的是广袤南岭之间的自然通道②，但是屠

① 《淮南子集解·卷下·人间训》，广益书局，1936年，第132-133页。转引自《海上丝绸之·广州文化遗产·文献辑要卷》，文物出版社，2009年，第 10 页。

② 南岭是中国南部的最大山脉和重要自然地理界线，在今湖南省、江西省、广东省和广西壮族自治区4省（区）边境，向东延伸至闽南。南岭东西长约600公里，南北宽约200公里。因南岭由越城岭、都庞岭、萌渚岭、骑田岭和大庾岭5条主要山岭所组成，故又称五岭，但广义的南岭还包括苗儿山、海洋山、九嶷山、香花岭、瑶山、九连山等。

睢和赵佗统率的这五路大军遇到了以译吁宋为首领的百越联军的顽强抵抗，三年之中，官兵不曾解甲弛弩，却仍然没有进展，双方陷入拉锯泥潭，均死伤惨重，而屠睢的粮道又被百越切断，粮草不济，屠睢不得不写信向秦始皇求救。

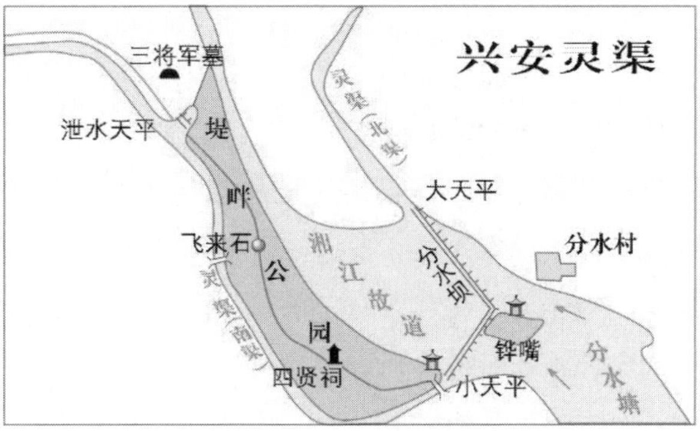

图1-1-1 灵渠工程示意图

（图片来源：桂林灵渠旅游网）

公元前217年，秦始皇派遣史禄负责运送粮饷。粮草沿湘江南下，行至今都庞岭和越城岭之间，遭遇困境。湘江本是一路向东，要流入洞庭湖注入长江。都庞岭和越城岭之间，是湘江的支流海洋河，海洋河是由南向北流入湘江。史禄到此，已是无路。几十万人的粮草，如果要靠人挑或者马驮，在南岭的崇山峻岭之间穿行，兼有百越袭扰，谈何容易！而在海洋河之西不远，正好有漓江的上游支流大榕江，而海洋河与大榕江的分水岭是一列土岭，两河水位相差不大。于是，史禄率领士兵民夫劈山凿地，修建运河，历时三年，运河始成。这条运河，就是灵渠。秦始皇时期的大工程，所谓“北有长城，南有灵渠”。灵渠又与四川都江堰、陕西郑国渠并称为“秦代三大水利工程”。

秦时开凿的灵渠运河，又称秦凿渠、零渠、陡河。灵渠由南渠北渠、铧嘴、大小天平、南渠北渠泄水天平和陡门组成。南渠就是人工开凿的运河，全长约33公里，因它在湘江之南，故称南渠。南渠引海洋河的水注入大榕江，汇入漓江。南渠和湘江之间是“秦堤”。北渠长约4公里，又称湘江新道，大致与湘江故道略平行，而有两个故意挖成的S弯曲，用以平缓海洋河水势和水位落差。北渠水道高于湘江故道，北渠在高塘村汇入湘江。船来时，上溯湘江，从高塘村进入北渠，逆流而上，绕大小天平而进入南渠，南下漓江。

铧嘴是分水工程，类似今都江堰的分水鱼嘴，其形状前锐后钝，形如犁铧，故称“铧嘴”。当时铧嘴锐角对着奔流而来的海洋河，将北去的海洋河三七分流，其中三分水转而向西流入漓江支流大榕江，七分水依旧向北汇入湘江，由此长江水系和珠江水系连为一体。大小天平是两道相连的拦河坝，分别面向湘江与大榕江。水枯季节，大小天平拦河蓄水，以备漕运；水丰季节，则水从坝上流过，汇入湘江和漓江。

陡门又称斗门，是在大小天平尾部和南、北渠上用于抬高水位，蓄水通航，具有船闸作用的建筑物，因其建筑于渠道的陡峭位置，故称陡门。每当枯水季节，船来时，便把陡门关上，水涨船高，待到合适高度，再逐步打开船闸，船就可以顺水而下。灵渠的陡门可以说是世界上最早的多级船闸，它比巴拿马运河的船闸早上千年，可称世界多级船闸之祖。

灵渠修成之后，史禄押运的粮草源源不断地运入岭南。公元前214年，屠睢已死，赵佗率领汇集起来的30万大军，再次发动了征伐南越的战争。此时，百越兵士经过连年战乱，死伤惨烈，难以抵抗，赵佗势如破竹，沿灵渠、漓江一路南下，征服了漓江流域和珠江流域，建立了南海、桂林郡和象郡。南海郡下辖四县（番禺、四会、博罗、龙川），另一说为六县（番禺、四会、博罗、龙川、浈江、揭阳），郡治在番禺（即今广州），主体范围在今天的广东省。桂林郡的位置约在今广西一带，面积达20万平方公里以上，郡治在今桂平市。象郡辖今广西西部、越南北部中部①。总之，整个岭南纳入了秦帝国版图，秦朝终于统一了岭南，辽阔富饶的南海呈现在了中国的面前。

史禄修筑灵渠，虽然是由于统一战争的需要，但是灵渠修好之后，大大改善了岭南和中原的交通。在灵渠修成之前，中原腹地与岭南的交通，“从地理形势上看主要有两条路线，一条是从湖南沿湘江通过湘桂低谷，进入广西全州、兴安地区；一条是从湖南道县一带过萌诸岭隘口，到广西贺县、钟山一带。”②这些都是自然通道，往南深入有限。灵渠修成之后，沿灵渠北上可到洞庭湖，沿长江往西可到武汉，再沿汉水北上可直达当时的秦都咸阳；沿灵渠南下，则可沿着漓江、西江直达广州。灵渠之利可谓一渠贯通南北，成为了岭南和中原腹地的经济文化交流的要道，并带动了五岭之间其他路上通道的修建，形成了一个以灵渠水路为主道、陆路交通为辅助的交通网络。而秦军也就此留在了岭南，成为两广人的祖先之一支。

秦朝两世而亡，秦末汉初，中原烽烟四起，战事频仍，中原政权无暇顾及岭南三郡，秦南海郡尉赵佗遂趁机立国，号为南越国，共九十余年。汉朝建立之后，刘邦派使者陆贾出使南越，赵佗接受汉朝“南越王”印玺，归附汉朝。归附期间，赵佗每年都派使者朝贡汉朝皇帝，灵渠是重要的朝贡通道。

二、三国时期灵渠和内河航运促进广东造船业发展

汉武帝平定南越之后设九郡，又在元鼎五年（公元前112年）设交趾刺史部，以辖九郡。刺史类似秦朝的监察御史，监察吏治民情，以报朝廷。东汉末年，交趾刺史部改名为交州刺史部，交州刺史部所管辖区域，包括今天广东、广西、海南及越南北部，地域广大。吴黄武五年（226年），交州刺史又上书将交州分为交州、广州，从交州分出

① 象郡辖区位置素有争议，一说是在今日广西与广东雷州半岛，面积达10万平方公里以上；一说则指象郡包含了越南境内的北圻和中圻，面积广达30万平方公里以上。

② 范玉春、周建明：《古代过岭交通的变迁及其原因——兼论灵渠对桂东北发展的影响》，《广西民族学院学报(哲学社会科学版)》，1999年第1期，第81页。

南海、苍梧、郁林和合浦四郡，立为广州郡，以交趾、九真和日南郡为交州。这就是广州与交州最早的划分。一直到280年，一直如此。三国归晋后，也维持交州、广州二分的行政格局。交、广之分，就固定下来。

交州和广州的设立，改变了岭南原来的行政格局，加强了岭北政权对岭南的管理和控制，也直接提升了广州的地位，使广州成为整个岭南的政治经济和文化中心。广州的造船业和航运业也随之有了比较大的发展。

三国时期，也就是交州广州分分合合的这段时期，灵渠和珠江的内河航运已经比较发达。我们可以从三个方面来分析：

一是灵渠陡门的修建。虽然现在没有证据证明史禄修建灵渠一定修了陡门，但也没有史料否认这一点。灵渠本来没有陡门也可以航行，一年之中有九个月是丰水季节，航行无需陡门，不过秋后进入岭南的枯水季节，灵渠水浅就面临通行问题。但是现有的秦汉资料，并没有关于灵渠枯水季节不能航行的说法。因此，大约可以推断秦汉时期灵渠就有陡门。而灵渠陡门的存在，解决了枯水季节航行的问题，说明了这个航道的繁忙。

二是岭南内河航道的疏通。珠江有西江、东江、北江三条主要支流，西江可经过漓江和灵渠连通湘江，直达中原，兹不赘述。北江在秦汉时期也得到疏浚，成为岭南通往中原的另一通道。相比西江，北江可以大大缩短航程。西江上游主要有三条支流，东为浈水，发源于江西境内；中为武水，发源于湖南郴县；西为湟水（今称连江），发源于桂阳（今为广东连县）。湟水为交通要冲，秦时湟水上设有三道关卡，成为“三关”。据说当年“赵佗分兵绝秦通道”，就是这条通道。武水虽险，但它沟通桂阳郡治（今湖南郴州）与曲江县的捷径，所以自东汉后官府不断疏浚，先是建武二年（26年）桂阳郡太守卫飒“凿山通道五百余里”；其后建初八年（83年）司农郑弘“奏开零陵、桂阳峤道，于是夷通”，也有助于武水航路；汉桓帝时贵阳郡太守周昕见江水肆虐，遂开凿了武水上最险要的六泷。六泷水利工程，使“小溪乃平直，大道克通利”，商人“抱布贸丝，交易而至”，北江也成为商贸的繁忙航道。[①]

三是可以从三国之间的水战来判断。春秋战国时期，拥有水军的国家有吴、楚、越、齐等国家，水战主要在长江中下游河流湖泽中进行，如《左传·襄公三年》所记载的公元前570年的吴楚鸠兹（今芜湖）之战和吴越之间的太湖会战（公元前494年，越王勾践与吴王阖闾会战，勾践败），但是人数规模皆有限。根据《太平御览》卷315所引《伍子胥水战兵法》记载，这一时期的战船有楼船（指挥船）、大翼、中翼和小翼，主战船大翼长20米，宽2.7米，船上配“战士二十六人，棹五十人，舳舻三人，操长钩

① 叶显恩：《广东航运史》古代部分，人民交通出版社，1989年，第32-33页。

矛、斧者四人，吏、仆、射长各一人”等，“凡九十一人”。但是到了三国时期，赤壁之战前后，已经出现了大型的战船。《三国志·周瑜鲁肃吕蒙传第九》记载孙权问计于群臣如何应对曹操“会猎于吴”时，议者讲到刘表时说：“刘表治水军，蒙冲斗舰，乃以千数”[①]，当时的艨艟（即蒙冲），根据三国专家方北辰先生考证，可以装载士兵500人，可见造船技术已经突飞猛进了。造船技术的进步，说明了当时航运的发达。交州广州的分设，实际上是魏蜀吴三国争霸的结果。三国时期，北方战乱远甚于南方，北方人口大量减少。岭南相对安定，不仅本地人口持续增长，而且南来避难的中原士民也不少。像士燮家族，本是鲁国汶阳（今山东宁阳）人，因避王莽之乱，南下交州，到三国时士燮家族已经成为岭南的豪族。南来避乱的北方士民，以及汉朝廷所派遣的官吏，对岭南的开化，起到了持续的推进作用。到三国末期，广州四郡的文化熟化程度已经较深，这是文化融合的结果。

三、秦汉时期海运的初期发展

秦汉时期，岭南先民就和海外有了交流，南海以及印度洋诸国的文化及器物开始传入中国，这从考古发现可以得到证实。珠江文明是中华文化的一部分，但是相比于黄河、长江，珠江文明更具亲海性，它的开放性和融合性，从秦汉时期就表现出来了，广东的海商文化源远流长。

（一）南越国与西方的文化交流

古代百越临海而居，邻水而居，很早就会编筏造舟，作为水运工具。《淮南子·原道训》上说“九嶷之南，陆事寡而水事众”，百越先人习惯于渔猎生活。秦始皇征伐南越时，“利越之犀角象齿翡翠珠玑”，犀角是南越地区本来没有的，应该是舶来品，这说明当时南海及印度洋一带，已经有海上航线和海上贸易。

就海上贸易而言，南越国时期，就已经有了初步的发展。有三个重要的考古发现可以证明这一点。

一是位于广州市的秦汉造船厂的考古挖掘，证明当时作为南越国都城的番禺不仅能够生产内河航运的船只，而且能够生产沿海航行的船只，这些船只已经能够沿着海岸线航行到东南亚和南亚诸国。

另一个考古证明是南越王墓的挖掘。南越王墓也在广州市，墓中出土了一件白色银盒，银盒呈扁球形，盒内有十盒药丸，经专家研究，银盒是波斯产品，银盒里的药丸很

① （晋）陈寿：《三国志》下，上海古籍出版社，2012年，第1163页。

可能是阿拉伯药。墓中还出土了非洲大象牙、漆盒、熏炉、金花泡饰和深蓝色玻璃片。这些文物证明南越国早期或更前年代广州已与波斯和非洲东岸有海上贸易。

第三个考古发现是南越王宫遗址。王宫御苑的大型石构水池和曲流石渠是中外文化融合的样板。石水池砌筑讲究，池壁为斜坡状，用砂岩石板呈密缝冰裂纹状铺砌，与西方古建筑手法异曲同工，公元前1250年希腊迈锡尼宫殿石墙的修建就应用了这种手法。此外，石水池中还出土了八棱石柱、石栏杆、石门楣等建筑构件，这与同一时期中原基本用木料的风格也不同。而反观海外，古埃及、古希腊等地曾广泛使用圆形或方形的叠石柱，在印度早期佛教建筑桑奇大塔外围栏上也大量使用了这种八棱形柱体。独特的建筑手法和石质建筑用材都说明南越国时期海外建筑文化对中国的影响，由此也可以推测这一时期海上贸易航路的存在。

（二）秦汉时期的海上航线

《汉书·地理志》记载了秦汉时期南海航行的完整航线："自日南障塞（今越南顺化附近）、徐闻（今广东徐闻县西）、合浦（今广西合浦县东）航行可五月，有都元国（今苏门答腊北部巴塞河附近）；又船行可四月，有邑卢没国（今缅甸南部萨尔温江入海口西边附近）；又船行可二十余日，有谌离国（今缅甸蒲甘城附近的悉利附近）；步行可十余日，有夫甘都卢国（缅甸旧蒲甘城即今缅甸太公城附近）；自夫甘都卢国船行可二月余，有黄支国（今印度马德拉斯附近）；民俗略与珠崖相类。其州广大，户口多，多异物。自武帝以来皆献见。有译长，属黄门，与应募者俱入海，市明珠、壁流离（即玻璃）、奇石异物、赍黄金杂缯而往。所至，国皆禀食为耦，蛮夷贾船，转送致之，亦利交易，剽杀人，又苦逢风波溺死，不者数年来还。大珠至围二寸以下，平帝元始，王莽辅政，欲耀威德，厚遗黄支王，令遣使献生犀牛。自黄支船行可八月，到皮宗（今马来半岛西南端的甘蔗岛）；船行可二月，到日南（今越南中部）、象林（今越南广南潍川南）界云。黄支之南有已程不国（今斯里兰卡），汉之译使自此还矣。"[①]这段话比较详细地说明了航行的路线、时间，以及航路上的国家与汉朝的遣使往来。一般认为，这可以说是早期的海上丝绸之路，最远已经能够到达印度半岛的南部和斯里兰卡。另外，我们也看到，汉朝的船队南航时，有负责翻译的人，随行的商人们带着"黄金杂缯"而去，带着明珠、玻璃等奇石异物回来。去要历时十二至十三个月，回来历时十个月左右。而南亚和东南亚这一带的国家，也时有遣使献贡品。

① （汉）班固：《汉书·卷二十八下·地理志》，中华书局，1962年，第1670-1671页。文中地名学界尚未考证一致，今按照章巽《我国古代的海上交通》注出。章巽：《我国古代的海上交通》，上海新知识出版社，1956年，第13-14页。转引自《海上丝绸之路·广州文化遗产·文献辑要卷》，文物出版社，2009年，第20-22页。

汉武帝平南越之后，番禺（广州）继徐闻、合浦成为面向南海的繁忙港口。《史记·货殖列传》上说："番禺亦一都会也，珠玑、犀、玳瑁、果布之凑。"旧交趾七郡的货物改海道"贡献转运"时，番禺也是一个重要的港口，与另一港口东冶（今福州）同样重要。《后汉书》所载《周府君功勋碑》（周为桂阳郡太守）讲到广东交易的情形："郡又与南海接比，商旅所臻。"[①]可见番禺成为了中外商品的集散地，其中既有岭南所产，也有海外珍奇，如犀。其中贸易量最大的是丝绸。罗马博物学家普林尼在《自然史》中记载：

赛里斯国（即产丝之国）林中产丝，驰名宇内。丝生于树叶上，取出，湿之以水，理之成丝，后织成锦绣，贩运至罗马。富豪贵族之夫人娇媛，裁成衣服，光辉夺目。……奢侈之风，由来渐矣。至于今代，乃见凿通金山，远赴赛里斯国以取衣料……据最低之估算，吾国之金钱，每年流入印度、赛里斯国及阿拉伯半岛三者，不下一万万塞斯透斯（罗马货币单位）。此即吾国男子及妇女奢侈之酬价也。[②]

由此可见当时丝绸销售之广，销量之大，贸易额之巨，以致普林尼不得不表示担忧。

西汉中期以后，南海的海上交通更加频繁。根据考古发现，广州西汉中期以后的墓中出土有较多的串珠。这些串珠包括玛瑙、鸡血石、石榴石、煤精、水晶、硬玉、琥珀和玻璃等不同的质料，还有迭嵌眼圈式玻璃珠、蓝色玻璃碗。出土的玻璃珠中，四个样品中与我国古代的玻璃成分很不一样，这四个样品含钾5%～13.72%，而铅和钡的成分仅微量或没有，这与中国古代铅钡玻璃系统截然不同，而与西方的古代玻璃相类似。西汉晚期的墓中，还经常有一种托灯的陶俑或玻璃俑，深目高鼻、裸体，束发或者头上缠巾，头顶上托灯盘。托灯俑有男有女，或跪或蹲，颇似是海外"奴隶"的塑像。这些托灯俑，看似当时贵族从海外购买的家用器物。这些器物的发现，说明当时广州海路通商贸易的发达。

此外，广州沙河出土的东汉陶船，有梁檐8根，船前有锚，船后有舵。梁檐可以使船只骨干坚固，加深吃水量，船锚和船舵，则是造船技术比较先进后才出现的。由此可见东汉造船技术的进步，海上航运的发展。[③]

---

① （清）严可均：《全后汉文》卷一百三，http：//blog.sina.com.cn/s/blog_4af063100101108f.html。
② 《海上丝绸之路·广州文化遗产·文献辑要卷》，文物出版社，2009 年，第 40-41页。
③ 《海上丝绸之路·广州文化遗产·文献辑要卷》，文物出版社，2009年，第42-43页。

三国时期的海上航行更加远了。[①]“从加那调州乘大伯舶，张七帆，时风一月余日，乃入秦，大秦国也。”加那调州具体位置不详，但应当属于吴国占领交州期间的交州，由此居然一个多月就能顺风到达罗马帝国所在地，不能不说航海技术大有进步！

① 《吴时外国传》为孙吴时期中郎将康泰所写，叙述他出使南海诸国的见闻，《吴时外国传》又作《吴时外国志》《扶南记》或《扶南传》，已亡佚。有关引用，皆从他书征引而来。此处文字引自《太平御览卷·七百六十九·舟部四》。

第二章 魏晋隋唐海上丝绸之路形成，广东航运经济发展

魏晋隋唐时期，形成了以广州为起点的海上新丝路。唐时大庾岭道的开凿，提振了珠江的西江航道，水陆联运大大缩短了岭南到中原的路程，无论是对中外贸易、国内贸易还是人口流动，都起到了很大的促进作用，航运对经济交流的重要作用得到凸显。这一时期，广州成为唐朝对外开放的范例，发展成为一个国际性的大都市。

一、海上丝绸之路的形成

魏晋南北朝时期，中原地区比较动荡，沿河西走廊的内陆丝绸之路受到阻碍，而岭南地区，相对安宁，经济得到了比较大的发展。自三国孙权以来，南方的政权都持比较开放的政策，发展友好的海外关系，鼓励海外贸易。因此，这一时期南方的海上丝绸之路得到了较大的发展。

（一）以广州为起点的海上新丝路

岭南地区，自孙权分交置广之后，广州迅速超越徐闻、合浦，成为最大的港口。究其原因，是徐闻、合浦虽为良港，但是毕竟地处偏远，距离中原地区太远，而且也没有方便的内河航运来连接海上的航运，陆路更加艰难，交通不便，因此吞吐量有限。而广州地处岭南中心，有珠江水系连接岭南各地，并通过西江、北江贯通中原，相比徐闻、合浦，交通的优势不言而喻。而且，自南越立国之后，番禺已经发展为比较繁荣的都市，造船业也不断进步，因此到汉末，广州取代徐闻、合浦也是水到渠成、顺理成章的事情。

三国时期，东吴造船技术比较发达。根据张大可的《三国史》[①]考证，东吴的四个造船中心[②]，广州就是其中一个。他们所造的船，主要是战船和商船。航海的商船大者

---

① 《海上丝绸之路·广州文化遗产·文献辑要卷》，文物出版社，2009年，第42-43页。

② 《吴时外国传》为孙吴时期中郎将康泰所写，叙述他出使南海诸国的见闻，《吴时外国传》又作《吴时外国志》《扶南记》或《扶南传》，已亡佚。有关引用，皆从他书征引而来。此处文字引自《太平御览卷·七百七十一·舟部四》。

长二十余丈，高出水二三丈，望之如阁楼，载六七百人，物出万斛。这么大的商船出海，能储藏足够的食物和淡水，不必依赖海岸线上的港口补给，也能够抵抗深海风浪。同时，这一时期，航海者也已经积累足够的航海经验，东吴建造的大型海船已经可以远离海岸线进行航行，航海者对季风、洋流的利用也比较成熟。这样，深海航行的条件基本成熟，徐闻、合浦也就逐渐淡出了主流航路。因此，东吴时期已经开通了以广州为起点的新航线。新航线经过海南岛东部、西沙群岛海域，直接到达东南亚；再经过马六甲海峡，可以到达南亚各国。这条航线，比原来依赖海岸线、经过琼州海峡的航线大大缩短，从而奠定了广州作为航路新起点的地位，广州也就成为了中国海外贸易的新中心。

黄武五年（226年），孙权派中郎将康泰和宣化从事朱应率船队出使南海诸国，进行外交活动。康泰回来后写有《扶南记》（又名《扶南传》），记载他们到东南亚、南亚的旅行及沿途国家的风俗。其中记载船队经过西沙群岛航行时，“涨海中，列珊瑚洲，洲底有盘石，珊瑚生其上也。”这个记叙非常吻合西沙群岛珊瑚暗礁丛生的事实，说明康泰他们的船队已经开辟了途经西沙群岛的航路。

有关的考古发现证实了这个航路的存在。早在1920年，在西沙群岛珊瑚礁上就发现了大量被珊瑚包裹的古代钱币，其中就有汉代的王莽钱。西沙群岛暗礁密布，不少古代航船在这里触礁沉没。王莽钱的发现，说明至少汉代有船只在西沙群岛海面通行。新中国建立之后我国对西沙群岛多次水下考古，发现了南朝的六耳罐、青釉小杯，隋代的镂空薰炉等文物，这也说明最迟南朝初年这条航路就已经存在。

南朝时期，外国的使者和商船，也把广州作为了登陆口岸。西晋太康二年（281年）“大秦国奉献琛，来经于广，众宝既丽，火布尤奇。”[①]南朝时僧人法显从印度回国时，所搭乘的商船也是以广州为归港：“法显于船上安居，东北行，趣广州。……一月余日，夜鼓二时，遇黑风暴雨，商人、贾客皆悉惶怖。……商人议言：‘常行时正可五十日便到广州，今已过期多日，将无僻耶？’即便西北行求岸，……然不见人民及行迹，未知是何许。或言未至广州，或言已过，莫知所定。”[②]从商人的议论，可以看出，当时外国船只往来中国，都已经把广州作为登陆口岸。而且，由于新航路的开辟，“五十日便到广州”，已经成为常态，航行时间较以前大大缩短。此外，《南齐书》卷五十八《扶南传》也记载：“扶南国，在日南之南大海西蛮湾中。……宋末（南朝刘宋时期），扶南王姓侨陈如，名阇耶跋摩，遣商货至广州。”扶南国本来靠近日南郡，却舍近求远派商船到广州，这透露了两个信息：一是徐闻、合浦二港的衰落，二是广州港的兴起。

---

① 《海上丝绸之路·广州文化遗产·文献辑要卷》，文物出版社，2009年，第49页。
② 《海上丝绸之路·广州文化遗产·文献辑要卷》，文物出版社，2009年，第52页。

自南朝开始，有关航路的记载，也基本以广州为坐标。如《南史》卷七十八《狼牙修国传》记载："狼牙修国，在南海中。其界东西三十日行，南北二十日行,北去广州二万四千里。"①《南史》卷七十八《婆利国传》记载："婆利国，在广州东南海中洲上，去广州二月日行……天监十六年，谴使奉表献金席等。普通三年，其王频伽复遣使珠智献白鹦鹉、青虫、兜帽、琉璃器、古贝、螺杯、杂香药等数十种。"②这也从一个侧面证明了广州作为一个东方大港的地位。

这一条从中国南部通过海上航行，到达东南亚、南亚，通过马六甲海峡到达南亚和印度洋沿岸国家，乃至到中东、非洲、欧洲的航线，是一条贸易航线，中国的丝绸、瓷器和茶叶源源不断地经过这条航线运往其他国家，而世界各国的香料、玻璃、宝石、象牙、金银器皿等也通过这条航路运回中国。这条航路就像中国内地穿过河西走廊的丝绸之路一样，起着连接中外贸易通商和文化交流的作用。1877年，德国地质学家费迪南·冯·李希霍芬（Ferdinand von Richthofen,1833—1905年），在他所著《中国》（三卷）中把穿越河西走廊的古代中西陆上通道称为"丝绸之路"，是因为丝绸是中国销往中亚和欧洲的最主要的产品。1903年，法国汉学家埃玛纽埃尔·爱德华·沙畹（Edouard Chavannes,1865—1918年）在其所著《西突厥史料》中提出，丝绸之路有海路和陆路两道。1967年，日本学者三杉隆敏出版《探索海上的丝绸之路》，赞同了"海上丝绸之路"的说法。1974年，香港学者饶宗颐在《蜀布与Cinapatta——论早期中、印、缅之交通》一文的《附论：海道之丝路与昆仑舶》中，专门研究了以广州为转口中心的海道丝路。20世纪80年代后，北京大学陈炎教授把陆上"丝绸之路"与海上"丝绸之路"结合起来研究，他用中文和英文两种语言撰写的研究成果在国内外产生了比较大的影响。他先后出版了《陆上和海上丝绸之路》（1989年，中文和英文）、《海上丝绸之路与中外文化交流》（1996年）两部专著，认为海上丝绸之路是以中国为中心和起点的贸易航线，航线上的国家有意大利、希腊、土耳其、埃及、阿曼、巴基斯坦、印度、斯里兰卡、泰国、马来西亚、印尼、文莱、菲律宾、韩国和日本等国。自20世纪80年代之后，"海上丝绸之路"基本成为学界的共识，也得到联合国教科文组织的认可。

① 《海上丝绸之路·广州文化遗产·文献辑要卷》，文物出版社，2009年，第52页。
② 《海上丝绸之路·广州文化遗产·文献辑要卷》，文物出版社，2009年，第53页。

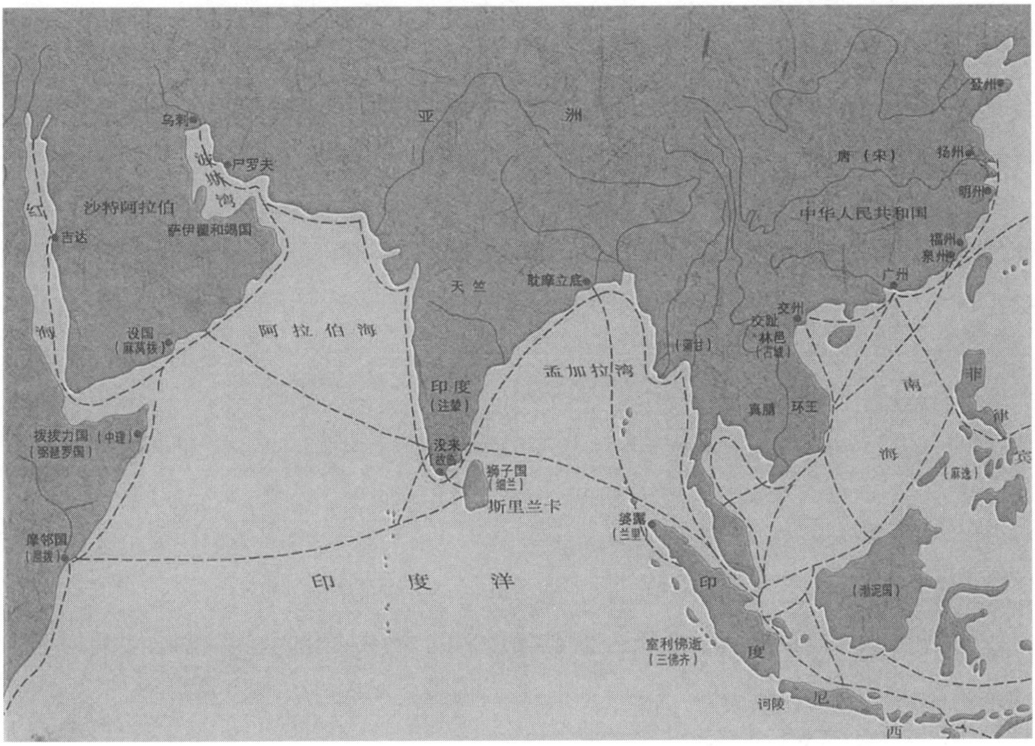

图1-2-1 汉唐时期的海上丝绸之路

（图片来源：黄伟宗、司徒尚纪：《珠江文化史》，广州：广东教育出版社，2012年。）

总之，自汉代以来，海上丝绸之路不断发展，最初以徐闻、合浦为始发港，这是海上丝绸之路的孕育期；而到了汉末及南朝，广州成为始发港，海上丝绸之路已经基本成型，成为东西方贸易和文化交流的重要通道。

（二）唐代的通海夷道

到唐朝时，当时的地理学家、宰相贾耽（730—805年）所著的《海内华夷图》《古今郡国县道四夷述》《皇华四达记》等地理书籍记载，唐代的海上运输线有两条，即南、北两条海上航线。瓷器等易碎笨重的商品陆路难以运输，都依赖海运，尤其是南海航线。从广州出发的“广州通海夷道”就成为常规航线。宝应元年（762年），唐代著名学者杜佑的族子杜环在留居阿拉伯国家11年后，于北非摩邻国（约摩洛哥一带）乘中国商船回到广州，走的正是这条海道。根据贾耽的记载，“广州通海夷道”大约经过30个国家和地区，可以与阿拉伯学者的记载相印证。综合中外史料的记载，唐代从广州出发到达波斯湾、东非及欧洲的海上航线，延伸了汉末的海上丝绸之路，全长约14000公里，这是哥伦布发现新大陆之前的世界最长航线。

为了验证这条航线，并纪念阿曼著名航海家艾布·阿比达曾在唐朝时（8世纪中叶）乘船来广州的业绩，1980年阿曼苏丹国王下令建造了一艘仿唐代的古木双桅三帆船，并以阿曼的北部沿海城市“苏哈尔”命名。1980年11月23日，“苏哈尔”号载着航海家、海洋生物学家、潜水员、摄影师、医生等几十人从阿曼首都马斯喀特出发，历时216日，航程6000英里（9600～9800公里），于1981年7月1日上午，到达广州码头，受到热烈的欢迎。船在航行途中并不使用现代航海技术，而是利用指南针、洋流和季风，还原当时的航海条件。航行的成功，证明了唐朝时这条航线的存在[①]。有研究者认为，阿拉伯民间故事《天方夜谭》中的辛巴达航海故事，就是以唐朝时广州与阿拉伯之间的航海商人故事为原型的。广州为纪念苏哈尔的广州之行，于1995年在“苏哈尔”号登陆处白鹅潭南岸的洲头咀公园内建立纪念碑。

除此之外，根据日本学者高楠顺次郎的研究，唐代经“广州通海夷道”来往广州的舶船有四条经常性的定期航班线：

第一条，广州—南海（东南亚）—锡兰（斯里兰卡）—阿拉伯—波斯。

第二条，广州—南海—锡兰—美索不达米亚（伊拉克）。

第三条，广州—南海—锡兰—阿拉伯。

第四条，广州—林邑（越南中部）—阇婆（爪哇）—锡兰。[②]

从广州出发的海上新丝路显示了唐代广州在航海贸易方面的世界领先地位。

二、大唐岭道的开凿

古代货运交通，陆路艰难，漕运重要，秦朝修筑灵渠连接湘漓，形成自岭南广阔的珠江水系至秦都咸阳的南北水运通道。汉代数次修复灵渠，海运亦发展起来，海上丝绸之路已具雏形，广州番禺的经济地位日渐重要。隋朝修建了贯通南北的大运河，大运河以陪都洛阳为中心，北达涿郡，南至余杭。隋朝大运河的修建改变了江西在航运格局中的地位。原来江西的航运，或者逆长江而上至汉水而抵达咸阳，或者顺长江而下转海运，二者皆不方便。而京杭大运河将江西纳入其辐射区域，由江西顺江而下即可以进入大运河漕运系统，大运河漕运比传统的珠江—湘江—长江—汉水航运更加安全便捷，因此江西成为湘桂闽粤货物北上或中原物流南下的集散地。随着广州成为丝绸之路的始发港和终到港，广州成为了岭南中心城市和贸易集散地。广州的商品如果想从相邻的江西北上，就必须通过江西与广东之间的大庾岭。

---

① 陈柏坚（海上丝绸之路研究院院长）：《广州是中国经久不衰的外贸港市》，http://bj.crntt.com/crn-webapp/cbspub/secDetail.jsp?bookid=31964&secid=32015。

② 黄启臣：《唐代广州是中国海外贸易的第一大港》，原载《广州外贸史》（上）第三章第三节。

（一）隋朝大运河的开凿加强了大庾岭的交通地位

古来虽有大庾岭道，但是由于大庾岭山高路险，加之年久失修，已经成为危途，路窄的地方容不下一辆车，险要的地方要把货物背在背上才能通过。

大庾岭道在交通上又有它有利的一面。大庾岭山脉大致呈东北—西南走向，绵延二百余里，是江西赣江和广东北江的分水岭，地处南岭东段。大庾岭西高东低，西部最高峰达1400多米，但是东部相对平坦，古大庾岭道即在东部梅岭隘口，海拔430米。梅岭隘口北接赣江支流章水，可以经过赣江而进入长江，南接北江支流浈水，可以通过北江而进入珠江，两水相隔的梅岭不过几十里路程。就这一点来说，梅岭的地理形势非常接近灵渠。可惜梅岭的地形条件远不如灵渠，灵渠所连接的两条江水位落差最高7米，而梅岭南北二水的海拔相差200米左右，且梅岭的地质构成主要为岩石，因此开渠完全没有可能，只有开凿岭道一个办法。秦始皇兵分五路征伐南越的时候，“一军守南野之界”，后来进入岭南。南野之界即在大庾岭范围内，因此大庾岭岭道的开凿，最早可以追溯到秦朝。大庾岭道古称梅岭古道，汉代和南北朝时期，也时有修葺。尤其是南朝时期，大庾岭道成为连接建康（南京）和番禺（广州）的捷径。

隋朝大运河的开凿改变了大庾岭在南北交通格局中地位，大庾岭成为南北交通的咽喉要冲。唐朝开元四年（716年），张九龄因为和时任宰相姚崇意见不合，以左拾遗任期已满，称病回乡，奉养老母。张九龄家在广东韶州（今韶关），他从长安回韶州的比较近的路是从江西大余穿越大庾岭古道回到广东南雄，然后沿浈水返韶州。现在没有记载说明张九龄的回乡路线，但从张九龄回到韶州不久就给朝廷上书，奏请重修大庾岭岭道来看，张九龄应该就是走大庾岭岭道回家的。他后来在《开凿大庾岭记》里描绘开凿前的情景：大庾岭东边的路几乎废弃了，人们往来因翻越崇山峻岭而非常愁苦，人们行经狭长的山路，好几里路要攀附着藤条才能走过去。在密密层层的山林的外面，还要架悬空的飞桥，非常艰险。货运的话，因道路狭窄，车子过不去，只好由人背在背上过岭。而当时广州港的贸易通商日益繁荣，各种海上来的物品如珍珠香料等亟需运到中原，广东本省的鱼盐棉花等物资也需要与中原交换。以前这些物资是靠越人负载过大庾岭，太辛苦了。当时越地之民，大都身材矮小，“绵力薄材”，深为负载过岭而苦。张九龄见此情况，颇感忧虑，遂上书修路。朝廷很快批示同意，并请张九龄主持此事。张九龄此时39岁，虽然是病后初愈，但不辞劳苦，攀登曲折的登山石路，披荆斩棘，勘察山谷地形，劈去那些陡峭的下坡如走泥丸的故道。这时已经是入冬农闲，张九龄招募农民修路。农民本来对修路期盼已久，一听说要修路了，纷纷赶来，踊跃参加。一个冬天，路终于开凿好了。张九龄说大庾岭新道修好之后，“坦坦而方五轨，阗阗而走四通，转输以之化劳，高深为之失险。”意思是开凿好的新路，可以并排走两辆车，那些险峻的地方也削平了，车辆运输，减少了人力的劳累。于是广州港的外贸商品和外来的朝贡之物，可由北江而上，通过大庾岭岭道，运到章水，再沿着赣江和长江，进入大运河漕运网络，络绎不绝地运往中原腹地，运送的物品堆集如山，远非秦汉之时可比。由于商旅繁忙，从岭道以下到南雄县城的驿道上，逐渐形成了街市，茶楼酒肆、客栈驿馆也发展起来。因为自张九龄以来，管理大庾岭道的官员维护岭道，不断在岭道两旁栽种梅花，所以大庾岭道又称梅岭古道。

（二）大庾岭新道奠定了北江主航道的地位

大庾岭新道的开凿成功，对广东内河航运的发展起到了很大的促进作用。首先，推动了北江航运的发展。大庾岭新道修好后，广东的货物可以通过广州北上，经过北江、浈水，再通过大庾岭新道，到达章水、赣江，通过长江和大运河，抵达洛阳、涿郡等地，这条航路比灵渠航路要便捷安全得多，辐射区域都是经济繁荣的地方，因此，这条航路逐渐成为广东货物北上的主要航道，大庾岭新道的交通地位也超过南岭其他岭道，居于首位，这也带动了岭南北部的经济发展和贸易繁荣。同时，迁客骚人经大庾岭南下广东，也留下了许多吟咏大庾岭的诗歌。唐朝时张说、宋之问、沈佺期等，都写下了诗歌。元朝诗人吕思诚的《大庾岭留题二首》其一云："一水南来分百粤，大江东下如三吴。"这两句诗非常恰切地写出了大庾岭在航运交通上的重要地位。大庾岭之梅花，因为过往诗人的吟诵，声名远扬，遂使"梅岭"之名，反盛于"大庾岭"。繁忙的运输，使珠江支流北江作为岭南主航道的地位得以确立。其次，北江航道的其他支流的航运，也逐渐发展起来。从北江航道的浈阳峡附近，可以进入洭水、湟水（连江），通向骑田岭山道；或者在北江韶州附近进入武江北上，经过乐昌、临武，也可以通向骑田岭山道，再通过郴州而进入湘江水运航道。骑田岭郴州道连接珠江湘江，是北江航运的另一个接口。唐朝韩愈贬谪岭南，就是从这条路进入广东境内再南下广州，然后转梅州。北江支流的航运对北江主航道的地位同样起到了巩固的作用。

到了宋代，随着都城南迁，大庾岭道的重要性越加突出，经大庾岭而取北江航道的客货航运愈来愈多。《韶州真水馆记》里面说，大庾岭北江航道，非常便利，"唯岭道几十里为马上之役，余皆篙楫人之劳，全家坐而至万里"，因此，与西江灵渠道、骑田岭郴州道相比，取大庾岭北江航道的占"十之七八"。客运如此，货运亦是如此。经由海上丝绸之路运来广州的域外朝贡商品如香料、金银、珠宝等经由北江过大庾岭道运往北方，各国使者络绎不绝。宋朝淳熙年间（1174—1189年），南宋政府在大庾岭之南的南雄州城南建造了一个入使行馆，专门负责招待使者。国内贸易方面，则岭南的海盐、粮食、棉花等日常生活的大宗商品经由大庾岭由水路运往江西等地。北宋元丰年间（1078—1085年），每年经过大庾岭的粤盐就达1000万斤；岭南稻麦每年两熟，到宋朝时岭南已经从粮食的输入地变为输出地。无论是唐时的粮食输入还是宋后的粮食输出，都以大庾岭通道为主要路线。宋朝时，政府还专门组织了纲船（多的时候有七纲280艘），在大庾岭之北搬运岭南来的铜铅等物资。元明清三朝，大庾岭道也都是物资南来北往舟行陆走的主要通道，大庾岭道也得到历代政府不断的修护。明朝人描绘大庾岭道的繁忙，说这里商贾如云，货物如雨，万足践履，冬无寒土。南下之物，多为金帛轻细之物，北上之物，多为盐铁粮棉粗重之物。民国时期，大庾岭也是赣粤两省粮盐贸易的重要通道。[①]

大庾岭道之繁忙，足证北江航运之繁忙。北江航道成为广东内河的主要航道后，西江灵渠航道的地位稍微下降。不过，广西和广东西部的商旅还是会就近选择西江灵渠航道，不必中间换陆路是西江灵渠航道的优势，所以西江灵渠航道也继续沿用。

总之，大庾岭新道的开凿，提振了北江航道，北江和西江从不同的出口连接岭南和中原腹地，大大便利了广州港的物资流通。

三、世界东方大港——广州

随着广州港作为海上丝绸之路的始发港和终到港的地位的巩固，也随着岭南地区本身经济社会的发展，广州的经济和城市建设达到一个较高的水平。唐朝时期，由于中央政府实行开放的外交和经济政策，大批外国人从海上丝绸之路来到广州经商，很多人还定居广州，广州成为了一个名副其实的东方大港。

（一）岭南地区的经济与人口

古代社会经济的繁荣，在相当的程度上依赖人口的增长并表现为人口的增长。岭南地区的人口情况如何呢？

汉末之后，中原地区战乱频仍，而岭南地区鲜为战场，因此岭南地区本身的人口增长比较稳定。此外，由于战乱而流入岭南的中原人口不少，主要是几次大的迁徙。第一次是由赵佗率领的30万秦军在平定南越之后就留在岭南，融入百越。第二次是汉末大乱，中原士民南迁避乱，这次的特点是不仅有大量下层民众，很多士人也南迁依附交趾太守士燮。《三国志》有记载：“燮体器宽厚，谦虚下士，中国士人往依避难者以百数。”[②]士燮及其后步骘、陆胤治理岭南期间，基本上采取绥和百越，农商并重的政策，使岭南经济与人口都得到平稳的发展。第三次人口迁徙是两晋之交永嘉之乱期间，“民多流入广州”，既有通过南岭岭道转水路迁入的，也有通过海路迁入的，“时东土多赋役，百姓乃从海道入广州”[③]。第四次大迁徙是南朝梁武帝太清二年（548年）的侯景之乱时期，长江中下游民众纷纷从海路南迁到今福建和广东，其中迁广东的多在今潮阳东北。政府为了便于管理而不断地增设县郡，安辑移民，招抚百越，南朝刘宋在岭南还

① 王元林：《唐开元后的梅岭道与中外商贸交流》，《暨南学报》，2004 年第 1 期。

② （晋）陈寿：《三国志·下·刘繇太史慈士燮传第四》，上海古籍出版社，2012 年，第1099 页。

③ 《晋书·卷七十三·庾亮附弟翼传》，中华书局，1972 年。

专门设有“流民都护”一职，专门处理流民事宜。隋唐之交中原大战，人口又一次大迁徙进入岭南。北方人口的不断迁入，带来了中原地区先进的手工技术、农耕技术和文化教育，加速了岭南地区的经济文化的发展。与此同时，岭南本地的人口也稳定发展。人口的大量增加，推动了岭南政治经济和文化的发展。岭南经济的繁荣，为广州城市经济的发展奠定了基础。

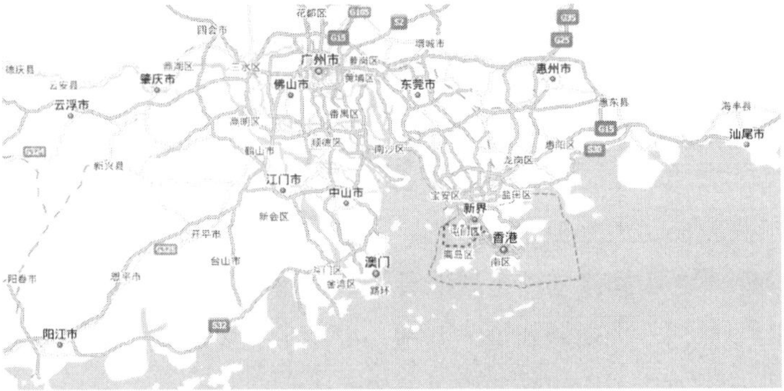

图1-2-2 广州、屯门、香港相对位置图
（图片来源：百度地图）

（二）广州港得天独厚的自然地理条件

广州港成为东方大港，与广州港的自然地理条件分不开。广义的广州港实际上可以分为三个部分：屯门港、扶胥港和广州城港。

珠江的入海口如同一个倒挂金钟，朝向南海。在入海口外东南角有古屯门港。现在这一地区虽然属于香港屯门区，但这是古代广州港的外围部分，因为唐宋时期香港尚未发展，故与香港的关系不大，而与广州联系紧密。屯门内有屯门山，古称杯渡山。屯门东面为屯门湾，古称屯门澳，屯门澳东有九迳山，南有大屿山，两山合成八字状，屯门澳居中，一面朝海，是天然的避风港。屯门地势险要，历代为屯田设防的海防之地。“屯田”之“屯”就是“屯兵”之意。

汉代以来，去往南洋群岛、印度、阿拉伯半岛和波斯的商船以及从南海进入广州港的商船都会在此停留，或是等候季风，或是休息补给，再往前程。南朝刘宋时期，屯门是前往交州的出海港口。“杯渡”山之名，即来自刘宋时的高僧杯渡，他云游四方，曾来此山中挂单修行，后又由此乘船出海远行，不知所终。后来屯门之山，便名为“杯渡山”。到唐代时，屯门已经发展为一个镇，朝廷设置守捉使领兵镇守，靖海护商。当时驻守的官兵约有2000人，属于安南都护府。屯门是南海海防的第一道防线，再往里，虎门就在屯门至广州连线的中点，也是珠江入海口突然收窄的位置，由此也可见屯门在海上交通的重要性。唐朝韩愈在《赠别元十八协律诗》中说：“峡山逢飓风，雷电助撞捽。乘潮簸扶胥，近岸指一发。两岩虽云牢，水石互飞发。屯门虽云高，亦映波浪没。”刘禹锡也写有《踏潮歌》：“屯门积日无回飙，沧波不归成踏潮。轰如鞭石矻且摇，亘空欲驾鼋鼍桥。”两诗都描绘了屯门的地势山形，可见屯门在当时有一定的知名度。

韩愈在诗中说：“乘潮簸扶胥，近岸指一发。”所谓“扶胥”，即是广州黄埔古港，在今天黄埔南海神庙附近，位于珠江口北岸，因面临扶胥江（珠江入海之一段）而得名。扶胥港东连狮子洋，下接虎门，是进入广州城的咽喉要津，地理位置极为重要。

扶胥港之南，有一个漏斗形的湾口，名叫黄木湾，湾内水深，可以停泊船只，这就形成了黄埔古港极为有利的港口条件。韩愈在《南海神广利王庙碑》中说“扶胥之口，黄木之湾”即是此处。扶胥港江面宽达2500米，往来航行颇为方便。隋朝时候，扶胥已经成镇，和屯门一起发展为广州外港。这里是往来船只进出广州的必经之地，可以提供补给，同时行检查之职。由于船只运输繁忙，人们祈祷航行平安的愿望越来越迫切，归来与出海都在扶胥港进行祭拜海神的仪式。隋朝开皇十四年（594年），隋文帝下诏在扶胥港建立南海神庙，作为国家祭祀的场所。从此，南海神的祭祀就和五岳四渎一起，成为国家祭祀的一部分，规格隆盛。南海神庙也成为扶胥港的标志。南海神又称广利王，韩愈在《南海神广利王庙碑》记载：“海于天地间为物最巨，自三代圣王莫不祀事。考于传记，而南海神次最贵，在北、东、西三神河伯之上。”可见唐朝扶胥港在国家对外贸易中的重要地位。在南海神庙的考古发现中，有很多海南紫荆木片，经考证为码头枕木，时代为唐朝，可见唐朝时期扶胥港的繁荣。

南海神得名“广利王”，自然与广州商贸获利有关，但实际上，扶胥港的主要职能是海神文化，是祈祷平安，这对古代航海者来说极为重要。岭南渔民和商人出航归航，必在此处祭祀南海之神。“域外商人或在广州城中的佛寺、婆罗门寺、波斯寺等地祈求各自宗教神灵的保佑，亦或出发、归航协同官方共同祈报南海神的保佑，南海神间或也是域外商人顶礼膜拜的对象。除伊斯兰教的礼拜只信真主安拉以外，南海神成为部分域外商人的崇拜对象是毫无疑问的。”①

广州港的第三个部分是内港。内港的位置随着广州的水路位置的变迁而迁移。秦汉时候，广州城的西北有一个大湖，称为兰湖，秦汉时的内港就是兰湖码头。随着珠江泥沙淤积，珠江北岸不断南移，原来通往兰湖的河道淤塞，晋朝到南朝时期内港转到了坡山码头，到唐朝时就是光塔码头。内港在广州城的西南，今荔湾区一带。古时海潮汹涌，直入城港（因此珠江此段又称咸河），海船可以直达内港，因此广州城港既是珠江河港，也是直通大海的海港，兼得二者之利。

商船在内港纳“舶脚”或者“下碇税”，然后贸易。货品中的珍奇之物，则以“进奉”的方式卖给朝廷，或者由地方政府收买专卖，叫做“收市”。当时的内港贸易十分繁盛。日本人记载鉴真和尚事迹的书中也讲到广州当时的情景，说：“江中有

① 王元林：《论唐代广州内外港与海上交通的关系》，《唐都学刊》，2006年第6期，第24页。

婆罗门、波斯、昆仑等舶，不知其数；并载香药、珍宝、积载如山。其舶深六七长。狮子国、大石国、骨唐国、白蛮、赤蛮等往来居，种类极多。”[①]可见当时内港中商船来往的繁忙景象。张九龄的《送广州周判官》中说：“海郡雄蛮落，津亭壮越台。城隅百雉映，水曲万家开。里树桄榔出，时禽翡翠来。观风犹未尽，早晚使车回。”则描绘了城港两岸的一片繁华。刘禹锡也有诗歌形容内港景象：“连天浪静长鲸息，映日帆多宝舶来。”足证当时商船往来之频繁。当时进口的商品，有一部分经广州转销朝鲜和日本，大部分在唐朝交易。据记载，唐贞元十一年（795年），当时的岭南节度使王锷，每天都发十余艘船经珠江北上，船上装的大都是海运来的商品“犀象珠琲”，可见进口量之大。外商贸易，带来丰厚的税收。“权其利，所得与两税相埒”[②]。就是说广州对外贸易的榷税收入与广州两税（土地税和丁税）收入相等。可见外贸对国家财税的重要性。唐末黄巢起义攻陷广州，重挫外商贸易，导致中央政府惊叹失去市舶之利，而有“国库渐当废竭”[③]之虞。

隋唐时期，广州作为一个海港，不仅有三位一体、各司其职的屯门港、扶胥港和内港，而且秦汉时期的兰湖码头这时候变成了珠江的河港，为海陆联运提供了便利的条件。兰湖码头的位置在今天广州流花湖公园附近。从西江、北江来的内河商船，多在此停泊，卸载货物。这样，广州城的海运和河运的周转功能齐备，运输通畅。这可以说是广州港得天独厚的地理条件。

广州之成为东方大港，还得益于气候条件。珠江流域大部分地区处于北回归线以南，以湿热的亚热带季风气候和热带季风气候为主。每年3月到8月，受海洋气流的影响，盛行向南的夏季风；每年9月到第二年2月，又盛行向北的冬季风。夏季风和冬季风风向、时间都比较稳定，周期性强，便于船舶乘风航行，因此又称为“舶风”。每年夏季，西南季风开始，海外的贸易商船就随风而至广州，也可以从广州转运到福建等地，直至琉球、日本等地。每年秋冬季节，从广州出发的商船又在屯门停泊，等候东北季风，一旦风起，便可顺着东北季风返航归去。季风提供了海上航行的动力，促进了海上航运的发展。

---

① 《旧唐书·卷一百五十一·王锷》。

② 《新唐书·卷二百二十五下·逆臣下·黄巢传》。

③ （日）真人元开：《唐大和上东征传》，北京：中华书局，1979年。转引自：王元林：《论唐代广州内外港与海上交通的关系》，《唐都学刊》2006年第6期，第26页。注：鉴真和尚东渡日本，曾经被风吹至南海，由广州而回。也有说六次东渡，有从广州出发的。

此外，亚热带和热带季风气候，也给珠江流域带来了丰沛的降水。珠江航道全年降水充沛，航道水位四季皆可航行，具备优越的内河航运条件。广州位于珠江水系的中心，海运到广州的物资都可以及时地通过内河航运流通到各地。优越的地理、气候条件，奠定了广州作为东方大港的客观基础。

（三）唐朝政府开放的对外政策是广州港的政治基础

唐朝政府开放宽松的对外政策，使广州港成为当时世界上少有的极具吸引力的国际化都市。唐朝政府尊重外来商人的习俗和宗教信仰，允许他们有固定的聚居区，许可他们根据各自的信仰修建寺庙和墓地，还通过优惠的税收政策鼓励外国人入唐经商。唐朝的丁税，一般是每丁每年10文，但是外国人是每年5到10文，还经常可以减免丁税。此外，唐朝还实行开放的货币政策，允许多种外国货币在市场流通，对商人的经营活动限制也较少。这些政策，加上唐朝本身经济的繁荣和稳定，吸引了大批外国商人前来经营。由于域外商贾众多，在广州的城港之西，就逐渐形成了外来商贾使者的聚居地，号称“蕃坊”。广州是唐朝最先有“蕃坊”的城市，泉州、杭州、扬州等地的蕃坊都晚于广州。据考证，广州蕃坊的范围为：“北至擢甲里，南至大市街（今惠福路），西到人民路，东到普宁巷。”[①]蕃坊商贾和居民推荐一个有德望才干的人为“蕃长”，因来华者以穆斯林为多（唐朝时，寓居广州的穆斯林人数当在万人以上），故蕃长基本是穆斯林长老担任。“蕃长”虽小，也要经过中央政府任命，并要着中国官服，也与中国官员享受同样待遇。蕃长办公的官署称为“蕃长司”。蕃长的职责，一是处理蕃坊内的宗教及日常公务，二是招徕蕃商来华经营。蕃人除有重罪需交中国官府处治外，其余皆可由蕃长处治，因此蕃坊具有相当程度的自治权。蕃坊的这种管制模式，逐渐成为了伊斯兰教在中国传播的模式。

蕃坊之内，除了伊斯兰教之外，还有其他教派，如犹太教、耶稣教、印度教和佛教，以及在寺庙和教堂中进行教学的“蕃学”。622—628年之间来广州传教的艾比·宛葛素，就在蕃坊内建了一座怀圣寺，寺内有一座光塔。宋代方信孺在《南海百咏》记述：“蕃塔始于唐时，曰怀圣塔。轮囷直上，凡六百十五丈（疑为六百十五尺），绝无等级，北颖标一金鸡，随风南北，每岁五六月，夷人率以五更登其绝顶，叫佛号，以祈风信，下有礼拜堂。”可见光塔既能测风向，又能给航船指引航向。所以怀圣寺后来又叫光塔寺。

---

① 曾昭璇：《广州怀圣寺光塔兴建时代考》，《广州伊斯兰古迹研究》，宁夏人民出版社1989年版，第350页。

②《全唐文·卷七十五》。

除了设置蕃坊，唐朝政府还在广州设置了市舶机构，专门管理对外贸易。据文献记载，中央政府在开元二年（714年）以前就委任了“市舶使”，其主要职责一是监察外来舶船即船舶和商品的进出口检验；二是征收进口税即“下碇税”和“舶脚”等，一般认为，税率不超过10%；三是处理对外贸易中的各项事务，包括设宴慰问进港商贾，接受蕃商“进奉”，为朝廷购买需要的蕃货（即所谓“收市”）等等。这些程序完毕，即任由外商交易。针对贪官强征强买的行为，唐文宗大和八年（834年）曾颁诏书说：“岭南蕃舶，本以慕化而来，固在接以仁惠，使其感悦。如闻比年长吏，多务征求，嗟怨之声，达于殊俗。……深虑远人未安，……其岭南、福建及扬州蕃客，宜委节度使、观察使常加存问。除舶脚、收市、进奉外，任其来往通流，自为交易，不得重加率税。”[②]可见唐朝政府开放宽松的政策是一直延续的。

唐朝政府还注意保护外国人的财产。唐前期和中期，广州地方政府规定：凡是来华的外国人，如果去世，三个月之内家属可以认领其财产，超时则财产入官。唐元和十二年（817年）的时候，岭南节度使孔戣考虑到商船的随季风航行，一年才能往返一次，因此规定可以不受三个月为期的限制，这就加强了对外侨财产的保护。此外，外侨还可以在中国娶妻生子，定居下来。随着经商和定居的人不断增加，蕃坊也不断扩大。唐朝时外贸繁盛的时候，居留广州的商贾使者，有大食人、波斯人、天竺人、狮子国（斯里兰卡）人、真腊（柬埔寨）人、占婆国（越南）人等；有伊斯兰教徒，还有犹太教徒、基督教徒、拜火教徒等；除了商贾及其家眷，也有奴仆苦力，以及无钱返回家乡的穷人。根据测算，唐朝时在广州的外国商人及侨民的总数应有20万人左右。 广州的国际化程度和商业的繁荣，由此可见一斑。

总之，经过魏晋隋唐的发展，广东的航运已经成为连接南北和中外的通道，广州也成为一个国际化的东方大港。

---

① 大食地理学家苏莱曼《中国印度见闻录》记述：唐末黄巢起义时，“仅寄居城（广州）中经商的伊斯兰教徒、犹太教徒、基督教徒、拜火教徒，就总共有12万人被他杀害了。这四种宗教徒的死亡人数所以能知道得这样确凿，那是因为中国人按他们的人（头）课税的缘故。” 以此估算，当时在广州的外商侨民大概有20万人。另一说法是：黄巢起义时，广州城内的阿拉伯、波斯等穆斯林商人趁机造反，赶走唐朝当地官员，在广州城内大肆滥杀无辜，俨然有裂土封疆之势。黄巢大军在当地唐朝居民的配合下，一举收复广州，歼灭二十余万阿拉伯、波斯等穆斯林商人组成的叛乱军。参见：http：//baike.baidu.com/link?url=NK70os8TzHWFzRRpVl5w8MgDqrDrBGT6r90-a8tOI0SrxVtYaILDjlCNjskoJQCgVqWOZtKYdTARughOfLDBCq。

第三章 海上丝绸之路在宋元明时期对外经济交流中的发展

宋元时期，珠江水系经过多次整治，航运能力大大提高。一方面，内河水运的发展带动了岭南本地经济的发展和粮食盐铁等大宗商品的流通，活跃了国内经济；另一方面，面向海洋的广东航运也孕育了岭南的商品农业和出口型的手工业，广东航运在宋元明时期是对外交流的重要通道。

一、珠江水系和内河商贸

珠江水系的整治，最早是灵渠的开凿和不断地修复，唐朝时张九龄开凿大庾岭道时也修浚过北江航道，其他有关珠江水系的整治，以宋代为界大约可以分为两个阶段。宋代之前，珠江水系的整治次数并不多，这主要是由于岭南和全国的经济发展水平有限，整治的动力不足。宋代期间，岭南地区和平发展近三百年，不但国家经济中心南移，而且岭南地区本身的经济发展跃上了一个新台阶，航运的需求和农业的发展合力推动珠江水系的整治，因此，宋元时期是珠江水系整治的主要时期。宋元之后，仍有整治，但是远没有达到宋元，尤其是宋代的次数和规模。

（一）宋元之前的珠江整治

宋元之前，东汉卫飒可能修浚过武水。《后汉书·卫飒传》记载，光武帝十五年到二十五年期间（39—49年），卫飒担任桂阳（治所在湖南郴县及今郴州市）郡守，曾经修凿过境内的山道。汉武帝收复粤北（今广东英德、韶关）之后，归入桂阳郡。但粤北距桂阳郡所路途遥远，最远者将及千里。《卫飒传》记载："吏事往来，辄发民乘船，名曰'传役'。……百姓苦之。飒乃凿山通道五百余里。"有研究者认为，桂阳郡内的凿山通道，必定和修浚北江水道有关[①]，水陆共修，凿山通道是主体，也可能连带整治相关的航道，水路联运，大大缩短了行程，使役省劳息，百姓称颂。但具体情形，不得

① 珠江水利委员会《珠江水利简史》编纂委员会：《珠江水利简史》，水利电力出版社，1990年，第79页。

而知。东汉周憬则确实整治过泷水。东汉建宁至熹平年间（168—174年），桂阳郡（治所在今湖南郴州）太守周憬（或作周昕、周煜）整治北江支流武水的“六泷”。武水奔流在南岭山脉之中，六泷河段尤其险急，高岸为谷，深谷为陵，地势落差大，江水直泻而下，行船犹如奔马脱缰，怒牛失縻，难以控制。船要上行的时候，需要用粗大的檀柁提携船只，纤夫们唱着深沉慷慨的号子拉纤，船还是很难向前。一旦闪失，宝玩珍奇，一并损毁。周憬担任桂阳郡守时，就到今广东乐昌境内组织整治泷水。他率领官吏壮夫，排除江中巨石，夷高填低，凿截弯曲河段，顺导水路，平抑水流。于是，原来险阻汹涌的泷水“小溪乃平直，大道允通”[①]。这是最早的非军事目的的珠江河道整治记录。河道整治好之后，对于航运贸易起到了很大的促进作用：“利抱布贸易，交易而至”[②]。后人因此为他勒石铭功，流芳后世。

（二）宋元时期的珠江水系整治

宋元时期的珠江水系整治主要有两个方面，一是对港口、河道以及与水运相关的岭道的整治，二是水利工程兼收航运改善之效果。

先看第一个方面。广州是珠江水系的中心城市，宋代的广州城大致分为三城：子城（又称中城）、东城和西城。其中东城（商业区）和西城（商业市舶区，蕃坊所在）是宋代扩建的，因此宋代广州超过前代数倍，由此也可见宋代岭南经济的发展。但是因为离海近，当时的子城又临江无濠，加之古时珠江入海口非常宽阔，台风来时，海潮反灌，河海俱咸，停泊在子城河中的中外商船都难免受到损害乃至被损毁。《续资治通鉴长编》卷八十三记载北宋真宗时期，“州城濒海，每蕃舶至岸，尝苦飓风”。大中祥符七年（1014年）时任广州知州、右太中大夫的邵晔就率众凿通子城内濠，加以疏浚拓宽，以利船只停泊避风，使“飓不能害”。吏民蕃贾都感念邵晔，邵晔生病时，“吏民蕃贾集僧寺设会以祷之”，“其卒也，多陨泣者。”北宋熙宁三年（1070年），时任广州知州王靖建成东城后，又在城外凿濠，形成贯通东西的玉带河，使早在北宋真宗景德中期开凿的南濠（又名西澳）成为当时广州最大的内港码头。广州港的整治，为中外商船的停泊、货物的周转提供了便利的条件，也促进了广州本身的发展。

其次是河道，主要是北江的整治。唐代以来，北江就成为珠江水运的主航道，宋代也是如此。北江穿山越岭，历来险峻之处甚多。宋朝嘉祐四年（1059年），时任广南东路转运使荣諲主持修筑了从浈阳峡到洸口的沿江古径，“作栈道七十间抵清远，

---

① 宋会群：《神汉桂阳太守周府君功勋之纪铭》碑辑校和研究，《韶关学院学报》，2006年8月第27辑第8期，第3页。

② 宋会群：《神汉桂阳太守周府君功勋之纪铭》碑辑校和研究，《韶关学院学报》，2006年8月第27辑第8期，第3页。

趋广州，遂为夷涂。”他在栈道边修建的哨台虽然意在“报警”，但是也能在客观上起到警示航行的作用。至南宋宁宗嘉泰二年（1202年），连州司法李华又请旨修浚“峡窄渲泄不畅”的贞女峡（即北江羊跳峡），“疏凿底平”，便利了通行①。至于西江，则在包拯担任端州知军州事（1040—1043年）期间得到了整治。西江端州河段历来水患不息，有“肇庆竹排地”的说法。包拯来到端州后，在端州城的城西和城东加固、扩建西江堤围，与城墙连为一体，把西江水导引到城南主河道中，既改善了航运，又完善了抗洪功能。

再次是大庾岭道的修护。自唐代张九龄开凿大庾岭道以来，大庾岭道成为连接北江和赣江的通道，但是其后年久失修。宋代时期，从广州舶来的香药沿北江运至大庾岭，由岭道陆运至赣江，再沿江而上。但是大庾岭道分属南北两个行政区，两边获利不一，往往难以统一修复，致使大庾岭岭道破败难走。嘉祐八年（1063年），蔡抗、蔡珽兄弟分任广东宪和江西宪，兄弟二人遂：“相与协议，以砖筑其道，自下而上，自上而下，南北三十里，若行堂宇间。每数里，置亭以憩客，左右通渠流泉，涓涓不绝，红白梅夹道，行者忘劳。”②兄弟二人共修大庾岭道，提振了珠江航运，也使梅岭之美名传布天下。

珠江水系整治的另一个重要内容是水利建设。珠江流域水网密布，河道纵横。一旦遭遇洪水，就往往冲毁两岸田产，导致严重的水患，官民皆以为苦，官民皆有修筑水利设施的记录。根据对岭南文献的统计，宋元时期修筑水利设施的记录有164宗，其中宋代官修水利31宗，元代官修水利41宗，宋代民修水利21宗，元代民修水利38宗。③所修筑的堤围，主要目的是防洪、防咸和防潮，也有一些是引水灌溉。包拯在端州时，就教导百姓利用西江资源，开渠凿池，排积水，筑鱼塘，建成了珠江三角洲最初的桑基鱼塘，成为珠江三角洲桑基鱼塘的示范。元祐二年到元祐四年（1087—1089年），东莞县令李严先后修筑了东江堤和咸海堤，颇使两岸受益。而且，堤围修建好之后，河床得到加固，加速了水流，能起到“束水冲沙”的效果，有利航行④，促进了内河贸易。

① 珠江水利委员会《珠江水利简史》编纂委员会：《珠江水利简史》，水利电力出版 社，1990年，第55页。

② （宋）王巩：《闻见近录》，http：//www.msgz.org/guoxue/Class3Q/47494.html。

③ 吴建新：《从“广米”看宋元珠江三角洲地区富有阶层的兴起》，《古今农业》，2014年第2期，第38页。

④ 珠江水利委员会《珠江水利简史》编纂委员会：《珠江水利简史》，水利电力出版社，1990年，第54页。

内河贸易，分为两种，一种是舶来商品的贸易，一种是本地商品的贸易。

1. 舶来商品的贸易。舶来商品主要是来自东南亚、南亚和非洲的蕃船带来的香药即香料，如木香、乳香、安息香、肉豆蔻、没药、苏合油等，是供宫廷权贵用的奢侈品。这类商品一般是官营的，由管理对外贸易的市舶司统一收购，然后组织运往北方朝廷。其路线主要是先由珠江北上运到大庾岭，再由大庾岭道陆运至赣江，再经过长江进入京杭大运河航路，一直运到宋都汴京。也有一部分香药到了韶州之后，经过武水，取骑田岭道，陆运至湘江，再沿湘江汉水运抵汴京。宋时有广州、明州、杭州三处市舶司。北宋熙宁年间，由广州北上的香药348,673斤，而其他两地的合计只有5000余斤，广州的香药占到98%以上，可见广州港蕃船贸易的繁荣。宋廷南迁后，广州香药则多取海道运往临安。

2. 本地商品的贸易。最重要的是盐。盐历来是官营，是国家税收的重要来源。西汉时期，政府就在岭南设立盐官管理盐业，征收盐税。唐朝时广州司马刘恂在《岭表录异》中记载“广人煮海”，还介绍了粤人收海水煎盐的经过。宋代时，政府在广东沿海设立官办盐场，宋代共设盐场29个，元代设盐场13个。[①]此外，广东的私盐生产和买卖也颇为活跃，因为海域广大，难以管理。总之，盐是珠江水运的大宗货物。宋高宗绍兴三十二年（1162年）两浙路年产盐量为1,985,428石，广东路为331,060石。相比之下广东的数量似乎不算大，但宋代的广东路只是现在广东的东部，实际上广西路的盐场均在现在广东的西部沿海，宋代广西路额定产盐231,689石。加起来，今广东地域在宋代产盐约为562,750石。广东路的盐经过珠江内河运输到广东广西境内的州县，广西路的盐则先经过海路运到广州，再换小船运往广东广西各地。在盐运而言，北江是北上航道，而西江是运往广西的主要航道，西江盐运流量更大。

本地商品中的另一大宗货物是大米，称为“广米”。宋元时期，广东成为重要的粮食输出地。占城稻在宋代传入岭南，加上岭南土地肥沃，气候适宜，又有水利建设的保障和中原移民带来的先进的农业技术，珠江三角洲和潮州沿海平原成为了重要的粮食输出地。粮食的运输，先是由珠江内河船只运输，聚集于广州，然后分内河和海道两种方式运往其他地方，江、浙、闽等省份都依赖“广米”供给。《岭南代答》记载明代广米贸易的情形：“富商以下价籴之，而舳舻衔尾，运之番禺，以罔市利。”[①]溯之宋元，大约类似。宋代林光朝记录说：“广东盐贩上西江多是小客，未及数岁即为富商……东

① 王彬、黄秀莲、司徒尚纪：《地名与广东历史时期盐业分布研究》，《广东海洋大学学报》，2011年第5期。

② 吴建新：《从“广米”看宋元珠江三角洲地区富有阶层的兴起》，《古今农业》，2014年第2期，第32页。

③ （宋）林光朝：《广南两路盐事利害状》，转引自吴建新：《从“广米”看宋元珠江三角洲地区富有阶层的兴起》，《古今农业》，2014 年第 2 期，第 32 页。

路一箩盐到西路或得米十四五石。”[②]可见当时经营小商业的疍家艇颇能从盐粮贸易中获利，足证珠江内行航运的繁荣。有研究者认为，“广米”贸易标志着广州从奢侈品（香药）贸易转向了本地商品的贸易。

铜、铁、铅、银等金属及其相关矿石也是内行航运的大宗商品。宋元时期，韶州是广东冶炼业的中心，宋元丰年间（1078—1085年）韶州产铜占全国总量的五分之四左右；佛山是炼铁中心，番禺、东莞炼银业发达。广东广西各地的矿石，都是通过西江和北江运到广州、韶州，铜铁等金属提炼出来之后，又通过水道运往全国各地。

总之，宋元时期，珠江水系的整治和内河贸易的发达是相辅相成的，使这一时期广东经济获得了较快的发展。

二、广州市舶司的设立

广州市舶司始建于唐，到了宋代更趋于完善。宋代由于指南针的发明和造船技术的发展，海上贸易非常繁荣，不但广州有市舶司，杭州、明州、泉州、温州、密州、秀州、江阴等地都设有市舶司或者类似机构。不过，广州市舶司是历史最悠久的。而且，宋代杭州等市舶司废立随时，唯独广州市舶司一直没有变动，故宋朝元丰年间制定的《市舶条法》又称《元丰广州市舶条法》（1080年颁行）。

（一）《元丰广州市舶条法》

宋代《元丰广州市舶条法》是一部体系完整的贸易法律，适用于宋代所有市舶司，是政府管理海外贸易的专门法律，也是迄今为止所发现的世界上最早的海上贸易成文法规。[①]从广州市舶司的稳定以及市舶条法的命名，可见广州市舶司的重要性。

根据《元丰广州市舶条法》，官府和私商都可以从事外商贸易。宋朝政府曾经多次派人前往南海藩国，“勾招进奉，博买香药犀牙真主龙脑。”其次是政府间的“朝贡贸易”。宋朝中央政府对各国朝贡的货物，均免税，并以高于或者等同朝贡货物的价值回馈对方，实际上是实物贸易的一种形式。这种形式，对于中央政府来说，并不获利，往往是藩国获利甚多，所以各国争相来前来“朝贡”。所以苏轼批评“朝贡”之弊：“朝廷无丝毫之益，而远人获不赀之财”。因此，有一段时间，宋朝对“朝贡”采取限制政策。至于私商，则包括两类：一类是本国从事海上贸易的舶商，一类是蕃商。国内舶商须得拥有达到规定数额的财产才能从事海外贸易。出海的舶商，必须向市舶司“陈牒”，报告出海贸易的货物及地点，办理担保，领到出海许可证。出航前，还需要经过

① 任满军：《简析宋朝〈市舶条法〉的基本范畴》，《盐城师范学院学报》，2006年第4期，第33页。

“点检”，以防走私。进港的商船，也要登记缴纳税务并在卸货前由官兵监视看管船只，此为“编栏”。

（二）宋代广州市舶司的设立

广州在宋代，所谓：“番禺大府，节制五岭，秦汉以来，号为都会，俗杂五方，海舶贸易，商贾辐辏。”广州市舶司于太祖开宝四年（971年）六月设立。当时由广州知州潘美、尹崇珂并任市舶使，是市舶司的行政长官。元丰三年（1080年）之后，市舶司的长官市舶使时常变换，或有转运使担任，或有其他级别的官员兼任，但是其职能基本是一样的。市舶司的人员基本设置如下：市舶使（有时称为“提举市舶”）之下设有市舶监（或称“判官”），其下再设各种吏员及办事人员。此外，市舶司还下设两个机构：来远驿负责接待外国朝贡的使者，市舶库用来保管各种货物。

广州市舶司位于城内番山下，即今广州市北京南路和东横街的交界处。其主要的职能分为几个方面：

1. 抽解与博买。所谓“抽解”，就是根据市舶条例，对进港的蕃船，进行收税，出港货物并不征税。税率大概是十分之一。抽解也可以实物代税，实物就存放于市舶库内，分批押运到朝廷。“博买”就是对抽解后的货物按照规定和需要进行收购的制度。香药之类，都由市舶司博买。抽解和博买的货物，除了运送给中央政府之外，剩下的由市舶司出卖给商人。

2. 检验及签发有关文件。根据市舶条例，宋朝的海外贸易制度，实行许可证管理制度。出港的商船，必须到市舶司领取“公凭引目”（或称“公据”“券”等）等各种许可文件。从广州港出发的舶船，仍需回到广州港抽解，办理各种手续。当时，发往南海各国的船舶，必须到广州市舶司办理各种凭证。发往日本高丽的，则到明州（杭州市舶司曾一度设于明州定海县）。并不是所有的市舶司都有发放“公凭引目”的权力。宋神宗年间就规定，从泉州出发往海外经商的船，必到广州市舶司来办理凭证，否则没收货物。可见广州市舶司的地位非一般市舶司可比。

3. “犒设”与管理蕃坊。所谓“犒设”，源于宋真宗朝，起初是皇帝派使者偶尔设宴款待原来的蕃商，后来成为惯例。每年十月，信风吹起，蕃船即将出海之际，市舶司就设宴为蕃商慰劳、送行，“以示朝廷招徕远人之意”。市舶司的另一功能就是管理蕃坊。宋时广州蕃坊规模颇大，市舶司通过设立蕃长来管理蕃坊；同时，对侵犯蕃商权利的相关官员，进行追责。据记载，熙宁七年（1074年），“诏广南东路提举司，劾广州市易务勾当公事吕邈擅入市舶司拘拦蕃商物以闻”[①]，这是市舶司保护蕃商利益的例子。

① （宋）李焘：《续资治通鉴长编》，中华书局，1986年，第6223页。

广州市舶司在宋代发展较快，促进了广州的繁荣，也为国家带来丰厚的税利。建炎四年（1130年）二月二十六日，尚书省报告："广州司舶逐日收支宝货钱物浩瀚"。南宋绍兴二年（1132年），广州市舶司官员还说："广州自祖宗以来，兴置市舶，收课入倍于他路"。[①]据统计，北宋时广州的市舶收入达到40万～70万缗；南宋初中期，每年收入120万缗左右。只是到了南宋末年，广州和泉州的收入才日趋平衡。[②]泉州之兴旺，是由于宋室南迁杭州，由泉州解压货物到杭州更加方便之故。

元朝在外贸方面，基本沿袭宋朝的制度，实行开放、鼓励的政策。广州仍旧设立市舶司，广州港经过一段时期，在元朝末年，又赶上了泉州港。

三、下西洋与南海对外交流

明代的海军军力居于世界前列，加之国家富强，这才有了郑和七下西洋。郑和下西洋是面向南海、印度洋沿岸国家和非洲东海岸国家的和平外交之旅，证明中国的海上丝路是和平之路、商贸文化交流之路，是14世纪中国和平崛起的证明。这和西方16世纪以殖民掠夺为目的的环球航行截然不同。

（一）开禁、开关与"走广"

"西洋"这个概念，最早出现是在元初人刘敏中的《中庵集》中，有"西洋主""西洋布"（大德四年，1300年）之说。据学者考证，此"西洋"是指印度东南海岸的一个大国。大德八年（1304年）的《大德南海志》则"小西洋"和"大东洋"并举，"小西洋"所指大致为今天的马来半岛沿岸、印度尼西亚苏门答腊岛沿岸一带。两书所指不一，可见元初"西洋"是个模糊不定的概念。到元末，汪大渊的《岛夷志略》涉及"西洋"16处，所指大致为印度南部西南和东南沿海一带。至明初，洪武年间《皇明祖训》列出了11个"西洋"不征之国，其地理位置大致位于苏门答腊岛与爪哇之间。"西洋"一词的重要变化，始于郑和"奉使西洋"。综合明代有关郑和下西洋的各种记载，"西洋"一词，狭义指郑和下西洋所到之处即今天的印度洋至波斯湾、北非红海一带；广义泛指海外诸国，甚至包括东洋国家，此乃"西洋"的引申意义。[③]本文取其狭义。

明朝初年，为了警戒倭寇的侵袭以及防止金银的外流，明朝政府实行的"海禁"政策，"片板不许下海"[④]，对走私处以重罚，只有特许国家的朝贡贸易可以海上往来。

---

① 《宋会要辑稿·职官四十四》。

② 黄启臣：《海上丝绸之路与广东古港》，http：//hk.crntt.com/crn-webapp/doc，2015.2.5。

③ 万明：《释"西洋"——郑和下西洋深远影响的探析》，《南洋问题研究》，2004年第4期。

④ 《明史·卷二百零五·朱纨传》。

明朝永乐年间，随着中国海防的巩固和社会的稳定，禁令逐渐松动，放宽海禁，于是出现了郑和下西洋的壮举。到隆庆年间（1567—1572年），倭寇剿灭，福建巡抚涂泽民隆庆元年（1567年）上疏，请求“准贩东、西二洋”，朝廷部分开放海禁，以征收商税，增加财政收入。此为“隆庆开关”。

明初，中央政府本来在江苏太仓设置了市舶司管理朝贡贸易，但后来考虑到此地离当时的京城南京太近，就于洪武三年（1370年）改在广东广州、福建泉州和浙江宁波各设置一个市舶司，令宁波管理日本的朝贡贸易，泉州管理琉球的朝贡贸易，广州管理“占城（今越南）、暹罗（今泰国）、西洋诸国”的朝贡贸易。福建市舶司称来远驿，浙江市舶司称安远驿，广州市舶司称怀远驿。明代广州市舶司就设在宋代的市舶司旧址，即今广州市十八铺，驿舍有120间。洪武七年（1374年），广州市舶司被废，永乐元年（1403年）又获重开。正德四年（1509年），非朝贡国家也获得允许到广州进行贸易。

嘉靖元年（1522年），宁波的两个日本“朝贡”团相互间争夺朝贡权而互相拼杀，并劫掠中国沿海而去，明备倭都指挥刘锦、千户张镗在平倭中战死。“争贡之役”令明政府震怒，遂罢免宁波、泉州两处市舶司，独留广州市舶司，形成了广州独口通商的局面，“凡夷船趁贸货物，俱赴货城（广州）公卖输税”，闽浙商人，也将货物运来广州贸易，名曰“走广”。史称：“浙人多诈，窃买丝棉、水银、生铜、药材一切通蕃之货，抵广州变卖，复易广货归浙，……曰走广。”[①]

（二）郑和下西洋、澳门和广州的全面开禁

明代从广东出发的海上航行，最有名的是郑和下西洋。从永乐三年（1405年）到宣德八年（1433年）间，郑和率领庞大的船队，先后七次访问了30多个国家和地区。郑和的航行，每次都统领官兵商民两万多人，船队庞大，货物繁多。郑和前三次主要是在南海和印度洋航行，第四次开始远航到阿拉伯海和红海，到达非洲海岸。七次当中最隆重的又属永乐五年（1407年）郑和第二次下西洋。明人郭棐的《万历广东通志》记载：“永乐五年秋九月，命太监郑和使西洋诸国，首从广东往占城国。”[②]再从占城往到暹罗（泰国）、满剌加（马六甲）、渤泥（文莱）、苏门答腊、锡兰山、柯枝（今印度西南岸的柯钦）、小葛兰（今印度南部西岸的奎隆）、古里、加异勒（今印度南部东岸的卡异尔镇）等国家。至于始发港是不是广州，尚存疑。根据中山大学黄启成教授的研究，“郑和下西洋虽然只有第二次是在广东起航出发，但其他六次从江苏出发，到福建五虎门放洋后，均是要经广东的南澳岛、大星尖、独猪山、七洲洋，到达西洋各国的。”[①]郑和的航行，不但为广东近海扫清了海盗，还为广东海上丝绸之路向非洲和拉

---

① 胡宗宪：《筹海图编·卷十二》。

② 郭裴：《万历广东通志·卷六·藩省志六·事纪五》。

丁美洲扩展打下了基础。隆庆开禁之后，广州港的贸易更加繁忙，西洋南洋贸易蕃船，常泊广州。

嘉靖三十二年（1553年），葡萄牙殖民者租借澳门之后，澳门也成为广州的外港。由此，从葡萄牙里斯本出发，经过非洲好望角、印度洋，到达印度、东南亚和中国（广州）的航线得以开通，葡萄牙人获得了长期由阿拉伯人垄断的东方贸易。1578年之前，葡萄牙人每年一次开展对广州的贸易，1578年之后，广州市场每年根据两次季风时令，对葡萄牙人开放两次，每次数周。葡萄牙人上半年采购卖往印度与非洲、西方的货物；下半年采购运往日本的货物，多为生丝、丝织品和瓷器等货物。

葡萄牙人在贸易中获得了丰厚的利润，觊觎者接踵而来。万历二十九年（1601年）之后，西班牙人的战舰来先后五次来到广东，与葡萄牙人争夺澳门的贸易，英法也随之而来。西方国家要求通商是他们殖民新大陆之后的续曲，直接冲击明朝的朝贡贸易制度。嘉靖八年（1529年），广东巡抚林富奏请“令广东蕃舶例许通市者，毋得禁绝”，明世宗批准，广州遂首开海禁，不论朝贡还是民间贸易，一概通行。这样，广州再次确立作为中国最大港口的地位。隆庆开禁之后，广州的外贸更加繁荣，商船聚集，货物如山，新的航线也开辟出来。

（三）明代从广州出发的远洋航线

明朝以广州为始发港的南洋新旧航线有：1.广州—马尼拉的航线。这条航线在万历三年（1575年）开通，马尼拉是中国到拉丁美洲加勒比海湾的航线的中转站，贸易的物品主要是丝绸、瓷器和漆等。2.广州—澳门—望加锡—帝汶航线。这是广州与东南亚国家贸易的老航线。商船把中国的瓷器、丝绸运往南海各岛屿，而把帝汶等岛屿收购的檀香木、丁香等特产运往广州和中国内地销售。在这个航路上，望加锡是连接东印度群岛和中国的枢纽。3.广州至南洋各国的原有航线也继续其商贸活动。

明朝以广州为始发港的西洋航线主要有：广州—果阿（Goa）—里斯本航线。果阿是印度迪斯瓦迪（Tisvadi）小岛上的一个市镇，有河道与内陆相通，是16世纪中叶印度西岸的一个商业中心，自从1510年葡萄牙占领果阿之后，果阿就成为葡萄牙东方贸易的基地。葡萄牙人租居澳门之后，果阿又成为广州到里斯本及欧洲其他各国的航线的中转站。商船到果阿之后，分为三条航线。1.果阿—唐宋时期的航线—欧洲。2.果阿—印度洋中的官屿溜（今马尔代夫群岛的马累岛）—非洲的木骨都束（今索马里首都摩加迪沙）—欧洲。3.果阿—克亚丁—绕葛得儿风（今亚丁湾东南面索马里的瓜达富伊

① 黄启臣：《明代广东海上丝绸之路的高度发展》，http://hk.crntt.com/crn-webapp/doc/docDetailCreate.jsp?coluid=56&kindid=1201&docid=100151090 2015.2.7。

Grardafia角）和哈甫泥（今索马里东岸的合丰角C.Hafun）—沿东非海岸下木骨都束、不剌哇（今索马里东南岸、布腊瓦Brara）、麻林（肯尼亚东岸马林迪Malindi）和慢八撒（今肯尼亚南岸的蒙巴萨Mombasa）—南至坦桑尼亚、莫桑比克海岸到南非—绕过好望角—沿大西洋非洲海岸北行到摩洛哥拉巴特港，抵达里斯本，转至欧洲各国。后两条航线都是明朝时期从广州出发新开发的航线。

通过这些航线，广州同南洋、西洋及拉丁美洲的很多国家和地区都建立了广泛的贸易联系。其中南洋（南亚、东南亚）的国家和地区有：暹罗（泰国）、占城（今越南中南部）、利加（不详）、苏禄国东王、西王和峒王（苏禄今属菲律宾）、渤泥（今加里曼丹岛北部属文莱地区）、古里（今印度喀拉拉邦北岸的卡利库特，Calicut，又译科泽科德）、古麻拉（今东非肯尼亚之马林迪）、爪哇（Java，今印度尼西亚爪哇岛）、真腊（今柬埔寨）、柯支（Cochin，今印度西南岸柯钦）、锡兰山（Celan，今斯里兰卡）、苏门答腊（Sumatra，今印度尼西亚南苏门答腊北部的亚齐）、榜葛兰（今孟加拉）等。此外还有非洲和欧洲的很多国家。广州逐渐成为一个世界闻名的大城市。葡萄牙宫廷药师皮莱斯（Tome Peras）根据航行的见闻回去报告说："中国乃是一个伟大、富饶、豪华、庄严的国家"，"广州是印度支那到漳州沿海最大的商业中心"，"全国水陆两路的大量货物都卸在广州"，"中国人不得广州当局的允许，不得开向暹罗、爪哇、马六甲、巴西及其他地方去"，"广州是一个富庶的城市"。他的报告令葡萄牙当局对中国和广州垂涎三尺，葡萄牙当局派出"皇帝舰队"，威逼明朝开展贸易。[①]

海上贸易的发展，促进了广东的经济发展。首先，是与海上贸易相关的丝织产业得到发展。不仅佛山的丝织业发展出分工细致的十八行，而且也带动了苏杭的生丝发展。广东丝织业的纺织、染色工艺，享誉世界。其次是带动了瓷器业的发展。佛山、潮汕地区的瓷器工艺不断提高，逐渐与景德镇瓷器齐名。此外，景德镇的瓷器从广州出口海外。瓷器是广州出口的主要货品，以广州为始发港的海上丝绸之路又因此而被称为"瓷器之路"。再次，铁器也是出口的重要商品。铁器主要是铁锅、铁针和铁钉等，佛山和韶山是重要的冶炼中心。无论是丝绸业、瓷器业还是冶铁业，都出现了初步的资本主义萌芽，形成了分工细致的手工业工场。长期的贸易出超，也带来了大量的白银，激发了明朝经济的活力。

此外，番薯和玉米也随着航海贸易传入中国（这是继占城稻之后传入中国的重要外来作物），使中国的粮食产量大量增加。海上贸易带来的另一个现象是明朝中后期之后，大量广东人移民东南亚，在今越南、泰国、柬埔寨、印度尼西亚、菲律宾、爪哇等地开枝散叶，繁衍生息。华侨主要从事商业、农业、采矿业、园艺业和渔业，把中国先

---

① 黄启臣：《明代广东海上丝绸之路的高度发展》，http://hk.crntt.com/crn-webapp/doc，2015.2.9。

进的生产技术、生产经验和中华文化传播到当地，为当地经济的发展和繁荣做出了突出的贡献。

四、海禁与走私商船

明初由于各种内政外交的原因，实行海禁政策，时有数量不多的朝贡贸易。明朝前期，社会在战乱之后处于恢复期，国内国际的贸易需求都不大，海禁尚可维持；但是随着经济的发展，沿海地区的外贸需求日益迫切，这就导致了大规模的走私。

（一）海禁与走私的盛行

明朝初期实行严厉的海禁政策，只允许少数国家来华实行“朝贡”贸易。明政府对入贡的贡舶数、贡使及随从人数、贡期、贡品数量等，也都有规定。明朝政府对贡舶勘发凭证（称为“勘合”），贡舶持证往来。除此之外，海上民间贸易被严格禁止。洪武十四年（1381年）冬，《皇明世法》规定：“凡将马牛、军需、铁货、铜钱、缎匹、绸绢、丝绵私出外境货卖及下海者，杖一百，挑担驮载之人减一百，货物船东并入官，……若将人口、军器出境及下海者绞；因而走泄军情者斩；其与该官司及守把之人，通同夹带或知而故纵者，与犯人同罪。”

明朝前期，社会经济在经历战乱之后处于恢复状态，民间贸易的需求不大，这种朝贡贸易尚可维持。但是，随着社会经济的发展，特别是沿海经济比较活跃的地区，海禁政策与民间贸易的需求之间的矛盾日益突出。所以，一方面是海禁，另一方面是走私的盛行。明朝刑部尚书、右都御史郑晓在《皇明四夷考》描绘当时的海上贸易的混乱情况时说：“宠赂公行，上下相蒙，官邪政乱，小民迫于贪酷，苦于摇役，困于饥寒，相率入海。”当时进行走私贸易的，不仅有为官当政者，也有富商豪杰，还有大量以海为生的渔民。

广州既是明朝最重要的市舶司所在地，又很长一段时期享有“独口通商”的地位，因此，广东走私盛行也是其来有自的。一方面，朝贡贸易的发展逐渐培育了珠江三角洲地区商品农业和商品手工业的发展。茶叶、蚕桑、甘蔗果木的种植都是以贸易为目的的商品农业，丝织业、瓷器、铁器和漆器等也都是以贸易为目的的手工业，有限的朝贡贸易无法提供足够的贸易机会，这是走私贸易的商品基础；另一方面，广东海岸线漫长，官府防不胜防，随处皆可走私。且明朝建立之后，巡海制度仅实施二十余年就难以为继了。宣德七年（1432年），巡按广东监察御史陈汭奏称：“广东海洋广阔，海寇屡出为患。往者调遣官军五千人、海船五十艘出海巡捕二十余年，多被漂没，无益警备。”①

① 《明宣宗实录·卷八十七》，宣德七年二月庚寅条，第1997页。

海防松弛，也为走私提供了可趁之机。

且广州自唐为市舶司以来，海商不绝，海上贸易的巨大利益对民众具有很大的吸引力，富商巨贾争相通蕃，或者自置船舶出海贸易，或者充当窝主坐收其利。平民百姓亦冒险出海牟利，海防官兵收受贿赂，对此视而不见。因此，广东的走私，几乎是公开的秘密。粤东靠近福建省的南澳岛，位处两省交界之处，洪武年间之后，明朝政府对南澳岛采取迁回居民，弃而不守的政策，南澳岛就成为走私商船汇聚的基地，与双屿港作为江浙一带的走私基地的情形比较类似。

此外，明朝的公私造船业都很发达，从江浙一带到广东沿海，有很多造船厂。现在可以知道的是当时闽浙一带的亦商亦盗的王直的船可以容纳两千人，船面几乎可以驰马。广州作为市舶司地位高于闽浙，贡船商船往来不绝，由此可以猜测，广东的造船业应当不输江浙。同时，明朝的航海图也为小规模的走私船队提供了航行便利。当时最著名的是《郑和航海图》，图上标明了从出发地（福建、广东）到海外各国的地理位置以及辨识航线位置的办法，可操作性非常强，依图航行，必达所往。船与图，提供了走私的海上保障。

（二）广东走私的情况

广东的走私，大概有如下几种情形。

1. 市舶官员的走私贸易

明朝朝廷长期宦官专权，朝廷往往任命太监为市舶长使，市舶太监知法犯法进行走私的案子不少，而广东市舶太监牛荣的走私案可以说轰动一时。牛荣正德年间（1506—1521年）出任广东市舶太监，不但在市舶司大权独揽，而且对地方政务也横加干涉。正德四年（1509年）朝廷允许贡船之外的商船通过“抽分”进行自由贸易，牛荣等乘机大饱私囊。广东地方官员弹劾牛荣，皇帝于是传旨牛荣回南京“闲住”。而兵部尚书彭泽等为牛荣及广东镇守太监傅伦“求情”，求情的理由听起来匪夷所思。彭泽说：牛荣、傅伦在广州年深月久，“所欲已满”，已成“饱虎”，若换掉他们任用他人，则“饥虎之欲甚于饱虎”，为害更多，不如将傅伦、牛荣各加戒饬，继续留用。而皇上的批示居然是：“卿等言是。”[①]彭泽等人的“求情”自是无可奈何，亦可见当时市舶司监守自盗到了何等地步。牛荣留任之后并不理会皇帝的戒饬，嘉靖元年（1522年），牛荣再发走私案。《明史》记载：“嘉靖元年，暹罗、占城货船至广东，市舶中官牛荣纵家人私市，论死如律”。官府没收了四十多万斤的走私物品（苏木、胡椒等），将牛荣的家人

---

① 《明代宗实录·卷九·正德十六年十二月壬辰条》。转引王川：《自论明代市舶太监牛荣走私案》，《海交史研究》，2000年第1期，第84页。

蒋义山、黄麟等处死，但牛荣却留下性命。

牛荣并不是一个孤例。明中期之后太监专权，太监往往占据国家有利可图的重要位置，大饱私囊，贪得无厌。除牛荣外，广东、福建、浙江三地市舶太监参与走私者还有许多。就广东而言，在牛荣之前，宪宗成化年间的广东市舶太监韦眷（1475—1488年在任）就走私牟利，他"常遣其党私与海外诸蕃通贸易"，甚至还"私舰通蕃"，后来被番禺县知县高瑶擒获。在牛荣之后，万历年间的广东市舶太监李凤（1599—1614年在任）也"船海通夷"，指使人"往来暹罗、日本等"，不但牟利，甚至勾结倭寇滋事。[①]

2. 伴随"朝贡"的走私贸易

如前所述，"朝贡"的商品有严格的限制，但是实际的情形并非如此。贡舶到广州港之后，持明朝礼部颁发的"勘合"凭证上岸，被安置在怀远驿，等待朝廷许可，然后携带国书、贡书及商品，在市舶官员陪同下上京朝贡，领取赏赐之后，其所携带的商品方可出售给官方或市场。此时，随同使节来的官员或者僧侣往往携带"私货"趁机与中国商人贸易。这种私货贸易，实际上是走私，但一般为明朝政府和官员所默许，令使节和随行者大获其利。不过这种伴随"朝贡"的私货贸易，只能为有权势者利用，次数与规模皆有限。一般蕃商，难以参与其中，于是民间的走私活动，也就难以避免了。

3. 民间走私

民间的走私，在广东沿海一线，主要是与南海诸国的走私。

福建平倭功臣谭纶曾就罢市舶上奏朝廷，论及广东的走私，他说："海上之国方千里者不知凡几也，无中国绫绵丝枲之物则不可以为国。禁之愈严则其值愈厚，而趋之者愈众。私通不得则攘夺随之。……今非惟外夷，即本处鱼虾之利与广东贩米之商、漳州白糖诸货皆一切禁罢，则有无何所于通，衣食何所从出？如之何不相率而勾引为盗也？"[②]明朝时，广东已经成为粮食的输出地，广东的粮食除本地贸易走内河航运之外，外运都是走海道。对沿海居民来说，禁止海上贸易，不但与边防无益，也令沿海民众衣食堪忧，民众不得不铤而走险。

杭州、泉州罢市舶期间，民间富商大贾的走私贸易，聚集广州。时人霍与瑕描述广州的走私贸易，说："近日，番夷市易，皆趋广州……而近乡名曰游鱼洲，其民专驾多橹船只，接济番货。每番船一到，则通同濠畔街外省富商搬瓷器、丝绵、私钱、火药等违禁物品，满载而去，满载而还，追星趁月，习以为常，官兵无敢谁何。"[③]广州的

---

① 王川：《自论明代市舶太监牛荣走私案》，《海交史研究》，2000年第1期。

② 翁礼华：《反走私之战——明代嘉靖年间海上贸易之反思》，《浙江财税与会计》，2001年，第 11 页。

③霍与瑕：《霍勉斋集·卷十二》，《上潘大巡广州事宜疏》。转引自黄启臣：《明代广东海上丝绸之路的高度发展》，http://hk.crntt.com/crn-webapp/doc，2015.2.9。

濠畔街、高第街一带成了繁忙外贸商业区，定期贸易。如果一时交易未完，商人们还乘船出海，径直前往南海诸国，如占城、暹罗、马尼拉、望加锡、印度等地贸易。不少中国沿海平民，也随船出海，寻求致富机会。对渔民来说，捕鱼贩盐，获利甚微，“愚弱之人”才仅仅依靠鱼盐活命。心思稍活的人，不肯坐以待毙，争相在海上寻求机会。当时海上贸易的差价，往往有十倍之多，虽然冒险，但有所值，商贾平民皆向往之。海上走私商人贿赂巡海的官兵，巡海官兵不但不缉捕他们，反而保护他们。岸上充当窝主的富商大贾不但为往来海上的中外商人提供庇护，还和陆上内地走私商人互通声息，使走私从海上到陆上连通一气，大行其道。明人谈到广东沿海走私的情形时说：“广之惠、潮、琼崖狙狯之徒，冒险射利，勾结引诱，视海如陆，视日本如邻室耳，往来交易，彼此无间。”[①] 如果走私失败，则难免成盗，劫掠商船，为害海上。因此，当时海上的走私集团，往往亦商亦盗，致使海上颇不平静。虽然如此，通过走私经商致富的商贾还是不计其数，一般百姓的生活也因走私有所改善。

隆庆元年（1567年）之后，明朝政府有限制地开放海禁，实行“引票制”，即从事海外贸易的商人，可以从官府那里审批“票引”，缴纳“引税”三两白银（后改为六两），持票往来贸易。不过票数有限，申请“引票”的商人多而颁发出来的“引票”数量有限制，据史料记载，万历十七年（1589年）额定的东西洋商舶数是88艘，后增至110艘，也还是供不应求，不过总算在一定程度上缓解了海上贸易的紧张和冲突，走私也就有所减少。

开禁之后的走私贸易，一是无“票引”的海上贸易，据记载，万历十五年（1587年）单是开往马尼拉一地的商船就有30多艘，由此可以合理地猜测前往东西洋经商的商船总数必定大大超过额定数目；二是有“票引”而经营违禁商品的，如牛马和丝绸（丝绸一度也是违禁商品）。据记载，林道乾、林凤就是隆庆万历年间的走私集团的头目，他们在万历初年遭缉捕逃往海外之后，仍然与国内商贾合伙，伪造“票引”，搜买禁物，大量走私。[②] 开禁之后，海上缉私放松，走私的风险大大降低，亦商亦盗者复为海商，海上也渐趋于平静。

---

① 谢肇淛：《五杂俎·卷四》。转引自《广东航运史》（古代部分），人民交通出版社，1989年，第117页。

② 《广东航运史》（古代部分），人民交通出版社，1989年，第117页。

第四章　海上丝绸之路清末民国时期以广东为重要对外窗口

清末至民国期间，清朝政府设立的四个海关之中，由于乾隆规定西洋国家与清廷的贸易往来都集中在广州港，这就使得粤海关“一口独大”，广州成为“天子南库”。广东的航运，这一时期获得空前的发展。广州成为东西方文化汇聚交流之地，也见证了近代中国的兴衰荣辱。

一、粤海关的成立

清朝建立之初，为了剿灭盘踞台湾的南明郑成功政权及切断台海联系，清朝政府自顺治十二年（1655年）开始，先后五次颁布禁海令，实行空前严厉的迁界禁海政策，将山东、江苏、浙江、福建和广东五省的沿海居民内迁五十里，并焚毁村庄和船只，对沿海渔业及盐业造成极大破坏。康熙二十二年（1683年），清政府收复台湾，平定三藩。康熙二十三年（1684年），清政府宣布可以“开海贸易”，第二年，在广东广州、江苏松江、浙江宁波、福建泉州四地分别设立粤海关、江海关、浙海关、闽海关等四个海关，管理外贸事宜。这是中国历史上最早的海关。

（一）粤海关的设立

粤海关的地址，现在学界公认设置于广州五仙门内，其旧址原为广东盐政署，除了关督住所，还建设有银库和吏舍。主管粤海关行政事务的监督之全称为“钦命督理广东沿海等处贸易税务司户部分司”，可见粤海关直属中央户部，在政治、外交和财政等方面都直接受命于中央。粤海关监督由朝廷直接任命，一般由皇室宗亲担任，奉皇帝敕书赴任。首任粤海关监督是吏部郎中宜尔格图。相比之下，福建泉州海关由将军统辖，江苏松江海关和浙江宁波海关由地方巡抚管辖，唯独广东粤海关设有“监督”。粤海关监督在雍正之后一度停设，后又复设。可见粤海关的重要性在其他三省海关之上。粤海关所制定的税则，也为其他三关所奉行。粤海关的主要职责是税收，督管下设的省城大关、澳门总口、潮州庵埠总口、惠州乌坎总口、高州梅菉总口、雷州海安总口和琼州海口总口等七处地方关口，每个总口又下设数量不等的小口，共55

个小口。其中省城大关和澳门总口非常重要，省城大关在粤海关总部，大关总口负责稽查城外十三洋行及进入黄埔的外国商船的进出口货物；澳门总关则因欧洲和南洋的很多商船习惯停泊澳门而非常繁忙，因此粤海关监督又在澳门设一行署，时时前往督查。曾经有人以为粤海关设在澳门，实为误会。各小口由海关监督或奉旨兼管关务的总督、巡抚分派家人带同书役管理。

各口岸功能并不一样，有正税口、挂号口和稽查口三类。正税口和挂号口负责收纳关税，稽查口只负责对进出口船只及货物的稽查，不管征税。

自汉唐以来，广东商人就同外商交易，积累了与外商贸易的丰富经验，外商也乐于同广东商人贸易，并利用他们偷税漏税。“夷货之至，各有接引之家，先将重价者私相交易，或去一半，或去六、七而后牙人的货报官……则其所存以为官市者，又几何哉?”[①]明朝市舶司为了加强外贸管理，不得不利用经验丰富的本地商人去征税。明朝万历年间就出现了代政府收税的“三十六行”。市舶司对本地商人越来越倚重，逐步形成了“以（中国）商管（外国）商”的管理倾向。

粤海关建立之后，也并不对外国商人进行直接管理。粤海关在成立的第二年，就遴选广东本地富商组成“十三行”[②]，让“十三行”代表粤海关管理外商贸易。粤海关收缴各种税收之后，外商就与十三行商人进行贸易，这叫作“行商贸易”。

（二）粤海关的税收情况

粤海关征收的关税有三个方面，即船舶税、货物税和附加税。船舶税又称梁头税，即丈量船只梁头的宽度和船的长度，长宽相乘，西洋船分为九等，东洋船分为四等，按尺征税。粤海关设立之后，监督宜尔格图根据外来商船多载日用杂物（并非昔日之香料苏木等贵重商品）的实际情形，上奏请求在原来税率基础上减去两分。粤海关的关税大致如下：

表1-4-1 粤海关西洋船舶税率标准表

等级	船长	船宽（丈）	长宽相乘（平方丈）	该纳税银（两）	实际缴纳数（两）
一等	7.5	2.4	18	1400	1120
二等	7.2	2.2	15.84	1100	880
三等	6.6	2	13.2	600	480

① 严从简：《殊城周咨录·卷八》。转引自章深《十三行与清代海外贸易的特点》，《中国社会经济史研究》，1987年01期。

② 三十六行、十三行、二十六行等等，都是虚数，指与外贸相关的央行商人行帮。

表1-4-2粤海关东洋船舶税率标准表

等级	船长（丈）	船宽（丈）	长宽相乘（平方丈）	该纳税银（两）	实际缴纳数（两）
一等	7.5	2.4	18	1400	1120
二等	7	2.2	15.4	1100	880
三等	6	2	12	600	480
四等	5	1.6	8	400	320

（资料来源：《粤海关志》卷九，税则二。）

实行这个税制之后，外国船只的税率大为降低。按照《钦定大清会典事例》，原来的西洋一等船要征银3500两，改税之后只征原来的五分之二。粤海关的货物税，又分货物进口税和出口税，税额一般是按货物的数量来计算，“按斤、按匹科税者为多，有按个、件、付、只、条、把、筒、块者，各按其物，分别贵贱征收”，如遇散仓货物，则“丈量深、宽及长，因乘加算，计斤科税”①。中国的货物税相比较于当时欧洲来说也是很低的。康熙末年至雍正年间，进出口平均税率是4%，最高的是生锌，为7.7%；最低的是茶叶，只有0.4%。而当时在伦敦征收的中国茶叶进口税率高达128%，最低的也在80%以上。②清政府的低税率，对促进广东外贸的繁荣起到了促进作用。

附加税即各种杂税。康熙时期并没有杂税，但是海关办事人员往往私索各种费用。自1704年开始，杂税征收了130多年。到雍正时期，实行改革，政府提高办事人员的俸禄，而把办事人员私索的各种费用归公，由政府管理。附加税名目繁多，例如进口规银、出口规银、缴给粮道用以赈灾救济穷人的费用、给保商经办人的费用、给丈量船只的书役的费用、给参加丈量的士兵的费用、船到达时给海关士兵的费用、船到达时给知府衙门的费用、给广州府的费用、过黄埔江的费用、过商馆的费用、给澳门守汛官员的费用、船停泊黄埔时给海关守汛官员的费用、给皇上的重量差额费用，等等。这些费用加起来，一只船需要交纳1950两银子。③这些费用颇令外国船商不满，1732年英、荷、法、奥、瑞等国的商务官员曾联名请求豁免这些杂税。道光十年（1830年），在粤海关监督的奏请下，减去20%。但是，剩下来的杂税及索贿，也往往有正税的一两倍之多。

粤海关虽有税则，但是没有统一的征税标准，在实际的征收过程中随意性较大，加之海关人员用家人来管关征税，自索费用，就难免滋生腐败，并与通商各国产生矛盾。

① 《钦定大清会典事例·卷三百三十五》。
② 廖声丰：《清代前期粤海关的商品流通及税收》，《华南农业大学学报》，2009年第1期，第112页。
③ 李金明：《清代粤海关的设置与关税征收》，《中国社会经济史研究》，1995年第4期，第32-33页。

1689年，英国商船“防卫”号（Defense）船长黑斯（Captaro Heath）就记录了他在粤海关遭受勒索的情形。杂税与丈量费用、勒索等混杂在一起，令西方商人觉得粤海关的税收系统“神秘”而难以接受，他们不断地通过各种途径进行协商与抗议。这些问题不断积累，后来就形成了中外之间，尤其是中英之间的尖锐矛盾。

粤海关的收入，是清政府财政收入的主要来源，清政府亦高度关注粤海关的税收问题，多次查处粤海关的贪腐勒索案件，也曾下达一些减轻外国商船杂税的谕令。但是收税涉及制度问题，海关、广东地方军政等各方势力都介入其中，清政府难以从根本上进行整顿。

第一次鸦片战争中国失败，英法在中国的势力逐渐强大。清政府在《南京条约》中同意“协定关税”，使税率下跌50%至90%，失去了作为国家主权的关税自主权，在浙江海关又逐渐形成了用外国人帮办税务的形式。第二次鸦片战争中，英国政府通过《天津条约》，强迫清政府把这种洋人办税的形式亦用到粤海关。咸丰九年九月二十九日（1859年10月24日），经过复杂的筹措，粤海关一分为二，一个负责收取本国商人的外贸税，由原海关监督管理，称为“常关”（Native Customs）；一个由外国税务司主管，负责管理外国商船并征取税收，称为“洋关”（Foreigner Customs）或新关（New Customs）。不过清政府一般对二者不加区分，仍然一律称为粤海关。粤海关对外商的管理权就旁落到负责洋关的外国人手中，关税用来担保不平等条约议定的赔款和支付海关行政经费，甚至连“关余”（支付赔款和行政经费之后剩下的余额）也控制在“洋关”手中。辛亥革命之后，民国政府为了收回粤海关“洋关”同西方列强进行了长期的斗争，收回部分“关余”，但是并未将粤海关主权完全收回。直到新中国建立，粤海关才完全回到中国政府手中。

二、十三行与“一口通商”

粤海关在管理上实行行商模式，十三行指的就是专门与外商贸易的各种行商。由于乾隆规定西洋各国只能在广州通商，而西方各国这一时期正处于资本主义的上升阶段，贸易需求量非常大，这就使粤海关的贸易量远远超过同一时期的其他三关，形成“一口独大”的局面。

（一）十三行的由来及其职能

如前所述，粤海关在成立的第二年即康熙二十四年（1685年），广东巡抚李士桢、两广总督和粤海关监督商议，决定成立金丝行和洋货行，金丝行处理国内本地贸易，洋货行从事与外商的贸易。李士祯在《分别住行货税文告》中指出：“今设立海关，征收出洋行税，地势相连。如行住二税不分，恐有重复影射之弊。今公议设立金丝行、洋货行两项货店，如来广省本地兴贩，一切落地货物，分为住税报单，皆投金丝行，赴税课司纳税；其外洋贩来货物，及出海贸易货物，分为行税报单，皆投洋货行，候出海时，洋商自赴关部纳税……为此示仰省城佛山商民行人等知悉：嗣后如有身家殷实之人，愿充洋货行者，或呈明地方官承充，或改换招牌，各具呈认明给帖，即有一人愿充二行者，亦必分别二店，各立招牌，不许混乱一处，影射朦混，商课俱有违碍。此系商行两便之事，各速认行招商，毋处观望迟延，有误生理。”[①]这个决定一是首次把进出口贸易从国内一般贸易中分离出来，二是把对外贸易管理职能（海关）与对外贸易机构（洋货行，简称洋行）分离开来，从而基本确定了清代鸦片战争之前的进出口贸易的模式：行商模式。十三行和行商外贸模式共存在156年（1686—1842年）。

粤海关招徕“家境殷实”的富商组建“洋货行”即“十三行”，与外商贸易。“十三行”不过是个约定俗成的称呼，起初只有几行，全盛时期又远远超过“十三”之数。康熙开禁之前，就在广州和澳门活跃着一些“客纲客纪”和“揽头”，他们直接与外商贸易，并承担管理外商的一些责任，外商如犯法，他们要连坐。他们有时也随政府官员参与对外交涉。粤海关设立之后的十三行商人，他们的职能与此类似，但活动地点主要在广州。

行商模式的核心，是“以商管商”。外国商船通过虎门报验放行后，由与外商熟悉的行商带领外商或者替代外商办理各种手续，如报税纳税等；因为外商只许与行商进行贸易，外商一时卖不出去的货物，也由与他们交易的行商代卖；而外商需要的货物，也早联系好让行商替他们收集好。这就是行商的第一个职能“代购代销”。因为行商掌握了外商的货物，所以行商后来就替外商“代纳关税”，这是行商的第二个职能。行商的第三个重要职能是协助外商与海关、政府沟通、交涉。粤海关官员早期还愿意直接与外商打交道，后来不大接见外商，也不通文书，两者的沟通，全赖行商奔走。因此，“协理外事”也就成了行商的第三个职能。乾隆十年（1745年），为了加强对外商的管理，清政府实行“保商制度”，即外商货船进入黄埔港后，必须请一位行商作为担保，称为“保商”。保商要负责约束外商及其船上人员的一切行为，包括日常行为和商业行为（如预付缴纳各项税款）。如果外商违反海关的规定，则保商也要受罚。保商对其担保的外商也有很大的权利。例如，确定该外商的进出口货物的价格，将外商的货物定价后分给各个行商销售，等等。“担保”是行商的第四个职能，也是最重要的职能。保商制度将外商与其保商紧紧绑在一起，使外商的行动颇受保商制约。外商则希望同更多的商人贸易，以突破保商的垄断和约束，因此外商不断要求自由贸易，但都无果而终。

① 百度百科：“行商制度”条。网址：http：//baike.baidu.com/link?url=mkk6PM7b3BL8e0aJsFy37DixHNmvvRVfvGq2kA0kv5wHqJ0IE-sMlnuAXT7wq4kW，2015.2.23。

十三行商人成为中国的特殊商人，他们在外贸交易中迅速致富，但是往往承受着比较大的风险和清政府的巨大压力，也难免因为外商的不法行为而连累破产。乾隆二十二年（1757年）实行“一口通商”政策后，十三行商人就成为连接东西方的一个窗口，他们因为“一口通商”而获得了巨大的发展机会，其中不乏富可敌国的巨商富贾，如十三行商人伍秉鉴（1769—1843年）。据记载，1834年，伍秉鉴资产约有2600万两白银，几乎相当于当时清政府一年的财政收入。他也被当时的西方称为“天下第一富翁”。2001年，美国《亚洲华尔街日报》将伍氏商人评为千年来全球最富有的50人之一。[①]

（二）“一口通商”的由来和目的

“一口通商”成就了十三行商人。清政府实行“一口通商”，原因是多方面的。在清政府设立四个海关74年之后，也就是乾隆二十二年，乾隆皇帝下达了通常所说的“一口通商”谕令，其直接的原因是所谓“洪仁辉事件”。

洪仁辉，原名James Flint，英国人，东印度公司职员。他少年时曾在广州学习汉语，是一个中国通。西洋商船历来在广州靠港贸易，但英国东印度公司不满粤海关税名繁多，又想到他们需要的大宗商品生丝、茶叶的产地去以更加便宜的价格收购商品，以满足英国在工业革命上升阶段的大量需求，就指使洪仁辉率船前往浙江宁波海关贸易。浙江官员因为以往并未接待过西洋商船，认为西洋人慕化而来，对他们逾格优待，收税很低。于是，西洋船只云集宁波港。乾隆皇帝忧虑宁波港并无海防屏障，外船可以扬帆直至，日久恐宁波又成一澳门。而“粤省地窄人稠，沿海居民大半藉洋舶谋生，不独洋行二十六家而已，且虎门黄埔设有官兵，较之宁波可以扬帆直至者，形势也异，自以仍令赴粤贸易为正，本年来船虽已照上年则例办理，而明岁赴浙之船，必当严为禁绝……此地（浙）向非洋船聚集之所，将来只许在广东收泊交易，不得再赴宁波，如或再来必押令原船返棹至广，不许入浙江海口，于粤民生计并赣韶等关均有裨益，而浙省海防亦得肃清。”[②]乾隆于是同意闽浙总督喀尔吉善、两广总督杨应琚的办法，提高税收，“寓禁于征”。但这一办法并不凑效。乾隆二十二年十一月初十，乾隆帝正式降旨，明令西洋船只只能在广州通商。谕曰：“嗣后口岸定于广东，不得再赴浙省。此于粤民生计，并赣、韶等关均有裨益，而浙省海防，亦得肃清。”这就是通常所说的“一口通商”政策。英国东印度公司不满禁令，指使洪仁辉将船擅自开到天津向乾隆皇帝“告状”，试图迫使乾隆皇帝收回禁令，未果，此是后话。

---

① 雷晓宇：《广州十三行传奇》，《中国企业家》，2004年第11期，第103页。

② 宫中档，朱批奏折，乾隆二十二年（1757年）十一月初十，闽浙总督杨应琚折，胶片第十九卷第1009号。中国历史档案馆藏。转引自廖声丰：《乾隆实施“一口通商”政策的原因——以清代前期海关税收的考察为中心》，《江西财经大学学报》，2007年第3期。

“一口通商”有几个要点：

1.“一口通商”并非关闭其他三个海关，只保留粤海关一个海关，而是四个海关仍旧照开，但规定西洋商船（欧洲、各国东印度公司等）只许在粤海关通商。

2.“一口通商”谕令针对的特定对象仅仅是“外洋红毛等国番船、番商”，对朝鲜、日本、琉球、安南等东洋、南洋各国与中国的贸易，并无影响。这些国家一仍其旧。所以，在1757年“一口通商”之后，苏闽浙三省海关仍然有外贸税收。据学者根据中国第一历史档案馆所藏关税档案资料，统计各个海关逐年的税收，发现从乾隆二十二年至道光二十年（1757-1840年），苏闽浙三省海关的税收数据，虽然各有增减，但是总体变化并不大；而中国国内的经济，传统上就是自给自足和内需型的经济，自成体系，所以“一口通商”对国内经济格局也并无明显影响。[①]这也从事实上说明传统上从这三个海关进出贸易的东洋、南洋等国的贸易，并不受“一口通商”谕令影响。

3.至于中国商人，可以根据自己贸易的目的地，由四个海关出海贸易。所以，“一口通商”的实质，是将欧洲的强势资本主义国家限制在广州一地贸易。而广州的“一口独大”，也并非是由于关闭了其他三个海关，而是由于欧洲资本主义国家对中国的日用品和轻工业原料的需求急剧增长。

4.“一口通商”通商谕令确实在比较长的时期内有利于海防。粤海关有多处港口可以腾挪，便于管理，且屯门、虎门等屏障，历来皆有驻兵，海防可峙。一般来说，各国商船一到万山群岛附近海面，就有粤海关派出的引水员验看，如是货船，并有所在国批照，就允许该船到澳门同知处挂号，然后有引水员引入虎门口报验，办理手续。虎门口放行后，才能进入黄埔港，等待粤海关关员丈量船只，征取税收，再开舱贸易。外国船只出关，也有严格的手续。凡是外国货船的护货兵船，一律不准进入澳门及虎门等海口，只能在海口外等待货船一起回航。如外国船只需要修理，则令他们在澳门修理。

“一口通商”之后，西洋商船纷至沓来，广东的行商制度也不断完善，行商不断增加，广东的外贸网络逐渐形成，广东商人也争相出海贸易，因此，广东的海上航运迅速繁荣起来。据统计，从乾隆二十三年（1758年，“一口通商”的第一年）到道光十八年（1836年，鸦片战争前4年），80年之间来广东贸易的外国商船5107只，而最后10年的外国船只又占总数的22%，可见西方对中国贸易的需求迅速增长，这也与西方资本主义的迅速发展相关。从乾隆二十年（1755年）到道光二十年（1840年）的86年间，从广州开往东洋南洋的中国商船也有3000多只，其中十分之一是往东洋日本等国，十分之九

① 廖声丰：《乾隆实施“一口通商”政策的原因——以清代前期海关税收的考察为中心》，《江西财经大学学报》，2007年第3期。

是往南洋各国。从中国出口的大宗商品主要是生丝、丝织品、瓷器、茶叶和南京土布，从西洋各国进入中国的商品主要是银元（用于购买中国商品）、毛织品和棉花。据统计，从嘉庆二十二年（1817年）到道光十三年（1833年）的16年间，广州出口商品总值634,781,261银元，进口商品总值387,962,583银元，贸易顺差246,818,678银元（1银元折合0.72两白银）[①]。广州之“金山珠海，天子南库”之称是实至名归。

三、外船对广东航运的垄断和中国船员的反帝斗争

鸦片战争之后，英国凭借《南京条约》租借香港，随后顺势利用机械轮船获得了广东内河航运和海上航运的优势，美德随之而来，垄断了广东的航运业，中国的木船业迅速崩溃。外船对雇佣的中国船员进行苛刻压榨，激起了中国船员轰轰烈烈的反帝斗争。

（一）英美德对广东航运的垄断

1840年鸦片战争之后，清政府被迫和英国签订不平等的《南京条约》，被迫租借香港，赔款，五口（广州、福州、厦门、宁波、上海）通商。英国租借香港之后，就在香港、广州和澳门之间开通了轮船航运，美国也随之而来，在省港之间开通了航线。1860年，汕头也被迫开埠通商。广州和汕头，就成了英美德三国航运势力竞争的场所。三国都试图扩大自己的航运势力，以推销自己的工业产品。而中国一直使用的木船，无法同这些国家的机械化轮船竞争，也就被迫逐渐淘汰。

广州在开埠之初的几年中，航运和对外贸易相当繁荣，西方商船蜂拥而入，通过广州向中国倾销棉纺织品等工业产品以及大量走私鸦片。1844年广州港进出口货物总值972万英镑，占全国进出口总值的89.99%，1845年广州港进出口总值966万英镑，占全国进出口总值的79.13%。[②]这些进出口船只中，绝大部分是英国的船只。大量的船只进出，使修船的需求比较迫切。本来中英条约并未许可英国在广州修建船坞，但是为了修理商船和兵船，英商擅自在广州黄埔港修建了一些船坞，这是外商在中国修建船坞船厂的先例。英国获得香港后又在香港开设了大型船坞公司，由于香港海面开阔，修好的船只可以很快出坞，此后船只纷纷到香港船坞修理，黄埔船坞无利可图，英商就把黄埔各船坞卖给了清政府。

英国在第一次鸦片战争后迅速发展自己在香港、广州及中国其他城市的航运势力。先是有两艘轮船往来于香港和广州之间从事客运（1846年），后又成立“省港小轮公

---

① 《广东航运史》（古代部分），人民交通出版社，1989年，第150-153页。

② 桑辛：《鸦片战争对广东航运的影响》，《珠江水运》，1997年7月号。

司”经营广州香港间的定期班轮。1863年之后，英国的两家轮船公司垄断了香港—汕头—厦门—福州的沿途航运。这些轮船具有速度快、周期短、运量大的特点，使汕头的进出港吨位大幅增长。由于潮汕地区历来比较贫穷，商品经济发育晚，汕头港的贸易长期呈现严重的逆差，潮汕地区基本沦为英美等国的市场。潮汕人这一时期（19世纪下半叶）大量移民南洋谋生，其中绝大部分是被贩运去的契约华工。数据显示，同治八年—十年（1869—1871年）三年，每年都有超过两万的人口被运往新加坡、曼谷和西贡（今越南胡志明市），可见这一时期的人口输出是巨大的。每年也有不少人从南洋回来。往来之间，就形成了汕头与南洋之间的大宗客运，这也是华人的血泪之路。

在两次鸦片战争期间，德国也逐渐加入到英美在中国南部沿海的航运竞争中，形成以英国为主，美德为辅的垄断格局。英美使用的主要是夹板船和轮船两种船型。夹板船是一种快速帆船，可小可大，以1866年进出汕头的船只统计，平均载重400吨以上。夹板船非常灵便，近海与远洋都能航行，一度居于主流地位。轮船在早期因成本高有些掣肘，后来经过不断改进，其安全、快速的优势显露出来。第二次鸦片战争前，轮船的远洋航线的航行日程大为缩短，从伦敦到广州只需要60天，从纽约到上海只需要70～80天，因此轮船就成了主要航运工具，垄断了中国的海上航运。

第二次鸦片战争之后的广州港，除了英、美、德之外的船只外，法国、荷兰、丹麦、西班牙等国的船只也纷至沓来，而英国船只占进出口总吨位的三分之二至五分之四（根据1866年、1870年、1871年的数据统计）①，具有绝对优势。

相对于夹板船和轮船，广东传统的海上帆船，吨位低（一般载重100～300吨，最大载重约500吨），速度慢，难以抗拒海上巨浪，又因船上火力也有限，难以对付沿途海盗，因此，中国海上帆船失去了昔日的荣光。加之咸丰八年（1858年），清政府给予外船在中国沿海港口贩运土货的专利，广东帆船失去了最后的海上运输的市场。广东帆船数量锐减，并转入内河航运的贸易。广东的海上贸易遂为外国商船垄断。1871年，外船进出广州港的吨位是676, 418吨，英国船进出口船次1498次；外船进出汕头港的吨位是433, 148吨，英国船进出口船次是691次；而广东本地船只的存在几乎可以忽略。到1873年，英国驻广州领事在报告中宣称中国海上帆船运输“全部消失”。②随着1876年、1877年琼州和广东北海口岸的开放，广东沿海全线都被西洋轮船垄断。

---

① 《1866、1870、1871年广州口岸各国进出口船只统计表》，《广东航运史》（近代 部分），人民交通出版社，1989年，第16页。

② 《广东航运史》（近代部分），人民交通出版社，1989年，第1-31页。

西方列强并不满足于垄断中国海上航运，他们还试图控制中国内河航运。19世纪80年代之后，英德等国就多次提出要到西江通商，等于要掌控珠江内河航运。清政府在光绪二十一年（1895年）不得已同意“西江通商”，两年后又同意英国轮船可以再经过广东三水一路沿西江到达梧州，三水也开埠通商。1902年，江门也正式成为通商口岸，这样，英国轮进入西江就有了三个入口：江门磨刀门入口、江门横门入口和广州入口。这样，西江就几乎全线无防，成为了英国轮船、兵船通行的河道。不久，美、德、法、葡、意等国的轮船也航行于西江航道。这样，以英国为首的西方西本主义国家又垄断了的西江内河航运。

外船对广东海运和内河航运的垄断，使广东原来的木帆船迅速衰退乃至消失，也使广东的民营轮船也难以发展。

（二）中国船员的反帝斗争

随着航运业的兴起，尤其外轮对广东航运的垄断，大批中国人成为海员。据统计，20世纪20年代，中国海员工人约有15万，其中在外国海洋轮船上工作的中国海员工人就有10万以上（宁波籍约4万以上，广东籍约6万以上）[①]。他们在通往亚洲、欧洲、美洲和中国各地的轮船上从事低等而劳累的工作，每天工作12～18个小时，而所得的工资一般只有13～15元，只有外籍船员的五分之一，而香港籍的海员工资最低，他们完全没有能力积蓄，甚而要卖妻鬻子，生活极为艰难。

从1919年开始，香港海员就进行罢工等抗争，要求提高工资和待遇，取得一些胜利。他们于1921年3月6日在香港成立“中华海员工业联合总会”。1922年1月12日，在第三次向轮船公司提出增加工资的要求被拒绝后，香港中国海员在海员工会联合总会的组织领导下，举行了香港海员大罢工，广东各地的中国海员随之罢工支援，罢工海员从1500人增加到6500人。罢工持续56天，得到中国共产党的支持，最后取得胜利。

1925年，为声援五卅运动，香港工人（主要很多是海员）在中国共产党的领导下再次罢工，采取抵制英国航运和英国货物的策略，使英国本土和香港的航运业遭受沉重打击，罢工于10月胜利结束。海员工人是中国最早的一类工人，他们反对帝国主义压迫的斗争是中国航运历史的一部分。

① 《广东航运史》（近代部分）相关章节，人民交通出版社，1989年，第259页。

四、广东民营航运业的起落

广东航运业随着英德美等国轮船的垄断而迅速衰落，但是早期的民族资本家也开始发展中国的轮船业。清政府在政策上逐步放开民营轮船业务，使民营航运业有一个初步的发展。但是随后而来的社会动荡和战乱不断影响民营航运业，使之经历了起起落落、坎坷曲折的艰难历程。

（一）第一次世界大战之前的我国民营航运业

19世纪下半叶，随着外国轮船进入广东的港口，轮船安全、快速、吨位大的优点也很快被中国的民族资本家认识到。咸丰年间（19世纪五六十年代）就有中国商人租赁或购买外国轮船，航行于洋面与珠江航道。由于清政府不准民间购买和制造轮船，这些轮船都挂在外商名下经营，悬挂外国旗帜。这种经营方式，后来称为“诡寄经营”。最早购买外国轮船进行远洋航行的，是前十三行行商伍怡和家，他与美商关系极深，托庇美商进行轮船航运贸易。此外，在珠江上航行的“威拉特”“星火”“金发”以及在香港—澳门—广州间航行的“美利”号等十来艘轮船，也都是属于中国早期民族资本家的“诡寄”商船。甚至当时的广东海盗，也扬言要“雇用火轮船”来报复追缴他们的官军。

当时广东的有识之士也认识到木船必将被淘汰，应该发展中国的轮船业。中国早期的洋务运动家、广东顺丰人丁日昌1864年就主张应该让中国商人“雇买货轮、夹板船只”。长期居住香港的民族报人王韬，1864年起在《循环日报》上发表系列文章主张“许民间用轮船以达外洋”，“立公司以贸易于外洋”。1866年，广东巡抚蒋益澧也向政府提出要允许华商购置轮船。广东香山（今中山市）人、第一个留学西方的中国人容闳也向政府提出组建“合资汽船公司，公司须为纯粹之华股”。发展民族轮船业逐渐成为社会共识。①

1873年，洋务派北洋大臣李鸿章在上海成立轮船招商局，规定官督商办，招商集股。招商局轮船航行汉口—上海—广州。此后，“官督商办，招商集股”成为民营航运公司的模式。航运业丰厚的利润，吸引了大量民间资本。“几乎每一家二流洋行都争先恐后置备轮船”②。1898年清政府颁布《内港行船章程》，允许民间资本创办轮船公司，小轮业开始兴起，但早期多为吨位较小的渡轮。据统计，1900年的渡轮有250多只。民营的轮船公司逐渐出现，有名可考的轮船公司大致如下：

---

① 《广东航运史》（近代部分），人民交通出版社，1989年，第71-72页。

② 《北华捷报》1877年3月29日。转引自：李春梅：《从轮船招商局看中国近代股份制的兴起》，《四川师范大学学报》，1995年第7期，第133页。

表 1-4-3　广东地区 1901—1912年民营（含香港、梧州）轮船公司表

创办年份	轮船公司	创办年份	轮船公司
1901	兆安轮船公司（香港） 炎记轮船公司	1906	志安轮船公司（香港）
1902	长安轮船公司（香港） 雄记轮船公司	1907	瑞泰轮船公司
1903	恒安泰轮船公司 时和轮船公司 兆祥轮船公司（梧州）	1908	华暹轮船公司 华商西江航业公司 （梧州） 和顺公司 荣安轮船公司 日新公司
1904	永兆轮船公司 通力局（轮船公司）	1909	惠州渡船公司
1905	广达轮船公司 同益轮船公司 宝兴商号	1910	保安轮胎拖渡轮公司 志和公司 （香港，挂靠英国）
1906	普衛公司	1911	捷安轮船公司 济和公司（梧州） 海利轮船公司 广祥轮船公司

资料来源：王林：《略论清末民初的民族轮船航运业》（硕士论文，安徽师范大学，2007 年）。

在这些航运公司中，比较大的公司有：兆安轮船公司、长安轮船公司、志安轮船公司、华暹轮船公司、华商西江航业公司、和顺公司、志和公司、济和公司、广祥轮船公司等。值得一提的是华暹轮船公司，这是闽粤商人与暹罗商人合资开办的国际航线航运公司，航行于汕头、香港、海口、曼谷、新加坡之间。

据记载，1911年在粤海关注册的内港小轮有310只。相比较而言，珠江流域的西江民营轮船公司发展较快，北江和东江则比较迟缓。北江只有几家渡轮公司，1914年粤汉铁路通到韶州，北江独轮业几乎歇业。东江河宽水浅，不能行使稍大的轮船，只有一些小轮短距离行驶，东江航运还是依靠帆船为主。[①]

（二）第一次世界大战之后的我国民营航运业

民营的航运业在发展过程中遭到外船的强大压力。西方国家的航运公司在中国利用其垄断地位，实行压价、垄断货源等手段排斥中国民营航运企业。但是第一次世界大战的爆发，西方资本主义国家忙于战争，甚至不得不抽出船只用于战争需要，从1914年开始，西方国家进出广东口岸的船只逐年下降（德国船只全部撤出，其次是法国和英国），1918年的外船总数几乎比1913年减少一半；1918年之后又逐渐恢复，到1921年与1913年持平。这一段时期，使中国民营航运业获得了发展的机会。

① 王林：《略论清末民初的民族轮船航运业》硕士论文，安徽师范大学，2007年。

1913年成立的较大的轮船公司有：粤航公司，有3只轮船，都比较大，有3904吨；广西船务公司，两艘轮船，1000多吨；四邑轮船公司，3只轮船，3000多吨；普泰公司，2只轮船，1100多吨；1918年，商人梁树泉购买了4只轮船，2721吨。值得强调的是，1918年广东顺德籍商人梁墨缘集资组建粤海航运公司，开始自己自造轮船，共制造出75吨至265吨的电船10只，只有柴油机是从外国购买。到1921年，这一时期，大约有大中型民营轮船公司二十家，拥有大中型轮船50艘以上。[①]“粤航”“四邑”“粤海”是其中的翘楚，都获得了很好的发展。

第一次世界大战之后，英法美等航运势力恢复并超过战前，日本山下汽船株式会社等公司也乘机而来，后来居上，成为仅次于英国的第二势力。列强为扩张航运，还不顾我国主权，大肆加紧扩建码头、仓库、油库，使民族航运业遭受重创。20世纪20年代起，省港、梧港线的民营航运业日趋冷落，沿海民营航运业迅速衰退，电船业陷入困境，只剩下汽船和木帆船得以维持。进入30年代之后，由于各方面的原因，如1929年开始的世界经济危机、西方列强的航运压榨、铁路公路的修建、局部战争，等等,民营航运业陷入全面的衰退。1935年，广州仅仅有6艘民营小轮船航行近海港口，内河轮船亦屈指可数。[②]在这种形势下，民营航运公司为了避免削价的恶性竞争，实行各种形式的“联营”，统一运价，加之国民政府应航业公会的要求，取消渡轮年度饷，使广东的民营航运业在1938年年底广州沦陷之前一度呈现兴旺的局面，为抗日战争初期的物资保障做出了贡献。

广州沦陷后，日军劫持民船，严厉封锁，珠江下游一度断航四个月之久。日伪成立所谓“广东民航总公司”，控制三水以下的珠江航线，任意征用民船，收取苛税，令挂日旗，有些船商不堪屈辱，卖船逃生。日本船和汉奸船成立的“广州内河营运局”和“广州航业同业公司”独霸省港澳及广东近海航运。

抗日战争胜利之后，广东的内河航运业得到较快而短期的恢复，出现了几家较大的民营航运公司，如利源航业股份有限公司、珠江行业股份有限公司、两江行业股份有限公司、粤桂行业股份有限公司等。但是官僚资本控制的招商局等庞大公司和港英航运势力回潮、美国航运势力猛增，加之兵匪沿江设卡，勒索破坏，航运事故频发，各种原因一起导致无论是海运还是内河的民营航运业都萎缩衰退下去。到1949年10月14日广州解放，广州仅残存轮船、渡轮5艘，帆船、舶船数十艘。[③]

---

① 王林：《略论清末民初的民族轮船航运业》，硕士论文，安徽师范大学，2007年。

② 《广东航运史》（近代部分）相关章节，人民交通出版社，1989年。

③ 《广东航运史》（近代部分）相关章节，人民交通出版社，1989年。

总之，中国民营航运业总体实力比较弱，处于不利地位，发展艰难。概括起来，有这么几个特点：1.轮船以中小轮船为主，很多在300吨以下，其中100吨以下又占很大比例，呈现小而多的特点。2.拥有几艘轮船的中大公司很少，绝大部分是只有一两艘轮船的小公司，竞争能力和抗风险能力差。3.航线主要在珠江干支流和近海，远洋航线是个别的。4.航线发展不平衡，主要集中在西江和近海，北江、东江、韩江都少有轮船航线。以上是广东地区民营航运的大概情况。

第五章　海上丝绸之路在改革开放后以广东航运为先锋

建国之后，广东航运业经过社会主义改造，获得了较大的发展。1978年十一届三中全会之后，随着国家实行改革开放的政策，广东更因为毗邻港澳，又历来有与海外通商的传统，获得了国家的特殊政策和灵活措施，成为中国改革开放的桥头堡，广东航运业可以说是航运业改革开放的先锋。

一、广东航运业社会主义改造

建国之后，广东航运业进行了社会主义改造，无论是海运的轮船还是内河的木船，都实行公私合营或者走合作化道路，大大提高了运营效率，维持了广东航运的健康发展。

（一）内河航运的社会主义改造

1949年10月14日广州解放，1950年1月广东省人民政府交通厅成立，当年2月组建了广东省航政局，管理内河航运和海上航运。

当时的国营内河航运业也颇为薄弱，只有几只轮船可以航行。珠江内河航运主要是私营船舶，但是私营轮船吨位小、技术状况差，经营分散，恶性竞争，非法经营（如走私），加上英美和台湾国民党军队的封锁，货源大为减少，人员又臃肿等原因，不少航运公司经营困难，拖欠船员工资，甚至破产（如西江航运业的粤桂公司和两广公司），内河航运呈现比较混乱的局面。

政府对私营轮船经营进行了初步的整顿，对私营船实行联营、联管、统一调整定价、统一调度、统一货源等措施，又废除了旧航运业的陋规杂费，进行裁员定员，采用多种途径安置裁汰人员。这样，到1952年，航运业情况稍有好转，成本降低，内河航运各条线基本达到收支平衡。

1953年下半年之后，国家开始进行社会主义改造的布局和宣传，根据《关于利用、限制、改造资本主义工商业的意见》，进行各项工作。广东航运业也开始这方面的工作。1954年，交通部成立了珠江航运管理局，加强对珠江航运业的改造和建设的领导和管理。根据1954年的调查情况，当时私营轮船的基本情况是：规模为一户一船的占82%，一户两船或以上的只有18%；资产总值10万元以上的只有5%，资产总值5万～10万元的占10%，资产总值1万～5万元的占36%，资产总值在1万元以下的占49%。[①]可见当时的私营轮船业是户多、规模小，非常零散。交通部珠江航运局从1954年8月开始试点公私合营，逐步铺开，到1957年6月，内河轮驳船全部实行公私合营，参加合营的共451户，643艘船舶。合营后，在广州成立了珠江和广海公司，在江门成立了江华公司，在惠来成立了东江公司，在汕头成立了潮梅公司，在湛江吴川的梅菉成立了吴川公司，在清远成立了光华公司。其中公股占总值的34.35%，私股占总值的62%，代管股占总值的3.21%。[②]公私合营的优越性在1955年和1956年就显示出来了。合营前，广州港私营船亏损6万多元，东江、江门等地私营船业亏损更多，1955年合营后，合营公司盈余16万元。私营公司原来根本无力进行旧船改造，合营之后，1955、1956年间，珠江航运管理局就投入资金431万元，用于各合营公司的旧船改造，大大提高了运营效率。

珠江航运社会主义改造的另一个重要部分是对木帆船的合作化改造。木帆船属于小业主，数量多，有近5万只，涉及的人员达16万人。木帆船分布在珠江干支流的405个大小港口上，船主与船工矛盾多，问题重重。1951年8月成立了广东省民船联合运输总社，1953年1月又成立华南内河民船工作委员会，对木帆船业进行民主改革，4.8万多只木帆船完成改造任务，15.7万人参加了改造运动，建立了从省、县、区到乡镇的各级民船管理机构。1954年开始，根据自愿互利的原则，开展合作化运动。到1956年，加入合作社的木帆船占总数的98.37%，共建木帆船合作社697个。合作化之后，广东各地民船的收益都有不同程度的增长。1957年，广州民船的货运量和货物周转量比1955年分别增长了21.4%和5.3%，北江水系71个合作社1957年的运营收入则比1955年增长了24.59%。这些都显示了合作化的好处。总体来说，木帆船参加合作社组织的有33757艘，并入国营企业的有512艘，组织公私合营的有46艘。

（二）海运私营轮船的社会主义改造

广州解放后，政府努力恢复海运，组建了国营的大型轮船投入海运，同时鼓励私营的海运船商积极经营。但当时国营的大型轮船运载量还很有限，沿海货运还主要是私营轮船承担。1951年，广州市经营沿海运输的船商约100家，分别航行在广琼、广湛、广港、广澳等航线上。这些私营海船也存在很多问题，如吨位小（500吨以上的仅仅6艘，分属6家公司）、船龄老、性能不佳。在对私营海船进行社会主义改造时，500吨以上的

---

① 《广东航运史》（现代部分），北京：人民交通出版社，1994年，第34页。

② 《广东航运史》（现代部分），北京：人民交通出版社，1994年，第36-37页。

海运私营轮船由广州海运局负责，500吨以下的海运私营轮船由珠江航运管理局负责。

1952年，民族资本航运企业民生实业股份有限公司首先接受社会主义改造，由国家注入资金，合营成立民生轮船股份有限公司。民生公司的广州分公司随后也与华南区海运管理局实行公私合营。1956年5月，民生公司的船舶经过定股、定息的政策，并入国营航运公司统一管理。10月，民生公司的广州业务机构也改造完毕。

1954年，广州海运局成立私营行业改造局，对大达、天一、建通、华侨四家私营企业进行社会主义改造，先清理资本，然后联合经营，于1955年1月成立公私合营的广州轮船股份有限公司。1955年，原属上海通安轮船公司的一艘轮船也加入该公司。1956年5月，广州轮船股份有限公司与广州海运局合并，实行统一经营。10月，海运轮船的社会主义改造完成。

二、广东航运基础设施建设

航运的基础设施建设一是港口建设，主要是广州黄埔港的扩建改建的内河沿线的港口建设；二是航道建设，主要是陈村水道、甘竹滩和都城新滩的水道整治。港口建设和航运建设为提高运力、安全航行提供了保证。

（一）新中国成立之后的广东港口建设、航运基础设施建设的重点是黄埔港

解放之初的黄埔港只有400米的码头一座，只能停靠3000～5000吨的货轮，仓库也只有9000平方米。1950年之后，广州市港务局对黄埔港进行了清港、增建仓库码头等复港工作，到1957年，码头增加到624米，泊位共9个，仓库面积达到2.8万平方米，装载机械50台，年吞吐量达186万吨。此外，还新建了电厂、铁路线、上下水道工程，等等，使8000吨的轮船不必经过香港中转而直接进入黄埔港卸载，突破了美国和蒋介石的封锁，也为黄埔港的发展奠定了基础。

地方港口的恢复建设情况是：到1953年，省属的地方港口恢复42个，共包括412个沿江码头，总长7057米，111栋仓库，总容量34万吨。此外，提高机械化程度也是港口建设的重要内容。到1958年，广东全省61个港口初步实现了机械装卸，装卸作业线共213条。

1973年，周恩来总理提出“三年改变港口面貌”的号召，广东省政府专门成立了港口建设办公室，协调大规模的港口建设工作，在西江、北江、东江和韩江建成一批港口和货主码头，以保证矿石、煤炭和支农的重点物资的运输。到1976年，广东省属的地方港口已经达到133个，机械化程度也不断提高，形成了一个合理的港口网络。[①]

---

① 乔培华：《航运与广州现代化》，光明日报出版社，2011年，第170-171页。

（二）广东解放之后，对珠江航道的整治也提上日程

1951年到1953年之间，珠江水利工程局负责设计施工了三个重点航道整治工程，即陈村水道、甘竹滩和都城新滩的水道整治。

陈村水道的整治经过了两期工程，从1951年—1955年，使陈村水道达到航道水深2米，宽度30米。改造完成后，陈村水道成为广东航行密度最大的经济航道。

甘竹滩位于甘竹溪的西口，是广州、南海、番禺和顺德进出西江干流的重要航道。以往甘竹滩“滩石奇耸，声如雷霆，江水、海潮互为吞吐，邑之巨观”，滩石礁石很多，形成湍急水流，常常导致事故，沉船不计其数。1951年，广东省人民政府拨款16万炸除甘竹滩礁石，疏浚航道，使船只能够安全通行。

郁南县的都城新滩也在西江航道上，河道中水浅石头多，不便通行。整治工程量大，共耗费44.5万元，整治坝块石总量4.7万方，疏浚了航道。整治后航道水深2.4米，船槽宽度30米。这是当时最大的工程。

1956年，珠江航运局组织人员对内河航道（包括非珠江水系）进行了全面的普查，并培训了450多人，成立了13个测量队、7个炸礁队，从事航道的测量、疏浚工作。[①]

1963年，广东又按照行署设置了地区航道分局（所），进行管理，由各航道分局（所）对所负责的航道进行疏浚、清障和炸礁等工作。此外，还进行了航标规范化的建设，到1975年，全省内河和沿海航标都实现了“三标”（标灯电气化、开关自动化和大站管理机械化），提高了船舶航行的安全性。

1981—1982年，番禺县航道站对珠江西樵水道、市桥水道大九沥至观音沙段进行了大规模的疏浚，原来只有吃水2米以内的船能从市桥水道下游往返，疏浚后，400～500吨的船可以直接往返于市桥和广州之间。航道站还修建岸标、水标和桥涵标22座，以助航行。

流溪河是北江支流。流溪河在新中国成立后（1956—1958年）建有水库，但未建通航设施，水库下游通航困难。1963年起，广州航道所对流溪河分段进行了疏浚，到1974年，通航河段不断延长，航段情况不断改善。到1990年，流溪河的航道水深及航宽均超过了维护标准。

---

① 《广东航运史》（现代部分），北京：人民交通出版社，1994年，第46-50页。

三、新中国成立后，广东远洋航运事业的开启

新中国成立之后，美蒋对台湾海峡实行长期封锁，我国就与友好国家组建联营的远洋船队以突破禁运。1951年6月，中国和波兰组建了合营的远洋船队“中波轮船股份有限公司”，1959年中国与捷克斯洛伐克组建了两国共同经营的“捷克斯洛伐克国际海运股份有限公司”，我国的进出口物资就由合营船队承运。

越南民主共和国在1954年独立，1955年华南区海运管理局就开始向越南运输救灾粮食。南海174、南海175和南海169号轮船满载粮食到达了越南的港口。早期很少回航货品，后来主要是回航越南的煤炭和磷灰土。这条航线因为航程较短，又避开了台湾海峡，所以发展较快。

为了独立发展对外贸易，交通部决定在广州组建自营的远洋船队。1961年4月27日，广州成立了“中国远洋运输公司广州分公司”。28日，公司的“光华”号轮船就从黄埔港首航印度尼西亚，这是我国第一支远洋航队。经过6年的发展，到1966年4月，我国远洋航队船舶从4艘发展到14艘，载重从2.2万吨发展到15.5万吨，货运量共170.6万吨，客运量共5.92万人，并开通了东南亚、地中海、西非、东非和欧洲的航线，建立了一整套的规章制度，为未来远洋航运事业打下了初步的基础。①

1967年6月，埃及与以色列爆发战争，苏伊士运河关闭整整八年。在这期间，中国的远洋轮船绕道好望角，好望角多风暴多灾难，但是中国远洋船全部安全到达目的港，显示了中国远洋航行的能力。

“文革”后期，在周恩来总理的关心下，广州远洋运输公司不要国家投资，通过银行贷款购买引进了78艘船舶，迅速组建了一支远洋船队，还清贷款后，还为国家创汇不少。1977年，广东制造出了自己的国产远洋货船“揭阳”号，当年顺利完成欧洲之行。国产远洋轮船的制造，提升了广东远洋航行的实力。

“文革”后期，海港建设也有了新的发展。黄埔港在1975年12月于旧港东面的墩头基新建了5个万吨级以上的码头，1981年到1985年，又建成2个万吨以上码头及一个大吨位客货两用码头。湛江港二区也于1974年9月建成了一个5万吨级的原油码头，后又建设了两个5000吨级别的燃料油泊位。汕头港在1973—1976年期间建设了3个3000～4000吨级别的客货泊位。②此外，海口港、三亚港和八所港都在这一时期扩建了港口。各个海港的扩建，改善了广东远洋运输的条件，为广东远洋运输事业的大发展打下了基础。

---

① 《广东航运史》（现代部分），北京：人民交通出版社，1994 年，第 89-90 页。

② 《广东航运史》（现代部分），北京：人民交通出版社，1994年，第172-173页。

四、广东航运事业的改革与发展

1978年12月，中共十一届三中全会决定将全党工作的重点转移到社会主义建设上来。中国由此走上了改革开放的道路。广东航运业的改革开放，主要体现在如下几个方面：

1. 机构改革。根据中央指示，广东省航运厅与交通厅合并，重新组建了广东省交通厅，并且成立了广东省航运总公司，负责全省内河及地方沿海运输、中小港口业务和水上集体企业的生产服务工作。随着内河航运激增而产生的监管需求，1981年4月，经广东省人民政府批准成立了专门的航政管理结构广东省航政管理局。航政局下设航政分局9个，港航监督1个，港务监督1个，航政所、站144个，形成了覆盖广东全省的安全网络。1983年，广东省航运厅和交通厅合并，成立了“广东省船舶工业联合公司”，集商务、设计和生产三种功能于一体，广东的航运企业由计划经济的自产自销模式转向面对市场，承接省内外军用民用船舶及相关产品的生产、服务。1987年，为了便于政企分开，激活企业的潜能，省属的交通企业都下放到所在市（地），并于1988年成立了广东省航务管理局。机构的调整，逐步适应了正在形成的航运市场的需要，也激发了航运企业的活力。

2. 货运和客运的迅速增长。改革开放后，广东吸引了大批外商、侨胞和港澳台同胞来粤投资建厂，货运量大增。1983年，广东按照交通部的要求，进行了港口普查。普查1986年结束，结果表明，广东年吞吐量1万吨以上的港口154个，其中1万吨至10万吨的有48个河港、18个海港；10万吨至20万吨的有19个河港、6个海港；20万吨至50万吨的有22个河港、4个海港；50万吨至100万吨的有19个河港、5个海港；100万吨至200万吨的河港4个、海港3个；200万吨至500万吨的海港3个；1000万吨至3000万吨的海港3个[①]。港口虽多，但船舶“跑在中间，窝在两头”，港口年吞吐总量只有1亿吨，仅相当于一个上海港。针对这种状况，广东加强了深圳特区、珠海特区、汕头特区的码头建设，并在第七个五年计划期间，对重点港口进行技术改造，从而大大提高了港口的吞吐量。到2003年1—10月，广东省港口吞吐量已经达到36475万吨。

为适应市场需求，1980年开始，广州远洋运输公司就大力发展集装箱运输，到1985年，进出口集装箱与货重分别是1980年的5.3倍和4.6倍。到1997年，从事国际集装箱运

① 《广东航运史》（现代部分），北京：人民交通出版社，1994年，第273页。

② 乔培华：《航运与广州现代化》，光明日报出版社，2011年，第178页。

输的企业有53家，港口集装箱吞吐量达428.1万个标准集装箱。[2]1998年，全省从事外贸运输的企业共460多家，航行世界五大洲146个国家和地区。参加外贸运输的不仅有国营企业，还有民营企业。

客运方面，1980年恢复了粤港的客运航线。到1998年，粤港澳客运航线25条，年客运量达到570多万人次。此外，广东全省的对外开放的水运口岸增加到170多个。20世纪90年代以后，广东海运集团每年都建造新的船舶，同时购买国外大吨位二手船，使运力不断增加。

3.开放运输市场，改革投资机制。改革开放之后，广东省鼓励各种经济成分都参与到运输市场中来，国有、集体和个体企业共同竞争，形成多种经济体共存的局面。国营企业在竞争过程中不断改善经营管理，实行了“经济责任制”，增强实力；集体水运企业和个人在自主经营、税收、贷款等方面获得政府一系列的扶持政策，增强了竞争实力。同时，投资格局也从过去单一的国家投入变为国家投资、银行贷款、企业筹资、引进外资等等多元的格局，谁投资，谁受益，盘活了资本潜力，活跃了资本市场，促进了航运基础设施的建设，使广东的港口成为综合性港口与专业性港口合理配套的港口群，带动整个华南地区经济的发展。

2001年年底中国加WTO后，外国航运业逐步进入中国市场，这给广东航运业带来了挑战，也带来了机遇。广东航运业努力与国际接轨，向现代化迈进：一是航道建设的标准化，二是船舶的专业化，三是港口服务的信息化。2004年广州港货物吞吐量达2.15亿吨，在全球排第七，仅少于排第六位的香港港吞吐量（2.21亿吨）[1]。2006年，广州港的吞吐量就超过3亿吨，广州港集团吞吐量超2亿吨[2]，广州港成为名副其实的世界性的强港。

与此同时，深圳港、珠海港、湛江港、汕头港、潮州港、佛山港也获得了长足的发展。根据广东省港口协会公布的年度数据，2010年，广州港完成货物吞吐量4.25亿吨，成为国内第三个吞吐量突破4亿吨的港口；深圳港完成货物吞吐量2.21亿吨[3]。此后广州港和深圳港一直保持稳健增长势头，成为广东港口群的龙头大港。珠海各港也共同发展，成为港口群的重要支撑，这样形成了一个互相支持、各具特色、合作共赢的世界级港口群，使广东航运进入新阶段。

---

① 陈妙：《广州港吞吐量今年超香港》，载《市场周刊：新物流》，2005年39期。

② 刘义发、李品、何少英：《广州港吞吐量突破3亿吨》，《广东交通》，2007年第1期。

③ 广东省港口协会：《2010年广东省港口简介（一）》，http://www.phagd.org//yearbookofguangdongport/24382.htm。

进入21世纪以来，广东把建设“国际航运中心”作为发展战略。2014年12月，国务院决定设立广东、天津、上海、福建四个自由贸易试验区。广东自贸区涵盖三个片区：广州南沙新区片区（广州南沙自贸区）、深圳前海蛇口片区（深圳前海自贸区）、珠海横琴新区片区（珠海横琴自贸区），总面积116.2平方公里。广东自贸区立足面向港澳，侧重服务贸易自由化。广东自贸区的设立，使广东的航运建设进入了快车道。

习近平主席在2013年9月提出建设“新丝绸之路经济带”，10月又提出“21世纪海上丝绸之路”的战略构想。“一带一路”的提出，使作为古代海上丝绸之路始发港的广州以及以广州港和深圳港为龙头的广东港口群获得了新的发展空间，也使岭南地区古老的航海文化作为中国和平崛起的重要文化资源而获得了新的生命力和广阔的发展空间。

2015年2月，广州市提出建设“国际航运中心和物流中心”的发展目标。

2015年6月3日，广东省发布了《广东省参与建设“一带一路”的实施方案》。

《实施方案》从广东的区位优势和经济优势出发，提出广东省推动“一带一路”建设的设想，主要是突出三个方面：第一，突出21世纪海上丝绸之路建设，这主要是两个方面，一个继续加强港口建设，建设世界顶级港口群；二是推进海洋领域合作，依托广州南沙、深圳蛇口和珠海横琴等条件和基础较好的地区规划建设一批海洋经济合作示范区，开展海洋保护、海洋工程、海洋科技及海滨旅游等方面的合作。第二，利用区位优势，粤港澳合作，包括合作发展航运和跨境基础设施，强化枢纽作用；依托港澳的金融服务和专业服务，强化经贸支撑；也包括依托港澳对接营商规则，使广东的营商环境更加国际化、法治化。第三，突出经贸合作，加快自由贸易试验区建设，利用21世纪海上丝绸之路博览会、广交会、高交会等平台，扩大与沿线国家的贸易往来；加快境外园区建设发展，推进农业、制造业和服务业领域的投资合作。[①]广东，必将在“一带一路”的建设中获得更大的发展！

从区域视角来看，广东航运经济文化的历史地理基础是江海一体的区位特点，这是区别于长江与黄河流域的最具广东特色的特征。江，特指珠江，流域广阔、水量充沛；海，特指南海，海域辽阔，地位开放。江海一体的航运区域特点塑造了广东航运经济文化的地理基础。

---

① 吴哲：《广东公布参与建设“一带一路”实施方案》，《南方日报》，2015年6月4日。

★ 第二篇 ★

广东航运区域发展篇

广东航运基于地理位置的优势，成为海上丝绸之路的重要窗口，它以江海一体为地域特点，以历史的沉积作为发展条件，加上拥有不可忽视的千年大港——广州港，近年来，国家政策的大力扶植，这些优越的条件，让广东航运能处于海上丝绸之路的门户地位。

1.广东航运经济文化的历史地理基础是江海一体的区位特点

广东北倚南岭，东连福建及台湾海峡，西接北部湾，南向南中国海，隔海南岛与菲律宾、马来西亚、文莱、印度尼西亚、越南等东南亚诸国遥遥相望。珠江作为最主要的航道，分西江、北江、东江汇集到珠江三角洲地区。广东航运经济文化既主要依托珠江，孕育了独具特色的珠江文化，又面向南海，具备了对外联系的海洋性特征。这一"江海一体"的特点，是理解广东航运经济文化的历史地理前提与基本框架。

2.广东面向南海的海上门户区位条件奠定航运经济外向特征的发展基础

南海，是广东区域发展所直面的海域。在航海技术相对薄弱的早期历史阶段，南海是作为文明影响的边界，与此同时南海也就成为帝国的南部疆域的极限。而一旦航海技术能够支持更为远距离的航行，南海也就成为了对外交流的舞台。广东及广州城等，更是成为中华文明与全球互动的前沿板块。南海自然成为物资、人员、信息全球流动的重要通道，这对于塑造广东的开放文化性格，具有极为重要的影响。

3.广东北部的南岭成为广东发展航运经济需要重点跨越的海陆通道要地

南岭在地理上是珠江流域与长江流域的分水岭。在历史早期阶段，跨越南岭是中原与岭南政治、军事斗争的关键。在发展后期，跨越岭南实现经济上的相互连接与互动，则是广东发挥门户优势，获得快速发展的前提。跨越岭南的海陆丝绸之路随着航运技术水平、地区发展水平、中原经济文化区格局变动等而有极为丰富的变化，孕育了大量的跨越南岭的古道，并与珠江等沿海各水系贯通。南岭的跨越对于拓展广东的航运经济腹地，推动区域开发与经济一体化进程等具有深刻的影响。

4.雨量充沛河流众多的珠江水网是广东航运经济充分发展的内河航运基础

珠江流域或南岭以南区域，降水量充沛，河流净流量丰富，这对于发展航运经济，是极为有利的条件。珠江入海口，即珠江三角洲所独有的辫状水系，则为航运经济在更广区域展开创造了基础性的支撑。随着航运经济的开展，珠江三角洲地区形成了数量众多的航运城镇体系，这跟珠江水网的基本特点是密切相关的。

5.广州港是我国，同时也是世界上能够维持上千年繁荣的为数不多大型良港

广州是整个珠江航运体系的核心，它的功能体现为南岭以南的核心城市、海陆丝绸之路的联系中心、海外经济联系与服务的中心。这一区位特点与江海一体的经济文化特色相联系。故而，应传承与发展广州港的历史定位，在未来发展中发挥更重要作用。

6.广州为核心、珠江口城市群为网络、东西两翼相互配合的空间结构是理解航运经济文化的基本区域特点

经过历史演变，广东航运经济文化的核心及区域空间体系也已形成。广州港口功能的演化逐步体系化与复杂化，同时出现了围绕着整个珠三角区域的城市分工合作。东西两翼也是广东航运经济的重要组成部分。在建设广东航运经济文化的过程中，应注意东西两翼与珠三角地区的协作。

7.广东与世界各地已经建立的密切联系是未来航运经济蓬勃发展的基础

从广东发展的历史过程可以看出，广东与全球主要区域已经有极为密切的历史联系。这一份极为深厚的航运经济文化联系是建设“21世纪海上丝绸之路”的重要基础与依托。更新并重新建立与全球各地的文化联系与经济往来，是广东与广州未来发展的关键举措。同时，依托侨乡特点，在航运经济文化与移民历史进程之间选择深化区域间的密切合作，也是很好的战略选择。

8.充分发挥航运基础空间载体的作用，在港口、水道的航运经济文化历史传承与开发等方面继续挖掘潜力

航运经济文化承载着极为厚重的发展历史，贯穿了广东发展的主线，更是省内各主要地区发展的脉络所在。因而，要在航运经济文化史的视角下，整合各区域间的航运经济文化空间载体，发挥其经济支撑、文化引领作用。

9.“一带一路”战略对广东航运经济文化发展是极为难得的历史契机，发挥广东航运经济区域优势，积极争取定位并勇于担当，是传承和发展航运经济文化的当务之急

在积极参与国家“一带一路”发展战略中，广东应更为积极主动，更加客观地运用史料彰显广东及珠江文化的历史地位，同时争取在新时期发挥自身独特的发展优势，争取更为恰当与更具引领性的历史地位，开辟建设江海一体的航运经济文化建设新局面。

第一章　广东航运的区域地理特点

广东面向南海的海上门户区位条件奠定航运经济外向特征的发展基础。雨量充沛、气候炎热的特点为珠江流域的显著特点，奠定了物产丰富、航运交通便利的物质条件。广东北部的南岭成为广东发展航运经济需要重点跨越的海陆通道要地，广东航运经济文化发展与跨越南岭的海陆通道有着直接而密切的关联。珠江水系构成了广东省泛珠三角地区水运的骨架，泛珠三角地区则是广东航运经济的天然腹地，因而广东在漫长的历史长河中，航运经济文化长盛不衰。

一、面向南海的海上门户区位条件

广东省位于北纬20°09′～25°31′和东经109°45′～117°20′之间，是地处我国最南方的省份之一。在地理区位上，其最大的特征便是北倚南岭，东连福建及台湾海峡，西接北部湾，南向南中国海，隔海南岛与菲律宾、马来西亚、文莱、印度尼西亚、越南等东南亚诸国遥遥相望。就地势而言，在太平洋、印度洋与欧亚板块几亿年以来的相互作用下，广东总体地势北高南低，北部多为山地、丘陵，且山脉大多与地质构造的走向一致，除粤北的山脉多为向南拱出的弧形山脉外，其余如粤东的莲花山脉和斜贯粤西、粤中和粤东北的罗平山脉以北东－南西走向居多；南部为平原和台地，以珠江三角洲平原面积最大，潮汕平原次之，此外还有高要、清远、惠阳等较小的冲积平原。台地以雷州半岛－阳江一带和海丰－潮阳一带较多。

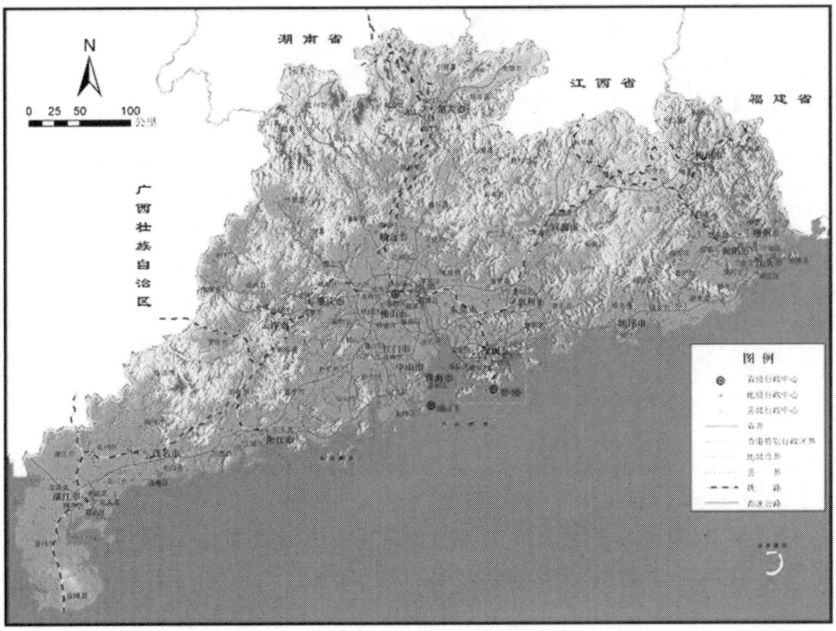

图2-1-1 广东省地形地貌图

广东省的这种东北、北、西北方俱高，而南方低的地形特征更加强了广东省本身的面向南海的地理区位条件。同时，值得注意的是，由于广东省背倚的南岭本身并不十分高大陡峻，如位于阳山、乳源与湖南省交界处的广东最高峰石坑崆海拔仅仅1902米，加之受亚热带季风性气候的影响，雨量充沛，河流众多，水流切割强烈，所以在南岭中形成了众多与中原内地相联系的通道。

由于中原与广东省跨越南岭的交通如此之便利，以至于古人对于南岭古称“五岭”一词的解释，就有“山（岭）”“途”“途中之山（岭）”等几种说法[①]，南宋周去非在其名著《岭外代答》中，即明确认为五岭“乃入岭之途五耳，非必山也”[②]。故而，广东省在地理形势上的北高南低不仅客观上加强了广东本省面向南中国海的天然地理区位，而且还因为古人“五岭”即“五途”的解释，使广东省超出了区域，而成为了整个中原王朝面向南中国海的海上门户之所在。也正是由于广东如此优越的地理区位条件，所以，联系东亚、东南亚、西亚，以至东非、东南欧的“海上丝绸之路”一直以此为出发点，而延续了两千多年的时间。

① 杨武泉：《岭外代答校注》，北京：中华书局，1999年，第12页。

② 杨武泉：《岭外代答校注》，北京：中华书局，1999年，第12页。

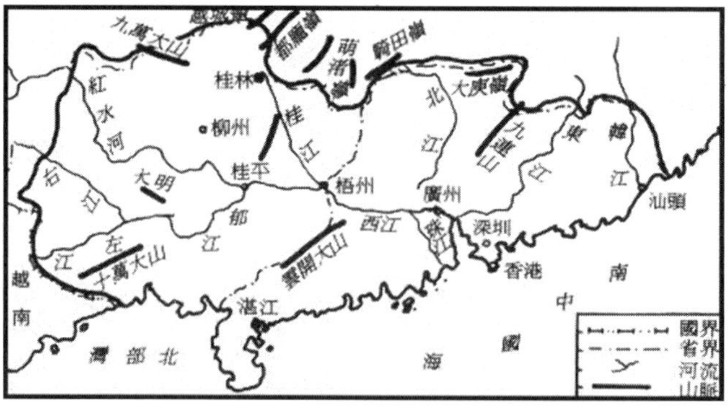

图2-1-2 南岭古"五岭"与珠江区位关系图

（图片来源：台湾正修科技大学）

广东省海岸线长，海域辽阔，海洋资源丰富。海洋生物包括海洋动物和植物，共有浮游植物406种、浮游动物416种、底栖生物828种、游泳生物1297种。远洋和近海捕捞，以及海洋网箱养鱼和沿海养殖的牡蛎、虾类等海洋水产品年产量约400万吨；可供海水养殖面积77.57万公顷，实际海水养殖面积20.82万公顷，是全国著名的海洋水产大省。雷州半岛的养殖海水珍珠产量居全国首位。沿海还拥有众多的优良港口资源。广州港、深圳港、汕头港和湛江港成为国内对外交通和贸易的重要通道；大亚湾、大鹏湾、碣石湾、博贺湾及南澳岛等地还有可建大型深水良港的港址。珠江口外海域和北部湾的油气田已打出多口出油井。沿海的风能、潮汐能和波浪能都有一定的开发潜力。广东省沿海沙滩众多，气候温暖，红树林分布广、面积大，在大陆最南端的灯楼角有全国唯一的大陆缘型珊瑚礁，旅游资源开发潜力大①。

二、雨量充沛河流众多的珠江水网

广东省河流众多，以珠江流域（东江、西江、北江和珠江三角洲）及独流入海的韩江流域和粤东沿海、粤西沿海诸河为主，集水面积占全省面积的99.8%，其余属于长江流域的鄱阳湖和洞庭湖水系。全省流域面积在100平方公里以上的各级干支流614条（其中，集水面积在1000平方公里以上的有60条）。独流入海河流93条，较大的有韩江、榕江、漠阳江、鉴江、九洲江等。全省多年平均降水量1789.3毫米，折合年均降水总量

① 广东省人民政府，《海洋资源情况简介》，http://www.gd.gov.cn/gdgk/sqgm/201501/t20150121_208182.htm。

3145亿立方米。降水时程和地区上分布不均，年内降水主要集中在汛期4～10月，约占全年降水量的75%～95%。

广东省内河流总体呈扇柄状分布，从而构成了广东航运发达的先天地理条件。形成此种地理条件的主要原因一是气候。由于广东省背靠地球上最大的大陆——欧亚大陆，面朝世界最大的大洋——太平洋，地处大陆与大洋高低气压中心的过渡地带，因此这种地理位置决定了广东的气候具有明显季风性气候的特点。正是此种亚热带季风性气候的特点，使广东地区避免了世界上同纬度其他地区，如撒哈拉地区、阿拉伯半岛地区因为干旱而成为沙漠的命运，而成为我国雨量最丰富的地区之一。根据测量，广东省各地的平均年雨量普遍在1400～1800毫米之间，最多的年雨量甚至高达2600～2800毫米[①]。其二便是由于广东省北高南低的地形结构。地形状况对广东省的雨量分布影响巨大。迎风坡雨量多，背风坡则相反。由于湿热的东南季风是广东省降雨的主要水汽来源，所以粤中山地、粤东莲花山东南坡、粤西天露山东南部成为广东年降水量最多的三个地区。同时，广东省东北、北、西北方俱高，而南方低的地形特征使全省大部分地区的降水流入河网后，最终汇集成了我国华南地区最大的水系——珠江水系。

“珠江”一词首见于明人黄佐在嘉靖三十七年（1558年）左右所作的《海珠》诗中，其中提及“珠江烟水碧蒙蒙”[②]。起初，珠江原指“流溪河流至广州白鹅潭至虎门的一段70多公里的河段”[③]，并非指今日的珠江水系。西江、北江、东江和珠江“被视为4条河流”[④]，各自独立。但进入20世纪后，珠江含义逐渐扩大，最终囊括了西江、北江和东江。1937年，南京国民政府将广东水利局改名珠江水利局，业务范围扩大到珠江流域各省区，从而最终形成了今日通行的珠江流域名称。

如上所述，珠江水系主要由西江、北江和东江汇流而成。三江自西、北、东三个方向汇流于今日三水、广州、石龙以下的珠江三角洲地区，形成了密布的河网。河网内汊涌众多，互相勾连，最后自北向南、自东向西由虎门、蕉门、洪奇沥、横门、磨刀门、鸡啼门、虎跳门、崖门共八大口门流入南海。

西江是珠江水系的主流，总长度2197公里，流域面积35.5万平方公里，占珠江流域总面积的77.8%。西江主源是南盘江，发源于云南省沾益县马雄山。其在东流过程中，汇入北盘江、柳江、郁江后，依次称为红水河、黔江、浔江，直到在广西梧州汇入桂江后，才称为西江，并随即自封开县进入广东省，历经德庆县、肇庆市，右纳新兴江，

① 刘琦、魏清泉编著：《广东省地理》，广州，广东人民出版社，1988年，第36页。

② 康熙：《番禺县志·卷十九》。

③ 司徒尚纪：《珠江传》，石家庄：河北大学出版社，2001年，第2页。

④ 司徒尚纪：《珠江传》，石家庄：河北大学出版社，2001年，第2页。

然后东流至三水思贤滘与北江相汇，然后经江门市，主流自磨刀门入海。西江地形平缓，河床稳定，河道宽阔，最宽能达1500米左右，但在肇庆附近的三榕峡、羚羊峡仅宽300～400米。

北江干流长573公里，流域面积4.6万平方公里，占珠江流域总面积的10.6%。有东、西二源，东源为浈水，发源于地处五岭之一——大庾岭地区的江西省信丰县爬栏寨，然后自南雄市入广东省。西源为武水，同样发源于地处五岭之一——骑田岭地区的湖南省临武县麻石砷，然后自乐昌市入广东省。二水在韶关市汇流后，称北江。沿途纳入滃水、连江、滨江、绥江后，南流至三水思贤滘与西江相汇，主流自洪奇沥入海。北江上游有沙洲、滩礁，水流缓慢；中游多峡谷，著名的有盲仔峡、飞来峡。

东江干流长523公里，流域面积3.3万平方公里，占珠江流域总面积的7.6%。有东、西二源，东源为寻邬水，发源于江西省寻乌县，自龙川县入广东省。西源为定南水，发源于江西省安远县姊妹岗，同样在龙川县入广东省。二水在龙川县合流后称为东江。至惠州市有西枝江汇入。至东莞市石龙镇后，东江分为北干流、南支流两支，皆注入狮子洋，经虎门出海。东江上游河窄水浅，至惠阳县以下进入平原。

珠江是我国华南地区无可争议的大动脉，就长度和流域面积而言，它仅次于长江、黄河和黑龙江，居全国第四大河。如果按水量计算，则珠江仅次于长江，居全国第二位。河流众多、水量充沛的珠江水网正是广东省航运发达不可或缺的重要地理基础。

三、跨越南岭的航运与交通联系方向

根据考古调查，自原始社会开始，生活在岭南地区的人类已经与长江流域的人民开始有了交通来往[①]。此后，伴随秦始皇、汉武帝等对岭南的历次用兵，以及广大人民几千年来的辛勤劳动，广东省跨越南岭，面向桂、湘、赣诸方向的航运交通大致共有五条主要线路，自西向东，分别是：越城岭路、萌渚岭路、骑田岭路、零陵、桂阳峤路、大庾岭路。

最西的一条，即越城岭路。此路即秦朝分五路进军南越时“一军塞镡城之岭”[②]之途。“镡城”即越城岭。该路连接湘江上游与漓江，是秦汉以至隋代沟通珠江流域与长江流域最重要的通道之一。秦军为输送粮草的便利，在此开凿灵渠，更加便利了南北

① 邓健今：《广东公路交通史》第一册，北京：人民交通出版社，1989年，第2页。
② 刘安：《淮南子·卷十八·人间训》，上海：上海古籍出版社，1989年，第203页。

的交通。中原的民众和物资即可顺此路，跨长江、溯湘江，在湖南省永州市、衡阳市，与桂岭道、骑田岭道相别后，通过灵渠进入漓江、桂江，在梧州进入西江，然后顺西江而下，直达广州。通过此路，广东省西可顺西江联系广西、云南，北可通过湖南进入中原。

次西的一条，即萌渚岭路。此路即秦军“一军守九嶷之塞”[①]之途。九嶷山即位于湖南省江华县南之萌渚岭中。此路北接湘江上游的另一支重要源头的潇水，溯流而上，自湖南道县、江永县，越过萌渚岭口，然后顺贺江而下，在广东省封开县进入西江，然后顺流而下，直达广州。通过此路，广东省可以西北向穿过桂东北，而进入湖南省境内。这一条通道，也称为“潇贺古道”，是秦汉王朝为加强对岭南的军事政治控制和基于大一统的目的而修筑、开通的，由潇水—新道—临水（贺江）构成。“潇贺古道”使长江水系和珠江水系通过“新道”紧密相连，成为海陆丝绸之路的主体，为楚越交流拓展了通途，开了湘粤桂交通的历史新纪元。

中间一条，即骑田岭路。此路自湖南省衡阳市，沿湘江另一条支流耒水上溯，至郴州。然后转陆路，西南过蓝田县，进入广东连州市，然后顺连江，在英德市进入北江，而后到达广州。通过此路，广东省可以直接进入湖南省内，然后北上中原、东下长江中下游平原。

次东一条，即零陵、桂阳峤路。骑田岭顺头岭古道位于五岭山脉之中，汉晋以来曾称为腊岭、折岭、黄岑岭、桂阳岭等名。此路北段与萌诸岭道同，从湖南省永州市沿湘江支流潇水上溯，至道县，与萌渚岭道分途，向东穿越萌诸岭后，至广东省连江市，然后与骑田岭道重合，顺连江而下，沿北江到达广州。通过此路，广东省可以直接进入湖南省内，然后北上中原和长江三角洲地区。公元前214年，秦始皇派遣都尉任嚣、赵佗，率秦军分三路挺进岭南，其中一路就是从骑田岭南麓的连州顺头岭翻过，顺连江下番禺（今广州）。从秦汉到明清，连州一直都是中原进入岭南的门户、通衢和水路中转枢纽。如今，从顺头岭山下至山顶，还有八千八百多级古道石阶，成为当年秦代南岭古道的记忆。黄伟宗教授[②]在考察古道时感叹：“骑田岭顺头岭古道在我考察广东的古道里面，它有一个很重要的意义，它历史悠久，可追溯至秦汉，而且保持长度1000多米，是一个很重要的古迹。从唐宋至明清，盐路文化和贬谪文化丰富了骑田岭顺头岭古道的内涵！”

最东一条，即大庾岭路。此路即秦军“一军守南野之界”[③]之途。“南野”即今江

---

① 刘安：《淮南子 · 卷十八 · 人间训》，上海：上海古籍出版社，1989年，第203页。

② 清远日报，《顺头岭古道开跋“海上丝绸之路”？》，2013-4-4，http：//www.gdlzsc.com/news/newsrdgz/9411698KGI274HGHDA2.htm。

③ 刘安：《淮南子 · 卷十八 · 人间训》，上海：上海古籍出版社，1989年，第203页。

西省南康县。长江支流赣江的上源章水经此地。此路即从江西省赣州市，沿赣江、章水而南，然后跨越大庾岭，在广东省南雄市顺浈水，在韶关市进入北江，然后顺流而下，到达广州。通过此路，广东省可以直接进入江西省内，然后顺长江进入长江三角洲地区，再顺京杭大运河，直达北京。1993年夏，黄伟宗任广东省人民政府参事，到南雄考察，发现并提出珠玑巷与粤赣分界的大庾岭梅关古道相连，是珠江文化与陆海丝绸之路对接的重要的跨南岭通道。

除此五条主要通道之外，广东省还有三条次要水路向北通航湖南、江西和福建地区。其一是通过北江另一支上源武水，自广东省韶关市西北向到坪石，然后穿越骑田岭，经湖南省临武县，到达郴州市。其二是自广东省龙川县顺东江上源寻邬水和定南水，通航江西省寻乌县和定南县。其三是自潮州市顺韩江而上，在大埔县三河口顺汀江而至福建省上杭县、长汀县地区。此三条线路虽然长期在区域流通中发挥了重要作用，但是由于航道条件的限制，其重要性始终未能超越上述南岭五道。

四、放眼全球的海上贸易通道

背倚南岭，东瞰海峡，西接北部湾，南向南中国海的地理区位构成了广东省成为中国海上门户的重要区位条件。在历史上相当长时期内，中原王朝的强盛以及所执行的对外贸易政策使广大内地成为了广东对外贸易的广阔腹地，最终形成了著名的横贯世界东西方的“海上丝绸之路”。

早在秦汉时期，随着对外交往的发展，广东即出现了徐闻、番禺等一批古代港口。广州成为了海外奇珍异宝的聚集地。广州南越王墓中出土的波斯帝国风格银盒、非洲象象牙都说明了当时广东海外贸易范围的广度。当时，从徐闻等港口出发的贸易船只已经能够到达中南半岛、南洋群岛、印度东南海岸以及斯里兰卡地区。[①]

孙吴之后，开通了从广州起航，经海南岛东，进入西沙群岛，然后直达东南亚的航线，改变了原先需要沿着中南半岛海岸线南航东南亚的局面，中外交往更加便捷。到了唐代，广东省贸易航海范围更加扩大，形成了所谓的“广州通海夷道”。这条海路又可分为东路航道和西路航道。东路航道所经过的地方包括了中南半岛、南洋群岛、印度、斯里兰卡以至两河流域的伊拉克等国境内港口。西路航道则包括了自波斯湾通往亚丁湾、红海的航道。此条航道如果不计沿途停留时间，航期总共需要89天。这是8～9世纪

① 叶恩显：《广东航运史》（古代部分），北京：人民交通出版社，1989年，第25页。

世界上最长的远洋航线，勾连了当时世界上最大的两大帝国唐帝国和阿拉伯帝国之间的海上交通。同时，此时的广州港还形成了通往日本、朝鲜的航线。

宋元明时期，广东对外贸易继续发展。此时西方资本主义开始兴起，葡萄牙人、西班牙人率先进入，嘉靖三十六年（1557年）葡萄牙强租澳门后，澳门成为了西欧商船在南中国海北部地区的主要泊口。此后澳门先后开辟了澳门—印度果阿—葡萄牙里斯本、澳门—日本长崎、澳门—菲律宾马尼拉—墨西哥阿卡普尔科等东西方航线。广东的海上贸易通道更加面向全球扩展。到了清代，由于清政府自乾隆二十二年（1757年）后实行广州独口对外通商政策，因此全国进出口商品货物在广州一港吞吐，加强了广州港在全国对外交往中的地位。同时，此时英法等国已经在广州贸易活动中站稳了脚跟；美国也在1784年开辟了中美之间横跨太平洋的贸易通道。广州港由此更加深入地融入全球航运通道中。

1842年中英《南京条约》规定割让香港岛给英国，同时开放了广东广州港为对外通商口岸。此后，广东省又相继被迫开放三水、江门为通商口岸，对外开放西江和内港等。虽然由于上海港、天津港的崛起，广州港在中国对外进出口贸易的份额不断下降，但是随着对外开放的逐步加深、香港转运港中心地位的形成，广东比以往更加深入地融入世界航运体系中，并且在口岸贸易规模和主要贸易对手的更替中直接反映出世界形势的变化，形成放眼全球的海上贸易通道。

五、辐射泛珠三角的水路联运腹地

广东省河川密布，水量充足，全境皆可四季通航。珠江水系构成了广东省泛珠三角地区水运的骨架。同时，受地形的影响，在粤东莲花山南侧、粤西天露山、云雾山、云开大山南侧，还分布着众多单独入海的河流，其中较大的有韩江、潭江、漠阳江、鉴江等河流。珠江水系与这些江河等相互联运，共同构成了辐射泛珠三角地区的水路联运腹地。

在珠江水系，广东省三水以上的西江干流全线通航，长度约233公里，北江干支流通航里程2584公里，东江干支流通航里程1963公里。三水以下的珠江干流以及珠江三角洲水道，共同构成了全省航道最密集的珠江三角洲水道网。同时，通过水路联运，珠江水系还同广西、湖南、江西等省建立了便利的水路联运体系，如在珠江的各个支流的上游地区，通过连江上游连州市东陂、星子两埠，可以穿越骑田岭，通过古道，行至湖南省临武县或宜章县，然后通航湘江。通过浈水上游南雄市黄坑等地，翻越大庾岭，即能到达江西省内大余县贡水，从而通航赣江。通过南雄市乌迳村，即可到达江西省信丰县，然后同样进入赣江。

韩江地处广东省东部，源出江西、福建和广东三省交界地区。其上源为梅江，发源

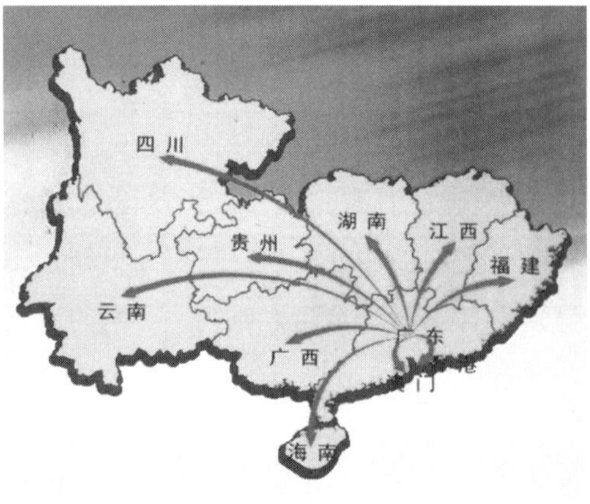

图2-1-3　广东辐射泛珠三角水路联运腹地分析图

于紫金县文笔峰，流经五华县、梅州市、大埔县，在三河口与福建南下的汀江相汇，始称为韩江。然后南下，经潮州市入海。由于韩江水系所在的潮汕平原是广东省第二大平原，因此，在广州独口通商的时代，韩江水系与珠江水系的交通便甚为重要。除海路外，从潮州前往广州，一般是溯韩江而上，至五华县，舍舟登陆，穿越岐岭，然后到龙川县老隆镇，进入东江，然后顺流到达东莞、广州。此外，通过汀江逆流而上，到达大埔县石上埠，经过陆路即能到达福建省上杭县，从而将经济腹地扩展到闽西地区。

潭江地处广东省南部，源于阳东县牛围岭，自西向东流经恩平、开平、台山、新会，主流自崖门入海。但是其支流与西江下游相汇，因此融入到了珠江航运水系之中。同时，从珠江三角洲，溯潭江而上，至恩平县城，然后弃舟上岸，向西四十五里即抵达恩平县那龙圩，由此而与漠阳江相连，实现双方的水运联系。

漠阳江源出云浮县云雾山，南流至阳江市入海。其与西江下游支流新兴江之间，以新兴县天堂镇为分水岭。然而天堂镇地区低矮开阔，故而漠阳江可以轻易翻过，然后沿新兴江顺流北上，从西江进入珠江水系。

鉴江源出信宜市云开大山东南侧。南下于吴川市入海。在历史时期，从鉴江北上，一方面可以西北向翻越云开大山进入黄花河，顺流而下，进入北流江，于藤县进入浔江；一方面可以东北向进入西江支流罗定江，在德庆县进入西江，然后东下广州。

总之，通过水陆联运，贯通粤黔两省的西江、贺江，贯通粤湘两省的武水，贯通粤赣两省的浈水、石窟河，贯通粤闽两省的汀江，以及粤北的连江、北江，粤东的韩江、梅江、东江，粤中的潭江，粤西的新兴江、漠阳江、鉴江，与珠江下游的狮子洋，与珠江出海口的虎门、蕉门、横门、洪奇沥、鸡啼门、虎跳门、磨刀门、崖门等共同组成了一个纵横交错、连通广东省所有县市区的长达两万里以上的水运网。同时，也正是由此密密麻麻的水运网，辐射泛珠三角地区的水路联运腹地才真正得以形成。

第二章 广东海上航运与海上丝绸之路

广州为核心、珠江口城市群为网络、东西两翼相互配合的空间结构是理解航运经济文化的基本区域特点。广州港是我国，同时也是世界上能够维持上千年繁荣的为数不多一个大型良港之一。澳门外港的兴起意味着广州—澳门的外贸城市分工格局初步形成。广州的海关监管功能及十三行贸易功能的发展对于巩固广州的航运经济地位具有历史意义。香港的兴起意味着香港在英国殖民统治下，逐步发展成为远东最大的转运港和商业中心，分担了广州的部分功能，并成为广东航运经济体系的新的核心。总体上，珠江口城市群共同形成了世界级的港口群与城市群，这对于广东航运经济文化的发展，具有重要的意义。

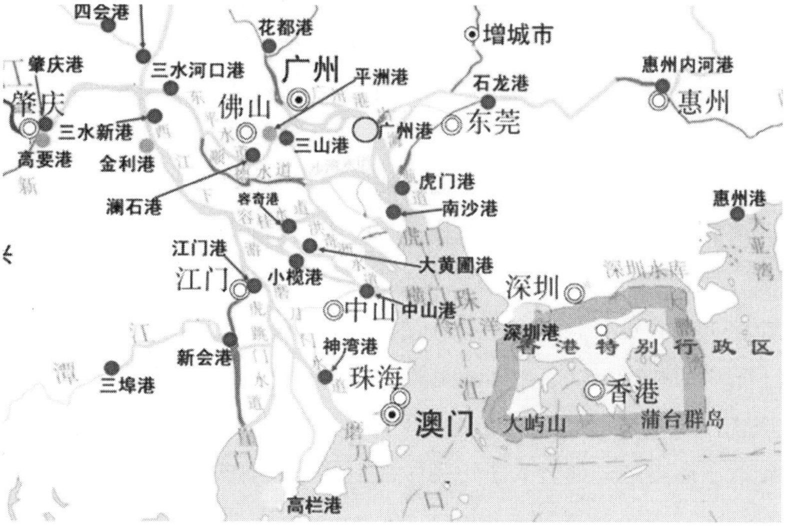

图2-2-1 珠江三角洲极为密集的港口体系

一、广州港的重要地位

广州港位于北纬23° 06′，东经113° 14′，地处珠江水系西江、北江、东江的汇合点，位于珠江三角洲的北部边缘，是我国同时也是世界上能够维持上千年繁荣的为数不多一个大型良港之一。

广州港能够保持长期繁荣的原因，在于其优越的自然地理条件以及拥有广阔的内陆腹地。在地理环境上，广州港属于亚热带季风性气候，湿润多雨。同时，由于广州港距离西江、北江、东江的主要入海口稍远，输送到此的泥沙也较少，所以在长时间内能够维持一定的水深。加之，广州港所处的珠江流域整体水量充沛，所以能够常年保证航道的通畅。同时，广州港拥有广阔的腹地，而物产丰富的珠江流域正是其最基本的腹地。同时，依靠发达的内河运输网络，广东港也能够将东部的潮汕、福建地区，西部的茂名、玉林地区，北部的江西、湖南地区纳入到其腹地中来。在特殊的清代广州港独口通商年代，整个清帝国的广大地区皆构成了广东港经济腹地的一部分。由此，广州港能够成为我国最重要的大型港口也就顺理成章了。

广州港是由区域港口一步步发展为世界东方大港的。秦始皇统一岭南后，广州港进入到快速发展的新时期。到了汉代，广州港所处的番禺已经是全国九个“都会”之一，“多犀、象、毒冒、珠玑、银、铜、果、布之凑，中国往商贾者多取富焉”[①]。不过，汉武帝平定南越后，由于番禺受到巨大战争破坏，所以日南郡治西卷、交趾郡治龙编发展起来，并且一度超过了番禺港[②]。此时，中原联系东南亚地区的道路，也主要从合浦等港口出发，而非广州。[③]不过此时的广州仍可谓是集散海外奇珍异宝的重要都会，广州南越王墓出土的波斯帝国风格银盒、非洲象象牙等物即是明证。到了东汉末年，建安二十二年（217年），孙权将管辖岭南地区的交州州治从今广西梧州迁至原南越国都城所在地，至此，岭南政治中心经历四百年后重新又回到了广州地区。226年，交州一分为二，正式设置与交州地位平行的广州。其后，广州由于比交州距离东吴首都南京更近，加之从广州起航，穿越西沙群岛，直航南洋群岛的航线的开辟，而日渐繁盛。自晋代之后，广州逐渐取代了北部湾沿岸之合浦等港，而成为中国与东南亚、南亚地区交通的主港。其重要佐证之一便是此时的史籍一改先前论通南海诸蕃，往往云某国在合浦、日南之南若干里的局面，而代之以言此国距离广州若干里。广州不仅经济贸易日渐繁荣，而且文化上也开始充分与外国进行交流，佛教即开始沿着此条海路进入广州，进而最终形成了著名的禅宗。以广州为最主要枢纽港之一的海上丝绸之路于此时初步形成。

到了唐代，广州港已经发展成为了世界东方大港。9世纪的阿拉伯地理学家伊本考尔大贝即记载了广州港，而且其所记阿拉伯至广州的航线也与贾耽的《广州通海夷道》

---

① 班固：《汉书·卷二十八下·地理志》，北京：中华书局，1962年，第1670页。

② 邓端本编著：《广州港史》（古代部分），北京：海洋出版社，1986年，第29页。

③ 班固：《汉书·卷二十八下·地理志》，北京：中华书局，1962年，第1671页。

的记载类似。此时，与广州港有贸易往来的国家已有二十多个，其中较为著名的是林邑、真腊、骠国、室利佛逝、诃陵、波斯、大食、大秦等国，大大超过了以往的任何一个朝代。由此可见，此时广州港的航线范围已经西达红海地区。唐代还在广州设置了全国唯一的市舶使，负责专门管理广州港的贸易。由于对外贸易的繁盛，广州形成了外国人聚居的蕃坊。伊斯兰教也在此时随着阿拉伯商人的到来，登陆广东。黄埔也在此时开始初步成为广州港的外港。海上丝绸之路于此时正式形成。

宋代，广州港对外贸易继续快速发展。宋太祖在开宝四年（971年）二月灭南汉，统一岭南后，随即于同年六月在广州设置市舶司，由地方行政长官兼任管理。至元丰三年（1080年），宋朝制定管理条例，正式颁布“广州市舶条”，然后推行全国。元代时期，由于泉州港的兴起，广州港降为全国第二大港，不过此时广州港依然是世界上最大的港口之一。到了明朝，朝廷为巩固政权，避免倭寇等侵扰，以及维持“重农抑商”“以贸易羁縻海外诸国”政策的执行，而长期执行海禁政策，于是朝贡贸易兴起，南洋地区的占城、暹罗、爪哇、满剌加、真腊、苏门答腊等国由中央政府指定在广州登岸进京。但由于葡萄牙、西班牙、荷兰逐步侵入南洋地区，朝贡贸易逐步衰弱。到了嘉靖年间，明朝撤销了除广州之外的泉州、宁波两处市舶司，广州港由此开始在全国的对外贸易中，长时期处于垄断地位。同时，广州港又是西方资本主义国家葡萄牙、西班牙、荷兰、英国等首先“叩关索市”的地区，叩关的结果，一方面使广东港得风气之先，比内地更早地吸收西方的文明成果，一方面使澳门被葡萄牙窃取，成为广州港的外港，分享了广州港的对外贸易。

自乾隆二十二年（1757年）后，清政府实行广州独口对外通商政策。在此期间，广州港的贸易持续快速发展：到达广州的外国商船，从1751年的19艘，一直发展到1838年的129艘。广州港对外进出口总额也从1792年的1256万两，飙升到1837年的5523万两。黄埔港被清政府定为广州港的外港，此后直至第二次鸦片战争前“亚罗”号事件爆发的一百年间，装载洋货的外国商船进入广州港，必须下锚于黄埔港，然后转运广州，再转口于全国各个地区。

总之，在漫长的历史长河中，广东港逐步由区域港口一步步发展为世界东方大港。印度文明、伊斯兰文明和西洋文明也先后通过海上航线进入广州港，进而影响中国内地。广州港在此过程中，不仅是经济贸易的纽带，更是东西方文明交汇的枢纽地区之一。此举不仅丰富了广东港的文化内涵，同时，也使海上丝绸之路在经济交流之上，更具有了全球文明交流的意义。

二、从贡舶贸易到澳门港市

明代初年，为防止方国珍、张士诚余党勾结倭寇侵扰，巩固政权，同时保障“重农抑商”政策的实施，朱元璋一反前代的对外开放政策，而下令实行严格的海禁政策，规定“片板不许入海”[①]。作为实施闭关主义政策的结果，明代形成了特殊的一种对外贸易形式：贡舶贸易。所谓“贡舶”，“贡”即朝贡，“舶”即市舶。其依附于朝贡制度而存在，因此实施的主要目的不是从对外贸易中获取经济利益，而主要是以此为手段在政治上招徕远人、维系藩属。即如明人邱浚所言之：“盖用以怀柔远人，实无所利其入也。”[②]

贡舶贸易是以朝贡为前提的。对于允许朝贡的国家，明廷根据与中国关系的友好程度而规定了其朝贡年限。在广东入境的占城，即因其“恭顺”，而规定“任其时至入贡”。在入贡同时，明廷允许部分船舶随同前来载货贸易。前来广东的各国贡舶，各有其停泊的泊口。嘉靖之前，广海、十字门、屯门、虎门等皆为贡舶泊口，后来由于澳门的兴起，才集中于澳门。贡舶到港后，先由守澳官验实，然后由地方官会同广东市舶司官员利用先前颁布各个入贡国的勘合文册加以勘合，随即将贡品加以封识，派员陪同贡使入京，根据贡品，由朝廷给予远超出贡品几倍价值的回赐。附带货物，先是由市舶司收买。后来要先“抽分”，然后剩下的货物在名义上由市舶司主持进行买卖，但实际上即由牙人做外商与内商的中介，接洽成交。牙行职责利益逐步扩大，到明朝后期已经具有半官方的性质，从而开启了清代广州十三行总揽对外贸易的先河。此种贡舶贸易由于其天然的为政治服务的局限性，不仅在具体经济利益上往往受损，同时，也严重禁锢了商品经济的发展，使自秦汉以来日益发展的中国对外海洋贸易遭受了严重的挫折。

因为前述之海禁政策与贡舶贸易，在明代，私人不允许进行海外贸易。不过由于商品经济的发展，私人贸易在明代即以“走私商船”的形式而大量存在。内地出洋商人与国外走私商人往往以滨海豪绅为其“窝主”，这些窝主又与内地商人结成走私商帮，然后又以行贿方式与执行海禁的镇巡哨官相勾结，受其庇护。到了15世纪末期，私人海外贸易甚是活跃，甚至已经成为实际上的中国对外贸易的主要形式。满剌加作为当时世界上最大的转口贸易港之一，充斥着大量的由广东、福建走私商人从中国运来的货物。隆庆元年（1567年），明廷开始有限度地开放海禁，实行“引票制”，规定经官方审查批准，颁发引票，方能出海。但由于引票后来只增至110引，数量太少，远不能满足海商出海的要求，所以海上走私依然不绝。不过由于与海外正常的商货贸易已通，“市通则寇转为商”，海商也不必再以海盗的面目出现在海外贸易活动中，因此，万历年间之

① 《明史·卷二百零五·朱纨传》，北京：中华书局，1974年，第5403页。

② 邱浚：《大学衍义补·卷二十五》，北京：京华出版社，1999年，第242页。

后，广东地区的沿海一带大的海盗性质的骚动也就没有再出现。

与明朝闭关锁国、实行海禁政策相对照，西欧正在进行着封建制度瓦解，资本主义原始积累疯狂进行的时期。1487年，迪亚士发现好望角后，西欧葡萄牙、西班牙等国开始直航印度洋、东南亚地区。1511年，葡萄牙占领满剌加。1514年，葡萄牙首航广东屯门，试图通商，但最终以失败告终。其后，经历屯门之战、新会西草湾之战后，葡萄牙人皆未能如愿。后来，他们于嘉靖三十二年（1553年），通过广东海道副使汪柏，“托言舟触风涛缝裂，水湿贡物，愿借地晒晾”，以每年500两白银的地租而窃据澳门。葡萄牙人占据澳门对广州海外贸易产生了巨大影响，随着澳门伴随贸易的发展而日渐繁荣，从嘉靖后期起，广东沿海多处泊口被废弃，澳门成为番舶停泊的主要舶口。加之，葡萄牙人占据澳门后，随即开辟前往欧洲、印度、马六甲、日本的航线，使澳门事实上成为了广州的外港，广州的对外贸易基本上已经为葡萄牙人所垄断。同时，由于与葡萄牙人贸易来往的增多，刺激了广州牙行的迅速发展，构成了清朝垄断广东对外贸易的十三行的前身。

三、粤海关及十三行

清代初期，为打击台湾郑氏政权，清政府厉行海禁政策。1683年，清朝统一台湾，次年，停止海禁，开海贸易。广州与松江、宁波、泉州一起开放，成为我国对外贸易的重要港口。1757年后，广州港成为中国唯一的对外贸易港口。粤海关即是由清政府于1685年开海贸易后，设置于广州，专门主持对外贸易和征收关税的机构。

粤海关设监督一人，由皇帝直接任命，权力甚大，地位与督抚大员几乎相等。因为地位重要，故只有满洲旗人才能担任此职。在组织结构上，粤海关下辖一个省城大关，以及澳门、乌坎、庵埠、梅箓、海安、海口六个总口，管辖范围遍及广东全省。其主要职能包括征收关税、管理对外贸易。粤海关征收的关税有船钞、货税、规银三种，前两种是正税，后一种本属陋规，后来也归并入正税中。其中“船钞”主要是按照货船体积征收，“货税”是按照货物价值和数量进行征收。按照规定，清廷对粤海关税收实行包干政策，每年额定91744.5两白银，同时力争“盈余”。由于广州的独口通商以及对外贸易的发展，到道光十七年（1837年），即鸦片战争前3年，粤海关的年税收已经高达1,242,044,215两白银，是额定税收的13.5倍之多。在管理对外贸易上，粤海关一方面执行对外贸易禁令，限制茶叶、生丝、大黄的出口，严格执行清廷制定的“防夷五事”“防夷人章程”八条；一方面提供基本的公共服务，如引水挂号、监督修船以及稽查外船等。

十三行制度是伴随清廷设粤海关，进行开海贸易后的产物。是清廷“以官制商，以商制夷”政策的具体体现。按照清政府的规定，外商至广州，不得直接与商人发生直接的买卖活动，而只能自行投牙，通过牙行进行经济贸易。“十三行”就是官方指定的管理对外贸易的牙行的俗称，基本即是明代官设之牙行沿袭至清代的产物。

十三行商与粤海关同时设立，大致位于今广州市区十三行路一带。其数目并非一直是13个，在不同时期并不一致，最高峰时甚至能达四五十家，只是大家都已约定俗成，故统呼为十三行。十三行商在“承商”前，都要先行在户部领取“部帖”，办理立案手续，然后才能在对外贸易中，起经纪人的作用。由于其本身的半官半商性质，十三行同时扮演既是外商在广州贸易的全权代表，同时又是外商监管人的双重角色。所以十三行的职权范围远大于一般的牙行，其主要作用除了包销外商运来的所有商品，代缴关税和各种规银，代替外商购买各种出口物资等商业行为外，还负有对外商的一切行动进行监督，同时代替政府向外国商人传达政令，办理交涉事宜的职责。外国商船到达广州黄埔港，找到行商之后，“自此关于输入货物之事，置之不问，悉听公行所为，彼惟坐守商馆以静待货价之支付而已”[①]。十三行在广州独口通商直至鸦片战争前的85年时间内，垄断了全国所有对外贸易，是为其全盛时期。但是，由于官吏勒索、外商高利贷贷款以及经营不善，个别行商也时有倒闭情况发生。鸦片战争后，中国逐步对外开放多口通商，十三行垄断对外贸易的制度也即自行取消。

四、香港的兴起及对广东航运的带动

香港位于广东省珠江口外，靠近广州，是广州港对外贸易的必经孔道。1842年《南京条约》割让香港岛给英国。由于地理位置优越，加之香港是一个深水良港，所以香港在英国殖民统治下，逐步发展成为远东最大的转运港和商业中心。香港作为转运中心的兴起，削减了广州港对外贸易的份额，但同时，却对广东航运的发展起到了重要的带动作用。

这种带动作用首先体现在连接广州与香港的省港航线的开辟与繁荣上。由于香港的转运中心地位的确立与发展，英国首先开辟了省港航线。香港洋商为了在省港之间繁忙的运输业中占有最大份额的利润，于1865年创办了著名的省港澳轮船公司专营广州与香港的航线经营。另外，由于蔬菜、鸡鸭等香港的日常必需品每日需求量大，且清政府规定省港航线上的轮船只准载客，不准载货，故而极大刺激了珠江三角洲的木船贸易的发展。同时，以香港为基地，外国航商还开辟出了与位于粤东地区韩江流域下游的汕头等港的海上贸易航线，汕头在1860年正式开埠通商后仅仅三年，在香港成立的英国轮船公

① 武堉干：《中国国际贸易史·中国国际贸易概论》，长沙：湖南教育出版社，2010年，第68页。

司即开辟了香港至汕头的航线。韩江流域货物也因此逐步不再经由东江西下广州，而直接顺韩江而下，从韩江出口。同时，广东东、西部沿海各港口此时也都兴起了对香港的短途货运。

香港兴起对广东航运的推动作用还体现在促进广东传统帆船的退出，大量应用先进轮船上。由于轮船安全、迅速、准时、节费优越性的逐步发挥，轮船逐步占据了广东航运，特别是海运的主导地位。广州、汕头的海上帆船运输业由于帆船抗海浪能力较差，以及武器装备差，难以对付海盗等缺陷，而逐步衰退，至同治十二年（1873年），广州海上贸易中的木船货运已经完全消失；汕头港的远洋贸易中传统木帆船也从1858年的400艘减少到了300艘，木帆船运输能力下降了25%。为此，广东官方自1866年起，相继购买英法轮船，而民间在19世纪50年代即已经开始仿造。

第三章　广东内河航运、南岭通道的发展

广东向北与中原地区的联络，是区域发展的历史主题。内河航运以及水路联运，是最终实现岭南与中原密切联系的关键。西江、北江是航运通道的主干道，三大南岭通道则成为广东与中原相互连接的生命线，韩江水系及粤西地区的发展，则是广东航运经济的两翼。

一、西江、武水等内河航运

西江，古称郁江，又称牂牁江。是岭南地区珠江水系最重要的组成部分。其上游为南盘江，发源于云贵高原的云南省沾益县马雄山，向东流经贵州省望谟县蔗香镇，纳北盘江后称为红水河。红水河继续东流，在广西壮族自治区象州县石龙镇与北来的柳江汇合，是为黔江。黔江东流至桂平市，与南来的郁江汇合后称为浔江。浔江继续东流，与北来的桂江汇合后形成西江，然后至佛山市三水区与北江相汇，主流自磨刀门入海。

在内河航运中，西江是广东省向西进行交往的一条主要内河干线。循西江逆流而上，可达广西、云南、贵州诸省区。自秦始皇命令史禄开凿灵渠，唐代武则天时期开凿相思棣后，从西江自梧州市和桂平市即可以分别溯桂江、柳江而上，连通湘江上游，而进入湖南省。逆西江而上，经北盘江，然后通过乌江、牛栏江等，还能与四川省相连。西汉时期，蜀地的铁器、枸酱等即顺此路而到达了广州城。同时，溯西江水道，在广西藤县还能顺北流江、南流江直达合浦海港，然后通航南洋诸国。由于西江水道如此重要的地理区位，所以西汉平定南越国后，即把控制整个岭南地区的中心城市定于西江与贺江相汇的广东省封开县，以资东西兼顾。直到孙吴时期，交、广分治，才将广州的政治中心移到广州城。西江水道在整个历史时期一直长盛不衰，在清代，作为当时广东与西部地区的最大宗货物贸易的滇铜东运与粤盐西运，即都取西江水道互相来往。通过西江，广东往西部地区运去珠江三角洲的商品性农业产品和手工业品，如蔗糖、铁器、布匹等，同时运回木材和其他山货。但从总体上看，西江航道由于距离中原穷远，所以在广东省的对外交往中，在越城岭路衰退后，一直都不占据着主要地位。

武水是北江的西源。发源于湖南省临武县，自乐昌市入广东省境，然后至韶关与浈

水相汇，称为北江。武水一路一直是古代郴州与韶关的捷径，所以，虽有六泷之险，但自东汉时起，便屡次开凿。建武二年（26年），桂阳郡太守卫飒首开倡导凿山开路，修通了长达500余里的陆路，并于沿途设置亭驿，打通了粤北韶关到湖南郴州的陆路。其后东汉末年桂阳郡太守周昕整理武水航道，武水航路日益发展起来，乐昌市的坪石镇即因此路而日益繁盛。但是由于武水滩多水急，且两岸为典型丹霞地貌，岩石风化严重，容易崩塌，所以严重限制了武水航线的发展程度，使此航线往往作为骑田岭路、大庾岭路的补充航线，而没有成为过广东与北部湖南省交往的主要交通线路。元代湖广行省只管辖湖南和广西，广东隶属于江西行省管辖，便是武水通航能力的最好证明。

二、越城岭路

越城岭路连接湘江上游与西江支流漓江，在五岭西部的交通中一直保持着最重要的地位，同时也是秦汉以至隋代沟通珠江流域与长江流域最重要的通道之一。此条道路从当时都城长安出发，出武关，下汉江，经过长江，入湘江，在湖南省永州市、衡阳市，与桂岭道、骑田岭道相别后，然后到达广西全州县。通过灵渠进入漓江、桂江，在梧州进入西江，然后顺西江而下，直达广州。沿此线，从广州到长安，全长5040里。[①]

此条道路定型于秦始皇三十三年（公元前214年）出兵平定南越。秦军一支即从湖南永州经湘江上游，而进入广西兴安，到达珠江水系支流漓江江畔。全州县到兴安县只有十几里长旱路，秦军为输送粮草的便利，在此开凿灵渠，更加便利了南北的交通。秦朝为控制这条通道，还在灵渠口修筑了两个关隘：秦城和严关。

伴随着珠江三角洲平原的日益开发，广州港直航南洋群岛航线的开辟，合浦港日益衰弱。孙吴时期，广州自交州中分立。加之灵渠航道长期维护不周，在此种情形下，广州经由西江、漓江联系都城的越城岭路因为需要绕行，故其地位越来越下降，而逐渐被北江航道所取代。但是，由于此条通道沿线没有大的山川阻碍，且又能尽可能利用水路，沟通珠江水系干道，同时是能够兼顾两广地区的通道，所以一直保持着其重要的战略地位。漓江、桂江汇入西江的梧州自明成化元年（1465年）起，便是统辖两广地区的两广总督府的驻地。嘉靖四十五年（1566年）移至此路上另一主要城市肇庆，直至明末。

① 李孝聪：《中国历史区域地理》，北京：北京大学出版社，2004年，第370页。

三、骑田岭路

骑田岭路连接湘江上游耒水与北江支流连江，是中原地区通达广东省的一条比较快捷的道路，也是中国古代沟通珠江流域与长江流域最重要的通道之一。此条道路从当时都城长安出发，出武关，下汉江，经过长江，入湘江，在衡阳沿耒水上溯，到达郴州后，西南行，转陆路，经过蓝山县，从广东省连州市进入连江上游，然后顺连江到英德，然后顺北江而下，抵达广州。沿此线，从广州到长安，全长4555里。[①]

此条道路的定型同样在秦始皇三十三年（前214年）出兵平定南越时期。秦始皇平定南越后，曾在连州、阳山一带设置了三道关隘，即湟溪关（今阳山县西北）、阳山关（今阳山县城东北）、洭口关（今英德市西南）。在连江上竟然设置三道关隘，足见当时秦始皇对此条线路的重视程度。到秦末中原大乱时，赵佗便下令关闭此三关，闭关自守。1972年长沙马王堆汉墓出土的三幅地图，即详细绘制有骑田岭沿线的道路山川形势，凸显了当时骑田岭在沟通湖南与广东省军事交通上的重要地位。汉朝初年，湟溪关、阳山关、洭口关同样开辟为关市，进行南北贸易。汉武帝灭南越国时，路博德从此路进军，与从浈水南下的大军一起，首先攻下广州城。此条道路历次经过兴修，唐文宗太和初年，连州刺史蒋芳即发动民工，对连江楞伽峡进行整治，使连江水运大为改善。南宋宁宗嘉泰二年（1202年），连州司法李华，因连江贞女峡（即羊跳峡）峡窄江水宣泄不畅而致航行受阻，而疏浚航道，保障通航。同时，值得注意的是，骑田岭路的连江段还是零陵、桂阳峤路的组成部分。

从总体上看，虽然由于湖南南部地区经济不发达，骑田岭路除了重要的军事价值外，它的商货运输作用并不居于重要地位，也因此在历史时期从未成为过广东省联系中原的最主要的道路。但是由于此条通道上的阳山县盛产铁矿，在明朝初年，年产生铁竟达70万斤，这些生铁多靠船舶运到佛山进行加工，同时运回棉花等商货，因此其航运价值也非常巨大。

四、大庾岭路

大庾岭路连接赣江源头章水与北江东源浈水，是江西地区通达广东省的最直接的道路，同时唐代之后沟通珠江流域与长江流域最重要的通道。此条道路从中原过长江，入赣江，在赣州沿章水上溯，到江西省大余县后，转旱路，翻越大庾岭，在广东省南雄市

---

① 李孝聪：《中国历史区域地理》，北京：北京大学出版社，2004年，第371页。

入境，然后顺浈水至韶关入北江，然后顺流而下，经英德、清远，抵达广州。沿此线，从广州到长安，全长5555里。

此条道路在秦军统一南越时候，已经初具雏形。秦朝在此设置了横浦关。秦末中原大乱，赵佗下令关闭的第一个关即是横浦关。此后，此关同样在汉初开放为关市。汉武帝攻灭南越国，从此路进军的汉军最早到达广州城下，凸显了此条道路在军事上的重要通达性。据《元和郡县图志》，到了唐代，此条道路已经成为都城长安联系广州的最重要两条道路之一。由于广州已经成为当时著名的世界东方大港，唐朝在广州设置了全国唯一的市舶司，专门管理海外贸易。由于外商的增多，还形成了专供外国商人居住的蕃坊。对外贸易的繁盛，加之长江江浙地区经济崛起，连通钱塘江流域与黄河流域的大运河开通，因此，从广州经北江，翻越大庾岭，顺赣江东下，到达湖口后顺长江而下，接着从扬州沿大运河北上的道路，因为具有保持广州与经济发达的江南和京师所在中原地区的密切联系的重大战略意义而日渐重要起来。

此时的大庾岭路因为沿线山势陡峭，故而只是一条崎岖蜿蜒的小路，行旅甚是不便。为此，张九龄于开元四年（716年）奏请修浚大庾岭路。随后，唐玄宗批准了此项提议，并派张九龄主持此事。经过整治，在梅岭中开凿出一条宽24尺，长30余里的大路，有效地满足了当时南岭南北的交通，自此，“海外诸国日以通商，齿革羽毛之殷，鱼盐蜃哈之利，上足以备府库之用，下足以赡江淮之求”①。到了宋代，先是广南东路转运使荣湮在嘉祐四年（1059年）主持修凿了从浈阳峡（今广东省英德市盲仔峡）至洸口（今广东省英德市连江口）沿江栈道，建立了报警用途的烟墩，保障航行安全。然后蔡抗、蔡挺兄弟，于嘉祐八年（1063年）利用分别任职广东、江西的便利条件，而自南而北和自北而南重修大庾岭路，保障了大庾岭路的持续畅通。

到了明代，从正统十一年（1446年）到正德九年（1514年），在短短68年内，政府即先后整修三次之多。随着自唐代之后，中原王朝国都自西安逐步东移，大庾岭路因为相较于其他穿越南岭的道路来说距离京师更加捷便，故而成为古代沟通中原与广东的最重要的道路，一直持续到鸦片战争后才日渐衰落下去。与梅关古道相衔接，自唐开元四年凿通梅关古道之后，浈江便成了沟通岭南岭北，连接长江、珠江的主要航道了。明嘉靖年间，从南雄至乌迳来往船只有500余艘，有“日屯万担米，夜行百只船”之称，而南雄至韶州、广州的客货运输则更为繁忙，州城沿江设有五个专业码头。

大庾岭路的开凿对广东省的航运网络产生了重大的影响。最主要的便是促使西江航道价值的降低，而北江航道作为广东连接中原、江南地区的主要干线的地位得到确立。

---

① 阮元：《广东通志·卷二百零一·金石略三》。

由于大庾岭道的开凿，珠江水系与赣江相连，极大地推动了南北方客货的运输，北宋王朝所需要的大量舶来香料自淳化三年（992年）也开始改变人力肩挑送往京师的办法，由此路水上运往京师。到了明代，此路更加重要，岭南岭北商货，虽尚有越城岭路、骑田岭路等可通，但“下浈水者十七八焉”。同时，此路也成为了移民的重要通道，唐中期安史之乱以及北宋靖康之乱后的很多流民便经过这一条通道而进入粤北地区。至今浈水岸边南雄市珠玑巷仍被众多岭南汉人视为祖先从中原南迁的重要象征地。

据《南雄文物志》载，珠玑巷是中原南迁氏族的驻足地和发祥地，从唐代开始，特别是从宋至元的二百年间，自中原南来之移民有史记载的大规模者有三次，少量者有百多次。从珠玑巷又南迁至珠江三角洲，然后又到港澳、海外者有150多姓氏的后裔。所以，珠玑古巷在古代极为繁荣，正如明代诗人黄公辅在《过沙水珠玑村》一诗中所写：“长亭去路是珠玑，此日观风盛黍离。编户村中人集处，摩肩道上马交驰……”珠玑巷与梅关仅几里路程，是过梅关古道的第一站。将珠玑巷与梅关合于一体，定位为陆上与海上两条“丝绸之路”的连接点，是有历史和地理依据的。

到了近代，鸦片战争之后，五口通商，原本广州港作为全国唯一对外贸易港口的地位消失，广州港贸易的最大宗商品，如江浙一带的生丝、赣闽地区的茶叶相继改从上海、汕头等港输送香港转运出口，由此作为联系广州与内地的大庾岭路也即立刻衰落下去，由原来全国性的主干道退化为主要联系粤北地区的省内干线。

总之，在不同的历史时期，广东省的主要经济联系方向和航运道路不断发生演变。在秦汉时期，由于岭南经济尚不发达，在全国的政治结构中并不占据重要的地位，且合浦港在对外贸易中的重要作用，所以当时广东省并未形成一个独立的地理单元而能够单独决定其自身的经济联系方向，只能作为岭南地区的一部分而参与进来。所以，当汉朝将统辖岭南地区的交州州治定为联系合浦港更加便利、且能居中驾驭两广地区的越城岭路广东封开县一带时，广东的主要经济联系方向只能是沿西江溯流而上，走越城岭路，然后通过灵渠，入湘江，进入中原地区。此后，以交、广分治为标志，广东省开始逐渐成为一个独立的地理单元，广州港也日益成长为中国最重要的南海方向的港口，所以北江航道日益重要，骑田岭路逐渐繁荣，然而由于骑田岭路向北联系的湖南南部地区经济并不发达，所以此路一直没有得到快速发展。直到唐代开通大庾岭路，北江航道作为广东地区联系中原最重要的航运通道的地位才得以确立。此后，随着江浙地区全国经济重心的逐步形成，国都位置逐步从西安东移至开封、北京，京杭大运河逐步形成，大庾岭路一直保持繁盛的局面，其在广东航运中的重要地位也一直无法动摇。但是，近代以来，伴随其他对外贸易港口，特别是上海港的崛起，大庾岭路最终沉寂下去。随着京广铁路、京九铁路、京珠高速的建设，传统意义上的岭路受到冲击，但跨越南岭的主题，依然是珠江文化与长江文化、黄河文化互动的根基，构成了海陆丝绸之路的新发展。

五、韩江水系的整治与粤东航运

韩江水系位于广东省东部，流域面积约3.1万平方公里，在广东省境内流域面积约占65%，是广东第二大流域，仅次于珠江。韩江流域雨水充沛，水量丰富。其上源为梅江和汀江，二江在广东省大埔县三河坝汇合后始称为韩江，由此东南下，经潮州市，然后分为东溪、西溪、北溪等支流，在汕头附近流入南海。自三河坝到韩江入海口，约410公里。作为韩江的上源，梅江发源于广东省紫金县白山岽，循阴那山自西南东北流，在梅州市梅县区丙村镇东州坝纳入源于江西省寻乌县的石窟河后，在三河坝与发源于福建的汀江相汇。韩江与珠江水系之间可实现便捷的水路联运，溯韩江而上，至五华县，穿越岐岭，到龙川县老隆镇后，即可进入东江，然后顺流到达珠江三角洲地区。总之，水量充沛、长度适宜的航道、便利的联运网络、面积宽广的经济腹地，同时，地处上海、泉州和广州等大港的中心点上的优越海上交通地理位置，这些都为韩江流域航运事业的发展奠定了良好的自然地理和经济地理条件。

岭南地区的东西两翼交通历来不如南北交通发达。在粤东，粤闽之间的交通自秦汉以来就有海陆两道。秦汉以来，自福建汀江进入广东韩江上游梅溪，溯梅溪之上源到达今五华县，过陆路岐岭（兰关）后，在今龙川县老隆入东江，顺江而下可到达番禺。唐代，从广州出发，经过惠州可达兴宁、梅县，南行沿水路抵达潮州，再向东抵达漳州；或者从梅县北上，可抵达福建汀州。宋代，则增加了一条由惠州东南行，经海丰至潮州的交通路线。广东向东至福建、浙江的沿海交通路线也一直存在着。

唐代之前，由于韩江流域人烟稀少，且被中原视为瘴地，是朝廷放逐贬官之地，如唐代的韩愈、李德裕等均被贬谪到此，所以商品交换甚少，水运多限于军事运输或者公务活动，有关航运的记载甚少，航运业不发达。韩愈贬谪到潮州之后，以一种强烈的责任感和爱民之心，在潮州兴办教育，兴修水利，传播中原地区先进发达的农业文明，选拔潮州的优秀人才加以任用。当时的韩江，野生动物大量繁殖，鳄鱼等爬行类动物甚至一度对人们的生产生活造成影响。治理韩江，先从消除鳄鱼开始，并为韩江服务正常的航运活动创造条件。

宋代之后，南宋偏安杭州，泉州港因为靠近杭州兴起，所以作为粤东重镇的潮州，因地处粤闽要冲，其水运中继站的地位日益重要。北宋元祐年间，潮州知州王涤为减少当地百姓陆地挽运之苦，从海阳县城西，经潮阳、揭阳，开辟了一条溪流来发展航运，因为所经此三县皆受其利，故称为三利溪。到了12世纪末，为适应水陆交通运输的需要，潮州城东门外修筑了著名的广济桥，此桥中间部分为18只梭船构成的浮桥，可开可合，可以说是当时世界上最大的开关式大桥。大桥修筑为开关式，说明其上下游之间贸易的扩大。此时，韩江上游的程乡、李坑、梅口、松源四镇相继兴起。其中，程乡系程江与梅江的交汇处，李坑、松源分别位于通往江西、福建的山口，梅口则位于梅江水道由东北走向急剧转为东南流向的大拐弯处。到了南宋末年，由于韩江流域商贸已经初步发展，同时又成为粤盐私盐贩运往江西、福建的重要通道，所以地方上纷纷私立关津，设卡收税。不过，韩江干流水道尚未见到整治的记载，所以航道常常险处丛生。在南宋绍兴十六年（1146年），朝廷派军顺韩江而下，前往潮州镇压农民起义，官兵在途经梅口南侧的蓬辣滩时，战船即因触礁而沉没。

明代时，潮汕平原居民日见增多，所以开始大量生产出香蕉、蔗糖、柑橘等商业性农产品，揭阳的绸绢、程乡的蚕绸等也比较有名。此时由于在明朝海禁政策下，海上走私贸易繁盛，潮州地处泉州、广州间航线要冲，同时又能以韩江沟通广东梅州以及江西、福建等地，故而在海上贸易的推动下，韩江流域的水运也日渐发展起来。由于航运业的日益发展，对韩江水系的整治此时也纳入到了当地政府民间的议事日程。在成化至万历年间，地方官兴起了对韩江水系进行整治的高潮。乾隆五十七年（1792年），潮阳县知县伍礼郴倡导重浚，此后，此河屡淤屡浚，至今仍是连接潮阳、揭阳、普宁的咽喉要道。

到了近代，由于汕头港的开放，韩江流域商货大部分不再通过东江运达广州出海，而是直接顺流而下，由汕头港入海。对外贸易的扩大、科学技术的进步推进了韩江流域的整治工程。1921年成立了韩江治河处，专门负责韩江航道的整治工作。鉴于韩江主流的险滩多在韩江上游的梅州市境内，故而炸除险滩，一直是整治韩江中上游河道的主要目标，到抗日战争时期，梅江礁石被分期炸除。韩江下游航道最主要问题是淤塞严重，故在韩江下游地区重在疏浚和修筑堤坝。20世纪20年代，韩江下游被截弯取直，并且开挖鲤鱼洲新河等，保障了韩江航道的顺畅通航。

六、粤西及环北部湾地区的水运发展

高州、雷州、廉州及海南地区主要的河流有鉴江、漠阳江、南渡河、南流江、南渡江等。鉴江是广东省沿海河系中最大的河流，发源于信宜市山猪坳，自北向南流经高州、化州等县市，最终在吴川市入海。鉴江干流长211公里，其主要支流有漕江、罗江、袂花江。其流域总面积9445平方公里，在广东省境内约占总流域面积的91.6%。鉴江流域雨量充沛、径流量大。不过河道沙滩较多，河宽水浅，构成了其发展航运的不利因素。漠阳江发源于阳春市长岗顶，至阳春马南山后，折东南经阳江市入海。漠阳江干流长187公里，主要支流有西山河、潭水河以及那龙河。其流域面积6100平方公里，全部位于广东省境内。漠阳江流域是广东省多雨区和暴雨中心之一，因此往往面临洪水的威胁。雷州半岛地区三面环海，岸线长约1180公里，地形单一，以台地和海积平原为主，其境内最大的河流是南渡河，发源于遂溪县坡仔，在雷州市双溪口注入南海。南渡河干流全长88公里，流域面积1444平方公里。南流江发源于北流市大容山南侧，与大荣山北侧北流江相对，自北向南流，故名。流经北流市、玉林市、博白县、浦北县，于合浦县注入北部湾，全长287公里，流域面积8635平方公里。流域内地势平坦，有玉林盆地、博白盆地和南流江三角洲，土地肥沃，农业发达。本区域水量充沛，且与北流江能够实现水陆联运。高州、雷州、廉州地区诸河流虽然各自独立，但通过海道可以互通，海上交通的自然条件甚为优越。海南岛的南渡江发源于白沙黎族自治县南开乡南峰山，干流斜贯海南岛中北部，流经白沙、琼中、儋州、澄迈、屯昌、定安等市县，最后在海口市美兰区注入琼州海峡。全长333.8公里，流域面积7033平方公里，是海南岛最大的河流。

从历史上看，粤西地区所在的古合浦是历史悠久的“南珠故郡，海角名区”。自西汉元鼎六年（公元前111年）设置合浦郡，历东汉、三国、两晋五百余年基本是郡治的所在地。唐、宋、元、明、清各代分别是州、路、府、县的治所驻地。早在秦汉，合浦就以沿海出产优质珍珠享有盛名，合浦珍珠称“南珠”，素有“东珠不如西珠，西珠不如南珠”①之说，汉代的合浦更是鼎盛，辖区广阔，由于地理位置优越，位处水路交通枢纽，不但是郡治的驻地、军事重镇，也是与南海诸国交通贸易的“海上丝绸之路”始发港，成为岭南地区早期重要的政治、经济、文化中心之一。

本地区的水运在宋代之前，主要集中在北部湾沿岸的北海和雷州半岛南部的徐闻。中原王朝主要利用其隔琼州海峡与海南岛相望的优越地理区位，依靠南流江与越城岭路的便利水路联运，集中发展与海南岛及东南亚地区的贸易，从而成为当时著名的海港。两晋时期，伴随广州港的兴起，北海、徐闻等港在岭南地区的航运地位便开始逐步衰退下去。到了宋代，海南琼山、澄迈、临高、文昌、乐会等地皆设置了仅次于市舶司的市舶务。漠阳江、鉴江流域的航运也因为供给海南地区米粮开始逐步发展。到了明代，由于本地经济发展水平仍旧较低，本地运往外地的商品仍是以粮食为大宗，次则蔗糖、花生、纺织品、药材和椰子、槟榔、荔枝等水果。此外，本地盛产盐，高州产铜，电白、信宜、化州等产金银，故而水运事业继续发展。此时，西江支流新兴江与漠阳江的联系日益紧密。由于新兴江与漠阳江二江源头甚近，且分水岭新兴县天堂镇地区地形低矮，所以时人已经有于天堂地区开凿运河之议，惜未实行②。不过，弘治年间（1488—1505年），湖广右布政使兼广东按察司副使陶鲁，曾从高州开一河，直达肇庆，谋求高、雷

① 屈大均：《广东新语》，北京中华书局，1997年。

② 屈大均：《广东新语·卷四·开浚河头小河》，北京：中华书局，1985年，第174页。

地区与珠江水系能够直航。但可惜不久即告湮废。由于海南岛本身产米甚少，故本时期粮食奇缺，尚依赖于从珠江流域运入，南渡江的内河航运也因此渐渐发展。

至清代，新兴县旧议重提，提议自新兴江河头地区开凿一条运河，往南连通漠阳江。但又被阻，搁置不议。虽然如此，不过新兴江—漠阳江航线的水路联运并没有衰退下去，漠阳江畔的阳江县盛产白糖、碱沙、土藤、白叶、油米等山货，在运往省城广州途中，依旧选择漠阳江—新兴江航线，在肇庆转入西江，然后到达广州。鉴江此时也发展为高州境内重要的米粮运输路线。鉴江的航路从化州起，可直达吴川梅箓出海。到梅箓后，又可西通广西北流、陆川，东达本省信宜、茂名等地。由于在清代，化州的粮食主要靠当地东江、西江地区供应，而东江、西江地区粮船又都以梅箓为集散地，所以当时梅箓已经成为高州地区最大的粮食贸易中心。海南岛地区的沿海贸易此时有了重大发展，海南岛的帆船运输已经可以西达暹罗、安南，东至浙闽，甚至日本长崎贸易。

到了近代，由于粤西地区自身经济并不发达，在地理位置上又太偏西，长期远离本区域经济发达的重心珠三角地区以及当时贯通世界东西方的深水主航道，所以粤西地区的航运虽然持续在发展，但是比较缓慢。北海港在香港兴起后，逐步发展了和香港的贸易往来。1864年广东红巾军起义，阻隔了西江水道，于是大量来往广西与珠江三角洲地区的货物便循南渡河到达北海出口，然后运往珠三角地区，但好久不长，红巾军起义平定之后，北海港便又好景不再。

到20世纪末，法国持续在越南北部进行扩张，为巩固其在南海北部的权益，有效的将中国南部与越南海防港连成一气，控制雷州半岛，牢牢掌控北部湾沿岸，同时借以南控海南岛，北则保持向两广内地以至中国西南云贵川地区的发展势头，架构其与将长江流域纳入自身势力范围的英国分庭抗礼的战略态势，法国于光绪二十四年（1898年）派兵强占广州湾，并于次年与清政府签订《广州湾租界条约》，正式租借广州湾，租期为99年。其后，法国开辟了广州湾东往广州，西往越南海防的航线。同年，清政府颁布《内港行轮章程》，既将全国内港向有约国家开放，同时也解除了民间经营船业运输业的束缚。由于在内河上，外商无法充分发挥船大的优势，所以漠阳江、鉴江流域民营木船业得以发展。光绪三十年（1904年），江门已有数艘轮船来往于电白、阳江和雷州各处进行沿海贸易。

第四章　广东海上运输与区外联系

广东航运地理与地区外部联系主要通过海上运输实现的。南洋的东南亚地区是广东航运联系最为密集的区域，集中体现在以南洋移民的方式实现区域间的航运联系，广东主要是人口输出的基地。广东与闽台地区的联系也极为密切，主要体现为在海防上的相互支持与协作。广东与更远地区的联系，则主要通过远洋贸易实现，特别体现为广州通海夷道。当下广东与世界各地的联系更是结成了一个巨大的网络，成为21世纪海上丝绸之路的极为重要的组成部分。

一、南洋移民与东南亚

南洋地区一般是指今日的东南亚地区。经过几千年的以广东、福建人为主的移民活动，东南亚地区是中国目前海外华人、华侨最集中的聚居地。

早在秦汉时期，伴随着广东经中南半岛、南洋群岛到达印度沿岸的航线的开通，早期的广东人已经开始逐步移民于航道沿线。到魏晋南北朝时期，不只商人，一部分入印度求法的僧人亦加入到移民印度尼西亚等南洋群岛的行列。在漫长的历史时期，或由于经商，而需要在南洋群岛建立贸易基地，或由于被贩卖，经过长时间的发展，到了明代郑和下西洋时期，根据郑和随员马欢的记载，在爪哇岛杜板“此处约千家……其间多有中国广东及漳州人留居此地”，距离杜板不远的新村“原系沙滩之地，盖因中国之人到此并居，遂名新村，至今村主广东人也，约有千余家”[①]，苏门答腊岛上的旧港亦是“国人多是广东、漳、泉州人逃居此地”[②]，可见移居东南亚的广东华侨已经形成大的村落了。到了清代，以潮州人为主，广东人或沿粤东、粤西海岸西行，经琼州海峡，到达越南、泰国及南洋群岛的新加坡、爪哇等地，或由海南岛直航南洋群岛。1767年，在越南，“一厂佣夫至以万

① 马欢：《瀛涯胜览》“爪哇国”条，北京：中华书局，1985年，第16页。

② 马欢：《瀛涯胜览》“爪哇国”条，北京：中华书局，1985年，第26页。

计。矿丁艚户，结聚成群，其中多潮州、韶州人”[1]。随着华侨的日益增多，为增强自卫和免受当地土王勒索，华侨开始成立一种自由组合和共同参与管理的独立经营的商业或矿业集体机构，即“公司”。其中最有名的便是1777年成立的兰芳公司，它是由广东华侨罗芳伯于1772年带着一百余人自梅州来到加里曼丹岛开发矿业后，而逐步形成的。此公司的首领“太哥”例由梅州人担任，而副首领“副头人”例由大埔县人担任。当时兰芳公司非常庞大，管辖地区内人口已经有两万余人。潮阳及揭阳人此时亦于此地设置了不少公司。不过在鸦片战争前，广东华侨下南洋发展还是十分缓慢。其原因一方面是受明清政府海禁政策的影响，《大清律例》第225条即明确规定：“一切官员及军人等，如有私自出海经商者，或移往外洋海岛等，应照交通反叛律，处斩立决”。故而迁出较少。另一方面是葡萄牙、西班牙、荷兰、法国、英国等西方殖民者在进入东南亚后，为打击华商贸易及巩固自身对当地的殖民统治，不约而同迫害当地已经聚居历史甚久的华侨，甚至竟然公然屠杀，如1740年，荷兰殖民者在印度尼西亚发动“红溪惨案”，直接杀害1万余名当地华侨；西班牙于1603年、1639年、1662年三次大规模屠杀在菲律宾的华侨，总数量竟然高达近5万人之多。

鸦片战争后，国门洞开。此时西方殖民者在东南亚经营矿区和种植园需要大量廉价劳动力。往南洋地区贩卖华工的“猪仔贸易”开始兴起，英国、美国、法国等商船相继在广东沿海，利用引诱或劫持等手段，大肆进行此种贩卖人口的罪恶活动。第二次鸦片战争中，英法联军攻破广州后，此风更盛，前后被贩卖的人口高达上万人之多。1860年中英签署的《北京条约》准许英国招募华工出国，此后荷兰等国一体均沾，前往南洋群岛最主要的华工来源是人口众多，但非常贫困的粤东潮汕地区。大量当地人为谋生而以契约华工或其他劳工的名义而被贩卖，据统计，1869年从汕头到曼谷、西贡、新加坡为20824人，1870年为22282人，1871年为21142人。[2]前后三年时间即高达6万。在广州地区，以省城和黄埔为始发地，华工也被大量贩卖。由此，南洋广东华侨大增，湖广总督李鸿章在同治六年（1867年）奏折中提及：“查闽粤之人，其赴外洋经商佣工者，于暹罗约有三余万人，吕宋约有二三万人，加拉巴约有二万余人，新加坡约有十数万人，槟榔屿约有八九万人，新老金山约有二三十万人”[3]。清末驻英大使郭嵩焘于1876年赴英就任，路过南洋，在他的《使西纪程》中提及当时南洋华侨人数时云：“新加坡约二十万人，西洋人二千，番人及印度人盈万，余皆闽广人也，而粤人较多。据胡璇泽

① （越）潘清简等：《越史通鉴纲目·卷四十三》，越南1884年刻本，第1页。

② 肖冠英：《六十年来之岭东纪略》，广州：中华工学会，1925年，第96页。

③ 李鸿章：《李鸿章全集》“奏议三”，合肥：安徽教育出版社；安徽出版集团，2008年，第173页。

云，广属人已至七万之多”。[①]再验之以印度尼西亚，由于移民的进入，1860年，印度尼西亚华侨人数已经达到22.1万人，到1900年，已经增长到58.7万人，再到1930年，更增长为123.3万人，70年间共增长6倍。虽然此部分华侨不是全都来自广东，但广东人数量至少也能与福建华侨分庭抗礼。由于此时英国、法国等国在东南亚依旧持蔑视华人态度，特别是以荷属印度尼西亚为甚，为保障当地华侨权益，经清廷批准，并与英、荷兰、西班牙交涉，中国分别于光绪三年（1877年）置英属新加坡领事，光绪十七年（1891年）置英属新加坡总领事，光绪二十四年（1898年）置西班牙属菲律宾总领事，宣统三年（1911年）置荷属印度尼西亚总领事。广大南洋华侨亦大力支持国内建设和孙中山先生的民主革命，在航运业方面，即表现在经营广东沿岸航运，或经营广东至南洋航运。最著名的便是广东华侨张建三于1909年倡导成立华暹轮船公司，该公司长期航行于广东与暹罗之间，与德国、英国等轮船竞争而保持不败。到抗日战争时期，南洋华侨于1938年成立“南洋华侨筹赈祖国难民总会”（即“南侨总会”），捐钱捐物，积极支援内地的抗日战争。太平洋战争爆发后，日军占领了东南亚，对当地华侨进行了残酷的报复。

二、远洋商贸与亚欧陶瓷贸易

根据考古发掘，早在先秦时期，岭南地区就已经和中南半岛、南洋群岛地区发生海上交往。到了秦汉时期，岭南地区对外贸易以“犀、象、毒冒、珠玑”等海外奇珍异宝为主，从徐闻、合浦等海港进入本区，而广州则为这些珍宝的集中地。魏晋南北朝时期，随着海外贸易的发展，广州的对外航道已经超越马六甲海峡，横渡孟加拉国湾、波斯湾，进入红海，而与地中海地区相通，所以来广州通商的国家包括大秦（罗马）、天竺（印度）、狮子国（斯里兰卡）、占婆（越南）、丹丹（马来半岛南部）、盘盘（加里曼丹岛北部）、诃罗丹（爪哇岛）、婆利（巴利岛）等。当时，广州等港主要输出丝绸、漆器等，而输入的外国商品主要是象牙、珠玑、玳瑁、犀角、琉璃器、郁金、苏合、兜鍪、沉檀、吉贝等。

到了晚唐时期，以印度尼西亚勿里洞岛附近“黑石”号沉船出土的6万件长沙窑瓷器[②]为标志，陶瓷逐渐开始成为当时海上丝绸之路上的重要商品，而且输出范围从东瀛日本一直到西部的南亚，甚至西亚北非地区。由此现象出发，日本学者三上次男也称海上丝绸之路为“陶瓷之路”[③]。“黑石”号沉船还出土了数量众多的广东窑口的瓷器，

① 郭嵩焘：《使西纪程》，沈阳：辽宁人民出版社，1994年，第10页。
② 焦天龙：《南海南部地区沉船与中国古代海洋贸易的变迁》，《海交史研究》，2014年第2期。
③ 三上次男：《陶瓷之路》，天津：天津人民出版社，1983年。

表明这艘船在辗转贸易的过程中，也接受了大量从广东沿海运来的商品。五代时期，外销瓷的主产地是由长沙窑转变为了越窑。到了宋代，陶瓷出口空前繁荣。宋代瓷器分为南北两大系统，北瓷以官窑、汝窑、钧窑、定窑为主，南瓷以龙泉窑为代表。除官窑专供宫廷外，其余汝、钧、定、龙泉诸窑皆有出口。高质量的瓷器出口又扩大了中国瓷器在海外的影响力，进而推动了中国瓷器的更大规模的出口。在瓷器出口的港口中，广州港占据了非常重要的地位，北宋人朱彧在其《萍州可谈》一书中提及："船舶深阔各数十丈，商人分占贮货，人得数尺许，下以贮物，夜卧其上。货多陶器，大小相套，无少隙地"。1977年在珠江口外打捞出的唐代陶瓷，小四耳缸及碗均套装在大四耳缸内，以实物资料展示了"大小相套"的陶瓷船运之法。在海外陶瓷市场取向的推动下，广东的陶瓷业飞速发展。广州西村窑、博罗窑、惠州窑、佛山奇石窑、郁南南江口窑、封开都苗窑、潮州笔架山水车窑等，都是宋代广东陶瓷的重要产地。当时，广东宋瓷已经远销海外，肯尼亚哥迪、埃及福斯塔特遗址、伊朗内沙布尔、印度昌德拉瓦利、巴基斯坦斑波尔等地均有出土。元代时，因为泉州港的兴起，广东港口在全国地位有所下降。但是由于航运业总体还在发展，所以一些中小港口发展起来。扼闽广通道咽喉的潮州港，经过宋代的发展，到此时已经成为广东东部的重要陶瓷输出港。潮汕平原上规模较大、以出口外销瓷为主的洪厝埠、窑上埠、凤山村、石窑村等瓷窑所产产品，皆就近即从潮州港输往海外。潮州港附近之饶平柘林港此时因为地处潮州港与泉州港航道的中心，加之紧邻南澳岛，港内避风条件优越，所以也发展成为重要的对外贸易港口。至正十三年（1353年），柘林港还曾专门在港外兴建龟、蛇二塔用来供船只在进出港时进行导航。

明代初年，由于严格禁海，所以瓷器外运受到严重挫折。南海沉船中至今也没有找到明初代表瓷器——青花瓷外销的证据。但是随着明代隆庆开海，以及此时欧洲兴起了收藏中国瓷器的热潮，瓷器越来越成为中国运往西方的大宗商品。明代中期以后，景德镇民窑生产的青花瓷、五彩瓷，漳州窑生产的青花瓷、五彩瓷以及德化窑生产的白瓷成为主要外销瓷。清代外销瓷的主要品种则转化为景德镇窑民窑生产的青花瓷、五彩瓷和德化窑生产的青花瓷、五彩瓷和单釉瓷。[①]明清时期，特别是清乾隆二十二年（1857年）后，广州独口对外通商，当时大量青花瓷瓷器或是顺赣江而上，沿大庾岭路，顺北江而下进入广州；或泛舟而入长江，自长江口南下，经国内东南沿海航线而入广州，然后再行销世界各地。

① 粟建安：《略谈我国沉船遗址出水的陶瓷器及相关问题》，厦门大学海洋考古学研究中心编：《海洋遗产与考古》，北京：科学出版社，2012年。

第五章　广东航运基础载体

从空间要素来看，沿海港口、内河港口是航运体系中的枢纽，水道、航线是航运的表现与航运实施的空间基础。通过对广东航运载体的梳理，我们可以更进一步理解广东航运经济的空间特征。

一、重点沿海港口

港口是航运体系中的枢纽，也对航道的具体走向具有十分重要的互动关系，是航运发展的重要环节。广东海岸线长而曲折，沿海港口众多，最为重要的是黄埔港、香港、澳门港、江门港、汕头港、湛江港。

黄埔港位于广州东南，距离珠江口63海里。此处水面宽阔，两岸有山坡阻挡，是一个良好的避风港。由于广州港内的珠江航道在历史时期岸线以平均每年60厘米速度向江心推进，所以广州的海港功能也逐步随之东移至黄埔地区，成为广州地区的最大海港。黄埔古港开始位于珠江北岸的扶胥，到了宋代，琶洲取代扶胥港，成为蕃舶的停泊之地。清代前期，黄埔港修建了人工码头。乾隆二十二年（1757年）洪仁辉（James Flint）事件后，广州独口对外通商。由于按规定广州港无法驶入，黄埔港成为外商海船在中国境内的唯一停泊点。到了近代，上海港开放，长江流域货物不再经黄埔港出海，且港口经济腹地又遭受太平天国运动的影响，所以黄埔港吞吐量开始逐步萎缩。港址也因为河沙淤塞，而迁至长洲岛。但其作为我国南方地区最重要海港之一的地位始终没有改变。据《黄埔港史》记载，从乾隆二十三年（1758年）至道光十七年（1837年）的80年间，停泊在黄埔古港的外国商船共计5107艘。乾隆二十二年（1757年），闭关自守的清廷撤销了江、浙、闽三海关，保留粤海关，指定广州为唯一对外贸易口岸长达80多年，这期间黄埔古港迅速发展，在这里有黄埔税馆、夷务所、买办馆等，外国商船必须在这里报关后由中国的领航员带商船入港，办理卸转货物缴税等手续，然后货物才能进入十三行交易。鼎盛时期，停泊在黄埔古港的外国商船共计5000多艘，而黄埔村也成为热闹繁华的古城，同时这种氛围自然熏陶了当地人的经商思想。后来因河道堵塞变窄，古港迁至长洲岛，沿用黄埔港，据说上海的黄浦江得名也与此古港的盛名有关。

香港位于珠江口外伶仃洋东侧，其港口主要集中于香港岛北部的维多利亚港区，是我国华南地区一个大型深水良港。近代以前，香港屯门即成为当时外国船只在进入广州港前停泊的重要地点。鸦片战争后，英国割占香港。黄埔古港、澳门港的在广东航运中的地位被香港随之取代。此后，随着第二次鸦片战争后，英国割占香港岛对面的九龙司地区，以及光绪二十四年（1898年）租借“新界”，香港逐渐发展成为远东地区最重要的自由港和中转港，航线遍及全球。香港的崛起，使广东众多港口的外贸很大程度上依赖于其转运，变成香港的中转港。改革开放后，珠江三角洲港口群的兴起，香港作为整体港口群的一部分继续发挥重要作用。

澳门港位于珠江口外伶仃洋西侧，是我国华南地区最早被西方占据的大型海港。嘉靖年间葡萄牙人强占不成后，转而行贿租借澳门，从而取得了澳门的正式居住权，以来进行贸易。此后，澳门港随着贸易开展而逐步繁荣，并且成为了当时外国船只在广东沿海的主要停泊港口。到十七世纪，澳门已经发展成为西方国家在东方进行国际贸易的中继站，事实上成为了广州港的外港。对明末以降中西方文化的交流起到了重要的作用。不过，到了近代，由于轮船吃水日深，澳门因为没有深水航道而日渐衰退，被珠江口对岸的香港所取代。

汕头港位于粤东地区的潮汕平原，是韩江流域榕江、梅溪的出海口，也是粤东地区最大的港口。其港口在妈屿岛之西，港阔水深，经济腹地主要是粤东地区的韩江流域，以及闽西赣南地区。汕头港是近代以来才发展起来的大型海港。第二次鸦片战争后，因为具有深水航线，汕头取代潮州港，成为对外开放的港口之一，对外开埠。其主要货物方向长期以来往北方各口岸为主，与粤中、粤西地区的来往反在其次。抗战时期，由于广州沦陷较早，汕头港便成为广东省乃至华南最大的对外贸易港口。1941年太平洋战争爆发，香港沦陷，汕头港才最终被日寇控制。改革开放后，汕头特区设立，汕头在对外开放方面承担了一定的功能。而从历史上看，潮汕地区最主要的是柘林古港、南澳岛以及樟林古港。100多年前，潮州、澄海、饶平、南澳四县（市）在樟林交汇。樟林古港以其得天独厚的地理位置，成为潮汕以至粤东和闽南地区出海的一个主要港口，繁荣兴盛达百年以上，据说，当时国外的来信只要写有“中国樟林”即可送达。而随着商贸越来越频繁，它也自然而然地成为粤东乃至毗邻诸省移民出国的重要口岸，沿海各省商贾渔船，来往更加频繁，据不完全统计，明清两朝到海外谋生的先侨，60%以上就是从这里出发。由于樟林地理位置优越，开禁通商后，各地商船纷至沓来，常年在港口穿梭聚集。每年夏季，商船或北上苏州天津贩回棉布药材，或是南下印尼、马来西亚等南洋诸国，运回大米木材等等。当年为方便船运，商人们前后共建141间铺屋，沿着内港两侧排列，共组成八条街，外有六村环绕，故有“八街六社”之称，后又增建3条街和许多铺屋，方圆十多公里。新兴街就是其中保留完好的一条，今天仍可以看到“安平栈”的栈号留存。

湛江港位于粤西地区雷州半岛广州湾内，港口有硇洲、东海等岛环绕，避风条件甚佳，是一个大型深水良港。湛江港在清代称为赤坎港，商贸便利，开设有闽浙会馆、广府会馆、潮州会馆等诸多会馆，昭示了本地的繁荣。光绪二十四年（1898年）法国派兵强占广州湾，将湛江港设置为无税口岸。抗日战争爆发后，因为湛江港属于法国管辖，所以在北海、琼州港相继沦陷后，一度进出口贸易迅猛增长，直到1943年被日军占领。由于湛江港是粤西地区少有的深水大港，所以发展前途甚是广阔。湛江周边是古合浦、徐闻港所在地，更是海上丝绸之路的起点。海上丝绸之路始发港——徐闻古港遗址位于徐闻县西南五里乡的二桥、南湾、仕尾村，距徐闻县城10公里左右，东为粤海铁路通道轮渡码头，北为那干溪，西临大黄乡华丰岭，南临大海峙三墩。该遗址面积约100万平方米。丘陵地貌，港湾濒连，有南山港、三墩港（古讨网港）、港头港、麻练港、华丰港。那干溪自二桥村后流出东岗洋入海，淡水供应长年不断。气候温和，潮汐为“半月流东半月西”。

二、代表性内河港口

广东境内水系发达，形成了遍及全省的内河航道网。在长期的航运中，形成了广州港、佛山港、韶关港、肇庆港、惠州港、潮州港等一批重要的代表性内河港口。

广州港位于珠江水系下游，北江和西江汇合处。良好的地理位置与河道含沙量少，使广州港成为我国为数不多的两千年来一直使用的港口。初期，广州港是河、海兼备港口，不过后来随着广州附近珠江水面的日益狭窄，所以黄埔港崛起，逐步取代了广州港的海港功能。广州港历史悠久，到唐代时已经发展为世界东方大港。清乾隆二十二年（1757年），广州成为中国唯一对外贸易地区，经济腹地遍及全中国，所以货物经由北江、西江、东江，开始经芦苞涌，后来经西南涌，源源不断运往广州。此后，直至今日，广州港一直保持了华南地区枢纽港的地位。佛山港位于西江、北江汇流处三水通往广州的航线上。由于大庾岭路通往广州的水路变迁，佛山港迅速发展为珠江三角洲地区的中心港。汾水正埠码头和关帝庙码头共同构成了佛山港的主体。佛山港不只和广州港联系密切，同时与西江下游江门以及沿海澳门等港口亦往来频繁，商品荟萃，是清代中国与湖北汉口镇、江西景德镇、河南朱仙镇并列的四大名镇之一，对广东内河航运业的发展影响甚大。陶瓷、纺织、铸造、医药四大行业鼎盛南国。清末，佛山得风气之先，成为中国近代民族工业的发源地之一，先后诞生了中国第一家新式缫丝厂和第一家火柴厂，并建立了“南洋兄弟烟草公司竹嘴厂”。佛山狮头、佛山扎狮和佛山灯色工艺名扬海外，中国南狮在广东，佛山是南狮的发源地，有“狮王之王”之美誉。佛山的铸造业始于西汉，到明代佛山的铸造技术已达相当高的水平，成为南中国冶炼中心，以至“佛山之冶遍天下”。

图2-5-1 古代作业场景图——生熟炼铁炉

（图片来源：《天工开物》）

韶关港位于粤北地区北江东源浈水与西源武水的交汇处，是粤北地区最重要的内河港口。在历史时期，韶关地当南岭孔道，从广州沿北江，顺浈水通往江西的大庾岭路是唐代之后，南岭最重要的南北交通干线；武水通往湖南的道路亦是当时的主动脉之一，所以在韶关一时广店林立，经济十分繁荣。

肇庆港位于西江航道沿线，同时通过新兴江亦能与粤西地区的漠阳江来往便利。受益于广西米谷等商品的大量东运，肇庆港来往商船众多，同时设有大型粮仓，专门存贮广西米谷。著名税厂——黄江厂即设置在肇庆港附近，年征税达白银28600两以上。

惠州港位于东江与西支江汇流处。由于惠州是粤东地区连通广州的航线上的重要交通枢纽，所以从东江上游龙川、河源，西支江上游惠东等地下行商船，广州、东莞等地上行之船均在此停泊。由于粤东地区的潮汕平原人口众多，地亩又少，是广东省最大的粮食需求地，米谷等粮食贸易巨大，所有惠州港成为了东江地区著名的米谷集散地。

潮州港地处韩江下游分汊入海的咽喉地区。韩江上游梅州、汀州等地商船，以及沿海地区商船均停泊于此，形成了粤东地区最大的食盐集散地。潮州港在清代设有广济桥税厂，年收税款在12000两白银以上。

三、著名水道与航线

水道是广东航运网的骨架，也是航运业赖以存在的基础。在两千余年的历史中，广东主要形成了西江水道、北江水道、东江水道和韩江水道等四条大型著名水道。

西江水道主要依托西江水系而成，是广东历史最为悠久的水道之一，同时也构成了广东联系广西、贵州、云南的航运网的主动脉。这条水道一方面是历史上沟通南岭南北的越城岭路重要组成部分，自湖南永州沿漓江而至梧州，然后在封开县进入广东境内；一方面也可以由封开逆流而上，沿西江水道到达梧州、桂平、来宾、柳州、南宁等广西腹地。进入广东后，西江水道相继经过德庆、肇庆等河港，到三水后，一路可以通过佛山港直达广州，然后从虎门出海；一路可以继续沿西江而下，经江门港等至磨刀门入海。在清代，此条水道是滇铜外运的重要途径，同时构成了广西粮食输入广东的最重要通道，乾嘉时期估计每年高达300万石。广西的柴薪、药材、蓝靛等商品亦沿西江而下珠江三角洲地区。广东的手工业品，如土布、佛山铁锅农具等亦沿此水道西入广西各地。到了20世纪末，西江全线被迫开放，三水、广西梧州、江门相继开埠通商，三水至广西梧州段的航运增长迅速。西江航运由于在联系华南沿海与西南内陆的重要价值，在近代逐步超越北江航运，成为广东最主要的内河通道。

2014年7月，国务院批复《珠江—西江经济带发展规划》，明确“以珠江－西江干线航道为核心的综合交通运输体系基本形成”的发展目标。规划要求，以珠江－西江干线航道为主通道，构建互通两广、连接东盟、通达港澳、辐射云贵、江海联运的综合交通运输大通道。西江航运干线是连接东、西部地区的“黄金水道”，是全国水运建设重点“两横一纵两网”主通道中的“一横”。为增加西江通行能力，西江（界首至肇庆）3000吨级航道扩能升级工程也正加快实施。

北江水道主要依托北江水系而成，同样是广东历史最为悠久的水道之一。自唐代张九龄开通大庾岭路后，在历史时期长期扮演了沟通广州与长江、黄河流域最重要的交通干线的角色。此条线路可以一分为三，主干线即大庾岭路，从江西赣江南下，从江西省大余县翻越梅岭后，沿浈水，而至韶关，然后南下广州；一路可从湖南郴州南下临武县，然后自乐昌市进入广东省，在韶关大庾岭路相通，然后南下广州；一路可从湖南道县沿耒水南下，翻越骑田岭后，沿连江顺流而下，从英德进入北江，然后南下广州。此条线路在广州独口通商时期，是南方外国贡使和北方及江淮地区丝绸、陶瓷等大宗商品进入广州的最佳陆路通道，同时，也是北米南运，南方热带水果如荔枝、纸张等北运的重要通道。不过自近代，中国被迫对外开放诸多海港后，此路地位下降，而仅仅成为沟通广东南北的水运通道了。历史上，北江素有“黄金水道”之称。然而，受到通航能力掣肘，北江的年货运量仅2000万吨，丰水期塞船也成了北江上常见之景。北江兴衰，关乎粤北兴衰。作为珠江的第二大支流，北江是清远、韶关等粤北地区经济发展的水上动脉，更是两市与珠江三角洲地区乃至港澳地区连接的唯一一条航道。北江航运是广东海陆丝绸之路的重点方向，具有历史意义。

东江航道主要依托东江水系而成。在历史时期，东江航道是沟通粤中珠江三角洲与粤东潮汕平原的最重要通道。从潮汕平原溯梅江而上，在五华县翻越岐岭后，在龙川县老隆进入东江航道，至此顺流而下，经过河源、博罗、惠州、东莞石龙后，或西去广州，或入狮子洋，从虎门入海。米谷贸易是此条航道上重要的大宗商品贸易，广西大米由此航道进入粤东为数甚多，从东江上中游运往下游惠州、东莞等地米谷亦甚可观。同时，由于清代政府强令所有生铁需运到佛山加工，所以粤东潮州、惠州等地所产生铁亦由此航道运往佛山，并从佛山运来铁锅、农具等手工业制品。到了近代之后，潮汕平原物产不再通过东江航道运往广州出口海外，东江航道也逐渐变为粤东地区的一条地方性水运通道。韩江航道主要依托韩江水系而成，构成了潮汕平原内部航运网的主架，同时通过岐岭，韩江航道与珠江水系形成水陆联运，成为本地区的交通大动脉。此条航线从梅州往下，沿梅江水道经过松口、三河坝等港，进入潮州，然后入海。同时，沿韩江支流汀江，还能联系闽西的汀州地区。在韩江水系下游地区，还有榕江等航道可通。通过与东江航道的接驳，此条航道是潮汕地区米谷的重要来源。梅江源头五华县的竹木、薪炭等也通过此航道运往下游，不过也正是由于上游地区树木开采过多，导致本地区水土流失加重，韩江航道也因滩多水少，受到了极大的影响。到了近代，汕头开港，韩江水系构成了汕头港连接内陆腹地的主干道。抗战初期，广州失陷后，韩江水系还实现了与北江东源浈水的水陆联运，为抗战后方输入了大批重要军事物资。

广东省海岸线漫长，大港良港甚多，除了众多内河航线外，还形成了众多海上航线，最典型的航线包括沿海航线、南洋航线等。

沿海航线是广东最先发展起来的航线。从广州通过珠江三角洲，经虎门出海，往东航行，可连通汕尾、惠来、汕头，抵达这一航线上最大的中转站南澳岛，然后继续沿海岸北行，抵达福建、浙江的各港口。同时，从虎门入海后，沿海岸往西航行，经历崖门、广海，可以达到阳江、湛江、徐闻、海口、北海等粤西海岸。在明清时期，由于大清律明确规定："一切官员及军人等，如有私自出海经商者，或移往外洋海岛等，应照交通反叛律，处斩立决。"只有从潮州自渡台湾的航线上，才在一段时期内允许持照渡海入台外，沿海客运在此时没有大力发展起来，而主要是用来运输货物，形成了"省城各船""佛山各船""澳门香山各船""潮州白艚贸易船""高州雷州贸易货船"等名号。这些货物从浙闽等省南下的主要是棉花色布，而北上的主要是糖、米谷等物。同时，由于经济发展水平差异以及腹地大小不同，各个港口货源不平衡，一般来说广州、佛山、江门、澳门等港一次即可满载，而在其他港口，则只好沿岸长途采购、多次装货后才能满载。到了近代，中国门户大开，英、法、美等国纷纷前来，利用安全系数高、速度快、时间准确的轮船，开通了从香港到汕头、厦门、湛江等沿海定期航线。

南洋航线的形成也经历了漫长的发展过程，是“海上丝绸之路”的重要组成部分。南洋航线主要有两条，一是从潮州、广州出发，沿粤西海岸西行，然后经琼州海峡，到中南半岛的越南、泰国和南洋群岛的新加坡、爪哇等地；一是出发过琼州海峡后，直接从西沙群岛渡海，径往南洋群岛。由于此条航线途经的西沙群岛、南沙群岛暗礁甚多，所以近年来不断发现的海上古沉船常常即位于此条航线上①。这条航线在初期是中国丝绸、陶瓷等大宗商品向印度、西亚北非乃至欧洲出口，同时进口玳瑁、珠宝、玻璃、香料等奢侈品的线路。新航路开辟后，随着西方殖民者侵入南洋，对劳动力的需求上升，因此大量广东潮汕地区的贫苦农民开始循此航线前往南洋群岛，使东南亚成为了今日华侨在全球最大的聚居地。

① 焦天龙：《南海南部地区沉船与中国古代海洋贸易的变迁》，《海交史研究》，2014年第2期。

★ 第三篇 ★

广东航运经济篇

广东航运经济发展，贯穿了漫漫历史长河，与不同层级的空间区域有着密切的互动关系。广东航运经济发展，不仅体现了航运在交通运输领域的重要作用，更体现了航运在广东经济社会发展中的长期影响，同时也是理解广东在全国的经济社会地位的重要维度。理解广东航运经济发展，就需要从多个角度去探讨广东航运经济的影响。本篇首先考察广东航运经济三大功能，从物资、人员、信息文化等要素角度分析航运经济功能的表现与特点；进而以典型的产品为例，分析航运经济背后所涉及的经济联系、产业组织等问题；再而梳理了历史上航运经济的主要领域与表现形式。航运经济发展贯穿广东经济社会发展的主线，为广东在物资、人员、信息文化的国际性与区域性交流做出了巨大的历史贡献，同时也是对接国内外供给需求，实现产业组织与贸易互动的基础性支撑，更是形塑了具有广东特色的外向型经济特点。

航运经济地位是综合反映广东航运经济在行业内、在区域内、在区域关系中以及在社会经济互动中的地位与作用（见表3-1）。广东航运经济，在漫长的历史过程中，所发挥的作用与表现形式有很大变化。广东航运在促进区域经济融入中原地区、开拓世界市场、沟通海上丝绸之路等方面，具有独特作用。广东航运在隋唐时期出现第一发展高峰，是海上丝绸之路建设的基本载体。在改革开放后迎来新一轮的发展高潮，航运具有深远的经济文化影响。现代条件下，航运经济与流域经济有着密切的相关影响[①]。

表3-1　航运经济地位演变分析表

航运经济地位	影响	重点区域	历史阶段
南中国开疆拓土，联系南洋	受中原影响、辐射南洋	灵渠、番禺	秦汉
广东内外航运体系形成	广东的南大门地位进一步确立	南岭、徐闻、西江—湘江通道	魏晋南北朝、隋朝
古代海上丝绸之路核心	印度洋、东南亚	广州：远洋航运中心，海上丝绸之路发祥地	隋唐
水路丝绸之路通道打通	长江流域与珠江流域相互打通	北江—赣江；北江—湘江通道	唐宋

① 刘超：《珠江航运与流域经济发展的相关性研究》（学位论文），武汉理工大学，2005年。

（续上表）

航运经济地位	影响	重点区域	历史阶段
面向南洋市场的东南亚贸易中心地位	广东组织了东南亚经济活动	中唐起，我国的棉布、瓷器、桂皮进入东南亚，东南亚的燕窝、苏木、番银进入广州	唐宋
珠三角水乡网络、密集的与生产生活相互交融的水运体系	珠三角本地生产生活、经济中心南移、中原移民进入广东	珠三角地区本地	宋代
依然是海外贸易的重要基地	泉州的兴起，海上丝绸之路链接到东南沿海各地	泉州、广州的海上贸易格局	元代
国门要冲与独口通商	东西方文化交流的大门，如传教、科学精神传入等	广州—欧洲	明清
太平洋上的丝绸之路	明代，广州往返拉丁美洲的航线开辟	广州—墨西哥阿卡普尔科	明清
南中国对外贸易中心，上海超过广州	上海由于更宽腹地及位置优越，超越广州的航海地位	上海、广州	民国
海上名粤，21世纪丝绸之路建设的排头兵与主力军	在改革开放中处于引领地位，促进广东开放型经济	广东—东南沿海、广东—港澳	改革开放以来

广东成为外经贸第一大省绝非偶然。在会展经济风起云涌的今天，每年春秋两季定期在羊城举办的广交会，仍是一张最能吸引世界各地客商眼球的中国“名片”。[①]创办以来很长一段历史时间里，广交会是我国唯一的对外贸易窗口，至今仍是我国规模最大、层次最高、商品种类最全、到会客商最多、成交效果最好的综合性国际贸易盛会。可以说，世界通过这里发掘商机，中国通过这里走向世界。如今，在互联网电子商务迅猛发展的时代浪潮下，广东跨境电子商务也取得令人瞩目的成绩。据估算2013年广东完成跨境电子商务零售进出口交易总额约200亿美元，占同期全国跨境电子商务零售交易额约七成。如果对当今经济走势和海运地位稍加留意，就能发现船舶和航运业的发展有着深刻意义。2013年，中国进出口总值突破4万亿美元，超过美国首次位列全球货物贸易第一席位。其中，广东坐拥良港，是外贸大省，进出口总值多年位列全国第一。另一组数据显示，中国93%以上的外贸运输通过海运完成，其中，重要能源原油运输约95%以上靠水运，铁矿石约99%的运输渠道靠水运。在亚洲,尤其是东亚,已经成为世界上最大的原材料进口地和最大的

① 田磊：《广交会的前世今生》,《南风窗》，2006年第20期，第26-31页。

② 明明：《大宗物资走向演绎全球航运格局》，《中国水运》，2008年第10期，第34-35页。

制成品出口地,从而成为世界海运业发展的动力中心[②]。广东有可能在海运业快速发展中争取更为有利的地位。

广东或广州不是唯一的海上丝绸之路发祥地，但广东特别是广州在海上丝绸之路发展过程中的地位绝对是独一无二的[①]。广州港口的发展持续了2000余年，历久不衰，这就是在全世界的港口中也是比较少见的。广东海上丝绸之路发展过程中体现出了难能可贵的“延续性”。广州对外贸易的经久不衰并非是顺境时的荣耀，而是在竞争中的雄起。[②]“人们通常认为元代广东的广州海外贸易不及附近的泉州，实际上在元代后半段，广州已逐渐赶超了泉州。”元初，广州海外贸易受战争重创。但在元至元三十一年（1294年），广州就重新设置了转运市舶提举司，三司（广州、泉州、明州）并立的格局再度重现，泉州一家独大的地位已开始动摇。[③]

到了元朝后期，随着外贸官办色彩淡化，普通商人恢复了在外贸中主导地位，同期的泉州却饱受倭患所扰，广州开始加速复兴。“元代的船只相当依赖风力，外商开船来华，到达广州的时间比其他港口早。而返程时，如从广州出发，又可较晚回航。这无形中减少了错失风期的危险，也延长了贸易时间。”黄启臣认为，除地理位置外，广州开放宽松的商业氛围也是外商青睐广州的重要原因，“元政府一放松干预，就有越来越多的外商选择广州作为出海港和回帆地，广州港口的地位也迅速回升，并在元末再次成为了中国对外贸易第一港。”广州很早就是中国通往欧、美以及南洋诸国最近的航线起点。广州城市由华洋贸易而兴起，也由于华洋贸易的持续发展才能历久不衰，成为非常重要的港口都会，积淀了深厚的蓝色历史文化。[④]广州是广东航运文化的精华所在。

由此，我们可以获得广东航运经济发展重要的历史启示：

1.面向海洋的航运经济特点是广东发展的历史基础

广东在海上丝绸之路中地位独一无二，这种历史的自豪感与责任心必须同时作为广东未来发展的基本心态。

---

① 杨久炎、林涛、陈少华、李启华：《广东在海上丝绸之路形成和发展中地位与作用》，《广东造船》，2015年第3期，第25-28页。

② 徐俊鸣、郭培忠：《略论古代广州在海上“丝绸之路”的地位》，《热带地理》，1983年第3期，第49-56页。

③ 《南方日报》海丝采访组（主笔钟啸）：《广东为海上丝路贡献了什么？》，《南方日报》，2014-07-31A06。采访稿中采访黄启臣教授时提到广州与泉州历史地位的比较问题。

④ 牟方君：《大航海时代华洋贸易与交流中的广州航运文化》，《广州航海高等专科学校学报》，2011年第3期，第33-36页。

2.河运与海运的相互衔接与配合是保持航运经济活力的基本动力

珠江与南海赋予了广东“江海一体”的航运经济空间格局，这一格局是航运经济文化乃至广东经济文化得以形塑的基本地理格局，也是具有深远影响的人文坐标。

3.在大区域的协作中发挥航运经济的作用是广东的战略选择

广东航运经济的发展无不伴随着大区域的密切互动。广东加快对大区域合作战略的研究与布局，对于积极发挥在海上丝绸之路中的核心作用有着重要而深远的影响。

4.航运体系与产业体系的相互配合是竞争活力的源泉

航运经济无法独立于其他产业的支持。航运经济与具体产品、产业的密切联系是其活力的关键。推进航运体系建设与广阔腹地内的产业体系的密切联系，无疑是我们从历史观察中所应获取的宝贵经验。

5.外向航运经济的负面影响是必须长鸣的历史警钟

航运经济的影响深远，除了有正面的价值，我们还应关注到外向航运经济中蕴藏的凶险与危机。第一种危险是航运经济的主导权被外部势力所掌控，航运经济就会成为区域发展中深受剥削与掠夺的工具。第二种危险是负面商品的大规模输入。鸦片等商品的发展历史表明广东航运经济文化建设必须对外来商品安全有着足够的认识。第三种风险是政府监管的缺失。在航运经济快速发展的同时，会有一部分脱离政府监管之外，这就要求政府要适应时代与经济发展要求，转变职能，提供更全面的服务。同时要注重出入境便捷化，让惠于民。

第一章　广东航运在海上丝绸之路上的功能性作用

航运经济功能是指航运作为一种交通运输方式，在广东对内、对外的经济与文化往来中起到的人员、物资与信息等的交流作用。航运经济功能，是航运交通方式在经济发展中的主要作用，是古代广东对外及内部人员、物资与信息交流的主要手段。航运经济形塑了广东文化的内核。广东文化精神的重要特征，包括了开放、包容、务实等特质。这些特质跟历史上的航运经济发展有着深刻的关系。广东的民风民俗、建筑形态、语言等的形成与发展，也与航运经济等有着千丝万缕的联系。因而可以说，航运经济功能是航运经济文化的支撑与基础。

一、广东航运经济概况

航运在广东社会经济发展中担负着重要的人员、物资、信息等的流动与交换功能。航运是人员、物资、信息等通过水上通道，依托一定的科技发展条件，在指定时间内以某种形式完成空间上的移动与传输功能的形式。这是航运作为综合交通运输手段之一的必然体现，也是航运经济进一步形塑广东社会经济文化的基础。

（一）航运经济功能体现为人员、物资及信息的空间移动媒介功能

航运经济文化具有十分丰富的形式，航运在社会经济发展中的功能主要体现为提供空间移动媒介的功能。这种功能的具体表现形式同样十分广泛，归类整理可以知道，包括物资流动、人员移动以及信息（文化）交流等方面。航运经济功能，是利用内河或海洋等条件，依托航船及码头等配套条件，实现在不同地点间的人员、物资与信息交流。

从物资空间移动的类型来看，航运随着历史时期不同，侧重不同物资，如粮食、煤油、煤炭、石油、工业原料、出口加工产品、优势特色产品、供港特色产品等[①]。物资流动通常以贸易的形式出现，在特定的战争时期，物资流动也可能体现为军需物资的移

① 唐丽敏、王晶：《世界航运中大宗物资货流区划》，《大连海事大学学报》，1997年第4期，第50-62页。

动。比如，明清时期是小农经济与商品经济相结合的时期，由于良好的自然条件和特殊的社会环境，广东农业、工业和商业得到迅速发展，航运经济在工农业商品化的进程中起到极为重要的作用①。航运经济的拓展，既满足了国内需求，又有出口贸易。

从人员的移动来看，有区域内生活与生产活动的水上移动、河道摆渡渡口、军队调动、商业人员流动、远洋人口流动、旅游休闲活动等。在不同的历史条件下，大规模依托航运的人员流动主要体现为军事目的、移民目的②以及商业目的等。航运经济甚至对于理解一段历史时期内人口迁徙等有着极为重要的作用，对于加强华侨的地理研究也会有很好的帮助③。

从信息、文化的交流与传播的角度看，航运承担着不同区域之间文化、信息相互沟通的作用④。当然这种作用的发挥需要建立在人员和物资流动的基础上，但又不仅仅局限在人员与商品的流通上。这里有两个维度，一是广东通过航运路线，向其他地区辐射扩散中华文明、传播粤商文化；二是世界各地的文明形式，通过航运进入广东并影响中国。

（二）航运经济功能与特色产品、与产业类型紧密结合

航运经济功能具有运量大、运距长及对水文条件的依赖性强的特点。航运经济一般需要依托航运载体——船舶。船舶承载的往往是目的地亟需的产品、商品。这种特色产品，如陶瓷、丝绸、香料、茶叶等，又会在发源地形成产业体系⑤。围绕着特色产品的整个航运过程，又会形成独特的行业组织模式。

航运特色产品会随着时代而变动。航运的产品或商品，与目的地的大宗需求及发源地的供给能力等有着密切关系。一直以来，中国就是丝绸、陶瓷的主产地以及主要供给地。随着商品经济的博兴和贸易对象范围的扩展，广东进出口的商品也发生着相应变化，秦汉时期以丝绸、漆器、铁器为主，而进入隋唐之后，陶瓷兴起，瓷器又成为当时出口的新兴商品。明清时期，棉布也跻身主要出口商品之列。

航运经济特色产品背后，往往有着巨大的产业网络或产业链条。比如陶瓷产品的航运经济，其背后是独具特色的陶瓷烧制产业体系。宋朝是我国瓷器生产发展的繁荣时期，名窑层出不穷，花色品种繁多⑥。据考古学家发现，全广东省有宋窑80多处，估计

① 王新茹：《明清时期广东经济地理》，《中国市场》，2010年第39期，第130-131页。

② 王小丽：《秦汉时期岭南移民问题研究》（学位论文），河南大学，2010年。

③ 于亚娟、吴宏岐：《华侨华人历史地理研究刍议》，《东南亚纵横》，2012年第1期，第47-52页。

④ 王心明、李向文、许杰：《航运文化内涵的解读》，《世界海运》，2012年第6期，第1-4页。

⑤ 朱鹏：《明代与清代前期广东的海上丝绸贸易》（学位论文），暨南大学，2003年。

⑥ 曾广亿：《广东瓷窑遗址考古概要》，《江西文物》，1991年第4期，第105-108页、第84页。

年产瓷器1.3亿件，为唐代的22倍之多。

（三）航运经济功能最普遍地体现为贸易活动形式

航运经济横跨两个区域之间，往往有着深刻的贸易需求。正是在利益的驱使下，历代航运人远涉重洋、跨越流域、水陆联运，致力于商贸活动的开展。广东得天独厚的海陆相接及历代各具特色的航运经济政治条件，为航运贸易开展创造了基础条件。

贸易与航运的关系十分紧密。历史上，贸易已有很多是通过陆路交通的方式。但在陆上交通相对不发达的古代，水运的重要性一直都是无可替代的。更进一步，水陆之间的相互衔接与促进，更是对航运的重要支撑。

航运的军事与政治目的在一定的历史时期内也会成为主要方式。这种军事与政治目的往往是伴随着疆域的开拓、区域作战或战争备战等目的而实施的。在一般的和平年代，航运更多地运用在和平的贸易方面。

航运的贸易一般要求进出口平衡。这种平衡会体现为运量的平衡或价值的平衡或者运输力量的平衡。如果失衡，则往往意味着更深层的特色、矛盾或危机。比如，明清时期的中国通过广东进行外贸，出口依靠陶瓷、丝绸、茶叶等大量地获取白银，进口的商品却较少，相对失衡。这对于欧洲国家来说，是一种货币的输出，以至于后来需要大力输入鸦片等产品来维持白银的货币平衡，并为未来的鸦片战争埋下伏笔。

贸易与航运行业监管方式对航运经济功能有着深刻的影响。贸易与航运经济是国民经济的重要组成部分。政府的航运经济的监管，一直以来未曾断绝。当然，每个朝代有每个朝代的特色。秦汉时期，航运经济在全国经济中的比重很小，航运经济的监管处于探索及起步阶段。唐宋阶段，航运经济的重要性日趋明显，因此形成独特的管理机构——市舶司。明清阶段，广东形成了“一口通商”的特色现象，同时航运经济在国民经济中的重要性日益增强，监管方面更是倾注了更多关注。随着粤海关的建立，航运经济监管方式也逐步向现代转型。1822年，广州十三行一带有5000余家专营外销商品的店铺，约25万匠人专门从事外销工艺品的生产和制作，涉及漆器、银器、瓷器、纺织、绘画、雕刻等各个行业[①]。

航运经济功能实现立足于具体的贸易航线与相关的航运科技发展水平。航运经济功能的实现是与不同历史时期的航运科技水平密切相关的。船舶制造技术、航海技术等的发展，极大地支撑了航运经济的发展。而码头规划布局与建设等，也同样对航运经济功能的实现有着重要的影响。随着贸易范围的扩大以及航运技术进步，航运经济功能实现同样也有了更为坚实的技术基础。

---

① 美国人福布斯在《1825年—1830年广东店铺》中记载。转引自广东省博物馆研究馆员白芳博士，http://www.meishujia.cn/?act=usite&usid=1534&inview=appid-13-mid-21261&said=545。

二、货运物资转运功能

物资转运始终是航运经济功能的核心。这种物资转运，是在区域间借助包括内河航运及海运等多种水运方式进行物资的空间移动。其目的主要是贸易，但也有一些带有政治、军事甚至宗教文化方面的目的。物资转运包括了输入与输出两个方向，包含了内河航运与海洋运输等方式。《广东新语》①中详细列出了西洋各国贡品，品种之多令人眼花缭乱。中国在朝贡贸易②中，朝贡仅是其中之一，贸易则是主要部分。这种贸易，以官方为主，郑和下西洋时，宝船上有买办、书算手，进行的是互惠贸易、公平贸易、诚信贸易，同时默许私人贸易，特别是对来华的帆舶夹带番货私下贸易，朝廷并不追究，对此《明史》也有记载。中国明朝廷赠送的物品远远大于朝贡的礼品，中国的《大明历》（历法）、丝绸、瓷器、茶叶、中草药、铜钱、铁器、土特产等通过赠送或贸易传到国外。做到了物质上互通有无，科技文化上传播与交流，国际关系上友好往来。

在和平年代，物资转运大量地以物资贸易的方式实现。中国以农耕文化为特点，海洋运输的贸易物资转运以特色产品输出为主。直到西方工业化盛行之后，才出现工业产品大量输入中国的过程。随着改革开放历史进程的开展，广东航运物资呈现进出相对均衡的发展态势。

表3-1-1　历史上航运经济物资流通功能的代表形式

航运经济形式	源头与去处	地名	作用
丝绸贸易	广缎以及来自于四川等的丝绸销往南亚、西亚	徐闻、广州	秦汉出口丝绸为主，但丝绸并不是一直以来海上丝绸之路大宗商品
陶瓷贸易	潮州笔架山窑、广州西村窑、连州窑等销往南亚西亚	拓林古港、广州等	唐宋陶瓷出口
茶叶贸易	乌龙茶、红茶等从南中国销往欧洲	广州等	茶叶传入欧洲
珍宝贸易	用黄金、丝绸等换回印度、斯里兰卡的珍珠、绿宝石等珍宝，还有非洲象牙等	徐闻、广州等	古代进口商品，成为不可多得的社会奢侈品
粮草运输	秦王朝修筑灵渠，运输粮草，平定南方	灵渠、广信、番禺、桂林、象郡等	航运为军事行动提供支持，为维护帝国版图提供保障
鸦片进入中国	鸦片传入中国	广州、虎门	贸易不平衡带来鸦片贸易并进而引发鸦片战争

① 屈大均：《广东新语》，中华书局，1997年。

② 李燕：《明代朝贡贸易体制下澳门的兴起及其与广州的关系》，《热带地理》，2013年第6期，第756-765页。

广东航运的物资转运功能拥有大量的历史物证。最典型的例子之一来自于南越王墓中的银盒[①]。发掘于1983年的南越王墓是一座凿山为藏的石室墓。在2000多年前的广东，已经拥有了一个只能来自于航海远方的物品，存放在南越王墓内。一个角落里，寂寞地呆着一只银盒，既不成对也无匹配，孤零零的。这银盒扁球状，盖与器身相合处的上下边缘各饰有一匝穗状纹带，谷粒样凸起，表面附着轻纱一般薄的鎏金，在昏黄灯光下透着几分异域风情又带着历史的沧桑[②]。这是来自波斯帝国时期（公元前550年—前330年）的舶来品——银盒，经过最早一批“海上丝绸之路”的运徙，漂洋过海来到南越国，得了南越王喜爱，存于墓穴内伴王长眠。

“南海一号”等古沉船[③]，更是记录了广东航运经济的物资转运功能。“南海一号”是一艘在海上丝绸之路向外运送瓷器时失事沉没的南宋初期古船，沉没地点位于阳江市南海海域。“南海一号”是迄今为止世界上发现的海上沉船中年代最早、船体最大、保存最完整的远洋贸易商船，它将为复原海上丝绸之路的历史、陶瓷史提供极为难得的实物资料——主要是宋代产自广东周边的瓷器，甚至可以获得文献和陆上考古无法提供的信息。

三、人口流动功能

物资的流动是经济互动的主要形式，而航运经济带来的更为广泛而深刻的影响，是人的流动。人既是信息的载体，贸易的主体，更是文化的机体。航运本身，就是不同区域之间人口流动的手段和依托。向海而生的广东人逐潮而居，目前3000多万海外华侨华人中，广东籍占2/3强，一举奠定全国侨务大省之地位。航运经济在广东人口向外迁移的历史过程中，起到无可替代的关键作用。

表3-1-2　历史上航运经济人口流动功能的代表形式

航运经济形式	源头与去处	地名	作用
中原移民、军队移动	形成海陆丝绸之路	灵渠、潇贺古道等	中原长江流域跨越南岭双向流动

① “海上名粤”系列报道组：《海上丝路最远到过哪儿？》，《南方日报》，2014-07-04。

② 此银盒是1983年在广州西汉南越王墓主人棺椁的“足箱”发现的，因其新颖而独特的凸纹而为人注目。因为这件器物与同一时期西亚波斯一带的器皿风格极为接近，所以专家称之是岭南最早的“舶来品”。参见人民网：《波斯来风：南越王墓银盒》，http://politics.people.com.cn/n/2014/1016/c366035-25846963.html。

③ “海上名粤”系列报道组：《海上丝路主要交易了什么？》，《南方日报》，2014-07-11。

（续上表）

航运经济形式	源头与去处	地名	作用
向海外移民，下南洋谋生	从沿海贫穷地区，往东南亚地区移民	台山侨墟、梅州松口镇、樟林古港	沿海人口借助航海向东南亚岛国迁移，同时也实现了中华文化的传播扩散
传教人、商贸人聚居区“蕃坊”	唐宋时期阿拉伯、波斯穆斯林侨民在广州聚居区	珠江北岸的广州府城西南部之海山楼等地	航海来到广州，并以宗教传播、经商贸易等从业形式定居广州
“卖猪仔”	广东华工大规模出现在南美洲、北美洲、澳大利亚	新会金牛山华侨义冢	运送广东契约华工到各大洲

人口的流动是多维的，双向的。航运除了促进广东人口向外流动，更是承接了外部人口进入广东。国内的，通过海陆丝绸之路的通道，广东在历次的人口迁移中依托航运，承接了北方迁入的人口。国外的，通过海上丝绸之路，广东承接了来自西亚、欧洲的大量商贸人员，甚至，还形成了外国人聚居的社区。

蕃坊，顾名思义，是“蕃人”聚居之处。唐宋时期，“蕃商”“蕃客”的阿拉伯（大食）、波斯商贾到广州经商小住，聚居之处由此得名。据考证，蕃坊雏形出现在9世纪，在唐朝开元之前就已出现，位于当时广州城区的西郊，约在今天广州市越秀区的光塔路一带，光塔就是代表性的古地标[①]。坊内阿拉伯人、印度人、南洋人各自为治，各种生活传统交流并包，传承不歇。对此，宋人朱彧在《萍州可谈》一书中就进行了记载，虽然政权更迭，宋代仍因袭唐制，广州蕃坊的“国际化”有过之而无不及。

人口流动的目的与动机也是极为丰富的。有因为帝国开拓边疆的需要而进行的人口流动，如秦汉时期的平定岭南并定居岭南的军队等；有因为躲避战乱或者饥荒等迁入岭南的北方氏族；有因为商业贸易逐利需要而往来于广东的国内外商旅；有苦于无谋生出路而依托红头船下南洋的侨胞；也有以“卖猪仔”方式远涉重洋开辟金矿的契约劳工[②]。因为有了航运经济，人口的流动、融合成为历史可能。

① 南方报网：《广州光塔：内藏玄机的古地标》。在唐朝贞观年间，先知穆罕默德的舅父宛葛素来中国传播伊斯兰教，其第一站便是广州。得到唐朝官员徐克和支持，他在广州建了这座供阿拉伯商人礼拜的清真寺。所谓“怀圣”，乃“怀念圣贤”之意。自落成至今，光塔已经逾一千三百年历史。http：//travel.sina.com.cn/china/2013-10-21/0948224187.shtml。

② “海上名粤”系列报道组：《为何说海上丝路也是移民之路？》，《南方日报》，2014-08-20。

四、海上丝绸之路航运信息与文化交流功能

文明的对话从来都是双向的、多元的。航运经济功能除了体现为物资、人员的流动外，有另外一个更重要的维度是信息与文化的交流功能。这种信息与文化交流功能，在很大程度上是伴随着物资与人员的流动而开展的。在古代的条件下，信息要素并未作为相对独立的要素以后期信息技术为支撑的条件下传播。信息的传播与扩散往往依托航运活动进行。而信息的长期交流与互动，则形成了文化的长期传播。

表3-1-3 历史上广东航运经济信息与文化交流功能的代表形式

航运经济形式	源头与去处	地名	作用
侨批	海外侨胞捎回家乡的款项信息与简单附言	东南亚各国、潮汕地区	沟通东南亚在外谋生的家人与潮汕地区的亲人
宗教传入	南亚、阿拉伯、地中海	广州：光孝寺、怀圣寺、圣心大教堂等	佛教禅宗“西来初地”、伊斯兰教、天主教、基督教等来华第一站或桥头堡
南海神信仰	隋文帝下诏祭海，中外船商出入海的祭祀点	南海神庙	具有海洋特色的宗教信仰传播，跨越中外文化传统
西方技术传入中国	牛痘术从英国传入广州，并推广到中国、日本、东亚	十三行的“牛痘局”	一口通商政策，使得广州最早接触外国文化

循着海上丝绸之路，中国的儒学逐渐向海外辐射，形成了儒家文化圈；而四大发明通过阿拉伯商人接力传递到西方，推动了欧洲文艺复兴和地理大发现；佛教、伊斯兰教、天主教、基督教等进入中国，也是通过航运的方式进入。应该说，航运经济的信息交流功能，正是东西方文化激荡与相互影响的重要基础。

航运一般不直接承担信息交换功能，潮汕地区的“侨批”文化[1]，是一个十分有趣的例外。在海外移民的过程中，与海外贸易相关的文化逐渐形成，潮汕地区的“侨批”文化便通过航运承接了信息传递的功能。在当年侨胞集中的东南亚各国，金融邮政机构尚未建立或极不完善，海外侨胞捎回家乡的款项和信息，由“水客”和海内外的侨批馆递送。这种连带家书或简单附言的汇款凭证，就称为“侨批”。在汕头侨批文物馆收集

① 陈春声：《近代华侨汇款与侨批业的经营——以潮汕地区的研究为中心》，《中国社会经济史研究》，2000年第4期，第57-66页。

的侨批中，有父亲为刚出生却不曾谋面的孩子取名的；有儿子问候年迈双亲的；有父母鼓励儿子发愤读书的……一封封侨批，就是一个个说不完的亲情故事。侨批可以看成是具有广东航运经济特色的跨国华人教育与文化传承的特有手段①。

航运经济支持的海上丝绸之路不仅是商贸之路，还是“对话之路”，是古代东西方文明碰撞、交流之路。以海上丝绸之路为纽带，广东不仅是佛教禅宗的“西来初地”②，也是伊斯兰教、天主教、基督教和琐罗亚斯德教来华的第一站和桥头堡，因而留下了众多的历史遗迹和一长串铭刻在历史天空下的名字：光孝寺、怀圣寺与光塔、清真先贤古墓、石室圣心大教堂，达摩初祖、宛葛素、鄂多立克、沙勿略、利玛窦、马礼逊，还有偶见于史书中如谜一样的昆仑奴以及唐宋时长期居住在广州蕃坊的蕃客；而梵文Buddha被译为“佛”，始于东汉末之广信，与明时英语God传入肇庆被译为“天主”一道，敲定了佛教与天主教③在中国传播的核心术语，均为东西方文化交流史上的大事。

每当我们说起广东人的精神特质时，“开放、包容、务实、创新”似乎已成为普遍的共识。每一种精神特质，几乎都根植于广州作为“海上丝绸之路”千年不衰通商古港的底气，根植于促进物资、人口、信息开放流通的广东航运经济。长期的商贸往来，使广东人在兼蓄并包的风气里，培养出独立自信的意识。知己知彼，方能不卑不亢。即使在充满屈辱的百年近代史里，广东人仍能大胆提出“以夷制夷”“中体西用”“商战救国”等口号，充分显示出粤人敢于融入“海洋文明”的魄力。广东的开拓，源于航运经济；广东的历史发展脉络，基于航运经济；广东的未来发展，更是要依托航运经济！

进入改革开放时期，广东的海洋文明有了新的开端，广东人的精神特质也表现出更深意义，航运经济文化的影响面更为深远。一方面，广东继续以其独特的地理位置，向内地辐射海洋文化的先进观念；另一方面，广东也以开放和包容的姿态与内陆进行区域合作。从粤港澳的“大珠三角”到“9+2”的“泛珠三角”，就反映了这一思路。独立自信的海洋文化意识，取代了狭隘的地域观念，广东人正以更深入的步伐展示“海丝”精神的魅力。

① 丽园：《从侨批看跨国华人的教育与社会传承(1911—1949)》，《东南亚研究》，2011年，第4期，第74-79页。

② 崔颂明：《“西来初地”——中国佛教禅宗发祥地》，《佛教文化》，2003年，第5期，第84-88页。

③ 袁博：《近代中国水文化的历史考察》（学位论文），山东师范大学，2014年。

第二章　海上丝绸之路主要商品种类

航运产品类型，是航运的实际内容与相关产业组织，涉及丝绸、陶瓷、香料、铁器等代表性产品及相应的产业空间组织。作为东西方经贸往来的通道，经由海上丝路贸易的大宗商品，除了丝绸，还有瓷器、茶叶和香料、珍宝，因此海上丝绸之路又有“陶瓷之路”①“香料之路”②之称。

广东一地进出口商品的步步变迁见证了我国古代对外贸易史的发展点滴。随着商品经济的博兴和贸易对象范围的扩展，广东进出口的商品也发生着相应变化，秦汉时期以丝绸、漆器、铁器为主，而进入隋唐之后，陶瓷兴起，瓷器又成为当时出口的新兴商品。明清时期，棉布也跻身主要出口商品之列。

广东航运经济的内外互动体现为具体的产品类型。因而，我们也可以反过来，从具体产品的航运组织中，理解航运经济的特征。经过整理，本章根据产品的进出口方向及产业组织特点，概略性地选取了三大类八种典型航运商品进行介绍。其中，以中国为主要供应基地，向海外贸易的产品类型包括陶瓷、丝绸与茶叶等，代表了出口贸易的主要类型。以广东及周边省市为供应基地，通过水陆联运或通过沿海通道向国内进行贸易的商品类型包括盐斤、米粮、铜铁等，代表了国内贸易的主要类型。而以国外为主要供应基地，进口输入我国的产品则包括了香料、鸦片等。香料是基于正常市场需求的进口贸易，鸦片则是当时帝国主义强加给中国的进口贸易商品类型。

通过对不同类型产品的分析，我们可以进一步了解航运经济根据具体商品特征与供应、需求方区位条件等而采取的多种灵活的组织模式。在需求引导、公平贸易的原则下开展航运经济体系的组织，是极为重要的历史经验。航运经济的背后，是国与国之间的产业体系与民众需求之间的历史交流与博弈。随着全球化进程的不断加快，中国与世界的贸易经济网络日益频繁。此时我们从航运经济中可以得出一个历史结论，要牢牢掌控

① 詹嘉：《海上陶瓷之路的形成与发展》，《中国陶瓷》，2002年第2期，第44-48页。

② 叶文程：《宋元时期泉州港与阿拉伯的友好交往——从“香料之路”上新发现的海船谈起》，《厦门大学学报》(哲学社会科学版)，1978年第1期，第74-86页。

贸易与航运的主导权，以保障国民经济与贸易安全与主动性。一旦被外国力量所掌控，则航运经济反过来成为对方剥削与殖民的重要手段。

一、陶瓷

陶瓷是陶器和瓷器的总称[①]。人们早在约8000年前的新石器时代就发明了陶器。常见的陶瓷材料有粘土、氧化铝、高岭土等。陶瓷材料一般硬度较高，但可塑性较差。除了使用于食器、装饰上外，陶瓷在科学、技术的发展中亦扮演着重要角色。陶瓷原料是地球原有的大量资源黏土经过淬取而成。而黏土的性质具韧性，常温遇水可塑，微干可雕，全干可磨；烧至700℃可成陶器能装水；烧至1230℃则瓷化，可几乎完全不吸水且耐高温耐腐蚀。陶瓷历史悠久，使用广泛，并具有地方文化特色。我国自古以来就是陶瓷制造与使用大国。陶瓷对中国文化影响深远。广东在陶瓷文化中也占据了重要的地位，同时，也是陶瓷远洋贸易的始发地之一。在广东航运外输的大量贸易商品中，陶瓷具有举足轻重的历史地位。

距今7000年左右，在沿海繁衍的岭南先民就利用独木舟在近海进行捕捞活动。经过长期发展，到了新石器时代，居住在南海之滨的先民就已经使用平底小舟，从事海上渔业生产。据黄启臣研究[②]，距今5000年～3000年期间，岭南东江北岸近百公里的惠阳平原，已经形成了陶瓷为纽带的交易圈，并通过海路将中国的商品送往沿海和海外岛屿。

在英文世界里，中国和瓷器拥有同一个名字，足见瓷器在西方的影响之大。潮州笔架山窑、广州西村窑、连州窑、海康窑、封开都苗窑、佛山奇石窑，记载着广东外销瓷一个时代的辉煌。广州的宋代西村窑遗址就是广东宋代烧制外销瓷的著名民间瓷窑。西村窑产品在国内很少流传，主要行销日本、朝鲜等国，以及东南亚、红海沿岸与非洲东海岸。

宋朝是我国瓷器生产发展的繁荣时期，名窑层出不穷，花色品种繁多。据考古学家发现，全广东省有宋窑80多处，估计年产瓷器1.3亿件，为唐代的22倍之多。笔架山窑是现在被发现的较为完整的一处，主要生产外销瓷。

古城潮州城东郊，有座笔架山，从南至北，因形似笔架而得名。据传在北宋窑火旺盛时期，这里有大小窑灶近百个，民间称为“百窑村”[③]。每当瓷窑点火生产，呈现

---

① 陶瓷（陶器和瓷器的总称），百度百科，http：//baike.baidu.com/link?url=sEVQA9DHPWVZoxs9H4HbagfeYgTUNSwWIOTX-iFuj6Ts47o36pNp4x7mLOUyIwLcDRDsWRfNP_bcs6pefvmNY4YpkR-agU0u2Zhngf3Sjl3。

② 黄启臣：《广东海上丝绸之路史》，广东经济出版社，2003年。

③ 笔架山宋窑位于湘桥，城东笔架山西麓。古遗址北起虎头山，南至印子山，绵延两公里，窑址鳞次栉比，至今笔架山脚一带的群众，仍称该地为“百窑村”。http：//data.555.cn/scenic/chaozhou_bijiashansongyaoyizhi/index.shtml。

"百窑相连薪火旺，东岸窑火映天红"的壮观场面。1953年至1986年间，笔架山先后发掘了10条瓷窑，规模大小不一，其中1986年发掘的10号窑，是一座巨型瓷窑，残长就达79.5米，国内罕见。茂密的丛林中，长条形的古窑依山而筑，由下自上，如龙似蛇。

根据潮州市颐陶轩潮州窑博物馆馆长李炳炎介绍[①]，1940年，一个名叫麦康的西方人，亲自到福建、广东做了考古学调查之后，在《亚细亚》杂志上发表了《中国古代窑址》一文，专门介绍潮州笔架山考察的情况。他说，笔架山窑废弃的瓷片，分布在长1～1.5英里、宽0.25英里的地域之内，河边含有瓷片的积土层高达10～15英尺，这是他在中国所见过的最大的一处古代窑址。

广东省博物馆编写的《潮州笔架山宋窑发掘报告》对1号窑的产量做过估算，认为这座全长30米的中型窑每一次烧制的成品有中型碗5万件左右，由此推断，像10号窑这样的大型窑，年产量超过50万只，当年整个笔架山窑场的产量相当可观。

数量如此巨大的产品，不可能都在本地和邻近地区消费。笔架山窑址出土的西洋狗、欧式莲花炉一类器物，又明显是针对海外市场的需求而生产。因此宋代笔架山潮州窑产品外销的观点，已成学界共识。潮州笔架山窑址所出产的外销瓷，是通过潮州港行销全球的。事实上，潮州自唐宋起便是对外贸易的交通点。《全唐文》记载，潮州在唐德宗时曾有"波斯、古逻本国二舶，顺风而至"，政府"任蕃商列肆而市"。以笔架山窑场为代表烧造的青白釉瓷、青釉瓷、酱褐釉瓷器是潮州瓷业生产的兴盛期。从北宋初期至政和年间长达1个半世纪的旺盛窑火，奠定了笔架山窑于北宋时期在南方窑场中的重要地位。时至今日，潮州仍是闻名遐迩的"中国瓷都"，日用陶瓷、艺术陶瓷、卫浴陶瓷出口量居全国首位。2001年6月，历经千年沧桑而幸存的笔架山窑址被列为国家重点文物保护单位。

陶瓷在广东航运经济中占据十分重要的地位。"南海一号""南澳一"号等古沉船中，有大量的陶瓷文物，见证了航运经济史中陶瓷的辉煌。

在阳江市"南海一号"的存放现场，这艘美丽的古沉船正安静地躺在"水晶宫"之中。国家文物局水下文化遗产保护中心技术总监孙键介绍，保护发掘工作进展顺利，2014年5月底已将沉船的上表层淤泥基本清理完毕，古沉船的上方轮廓线初步呈现。这标志着沉船船体发掘的第一阶段已告一段落。2015年1月，经过七年的保护发掘，沉船表面清理后，船舱内超过六万件南宋瓷器得以重见天日。

此前陆续出水的货物，部分已在广东海上丝绸之路博物馆的展厅展出。其中汇集了德化窑、磁灶窑、景德镇、龙泉窑等宋代著名窑口的陶瓷精品，品种超过30种，还包括许多"洋味"十足的瓷器。"这些高质量的古瓷器，造型独特，工艺精美，真实地

① "海上名粤"系列报道组：《海上丝路主要交易了什么？》，《南方日报》，2014-07-11。

反映了宋代时期造瓷工艺的最高水平，当中很多的瓷器前所未见，也没见任何史料记载。”[①]最关键的船货——陶瓷，则代表了其时中国输出的手工业制品的巅峰。每一件文物，都代表着一个富有生命力的可能，为许多待破解谜团提供更多线索。

另外“南澳一”号于2007年5月25日被发现，船上所装载的文物有盘、碗、罐、碟、瓶、盖盅等生活用具，横跨宋、元、明三个年代，据初步判定沉船年代为明万历年间。“南澳一”号的船载文物，主要为明代粤东或者闽南及江西一带民间瓷窑生产的青花瓷器，少量来自附近的潮州窑。

二、丝绸

广东是鱼米之乡，“桑基鱼塘”是广东人民的创造。由于蚕桑养殖是广东农业的特色，在丝绸制品供给上，广东形成了适应外向型丝绸供应的体系。与此同时，源源不绝的丝绸制品通过海陆丝绸之路以及东南沿海通道汇集广州，并进而向全球扩散。丝绸之路通过“广州通海夷道”行销东南亚、南亚、西亚，乃至欧洲[②]。

史书记载，汉武帝曾派人招募海员从徐闻（今广东徐闻）港、合浦（今广西合浦）港出海，经过日南（今越南）沿海岸线西行，到达黄支国（今印度境内）、已不程国（今斯里兰卡），随船带去的主要有丝绸和黄金等物。这些丝绸再通过印度转销到中亚、西亚和地中海各国。

唐代是我国历史上一段辉煌的时期。唐王朝建立之后，社会经济得以迅速发展，特别是丝绸、陶瓷、漆器等传统手工业工艺更为精良，品种繁多，成为对外贸易的坚实基础。唐代对外贸易分海陆两条渠道，但陆上渠道受西域政局不稳的严重影响。传统上通向中亚的陆上丝绸之路经常受阻。与此同时，海上航运则显得愈发重要。唐代从广州起航，经南海道波斯湾的航线更为畅顺，唐人称之为“广州通海夷道”[③④]。因输出的商货以丝绸为大宗，因此也称为“海上丝绸之路”。

广州的发展与丝绸之路等中国特色产品辐射全球有着密切的关系，同时带来了大量

---

①“海上名粤”系列报道组：《海上丝路主要交易了什么？》，《南方日报》，2014-07-11。报道中援引广东海上丝绸之路博物馆馆长黄铁坚的介绍。

② 向玲、戴伟华：《唐代广州之“通海夷道”与文化记忆》，《中国名城》，2011年第8期，第31-35页。

③（唐）贾耽：《广州通海夷道》，转引自《广东航运史》（古代部分），人民交通出版社，1989年，第45页。

④ 广州日报：《隋唐中国拥有全球最长航线：由广州直达波斯湾》，2014-03-14。http：//www.kaiwind.com/culture/hot/201403/12/t20140312_1461962.shtml。

的国外商品。丝绸、陶瓷、漆器等中国传统出口商货在广州集散。同时，不少的外商在广州经营宝货生意，形成国际性的珠宝市场。其余百货，杂陈市肆，市场交易兴旺。唐代广州“雄藩夷之宝货，冠吴越之繁华”。大历五年（770年），前来的外国海舶，有南海舶、西南夷舶、海道商舶、番舶、南海番舶、婆罗门舶、蛮舶、西城舶、昆仑舶、昆仑乘舶、波斯舶和狮子国舶等名称①。广州港口的景象，如刘禹锡诗中所云：“连天浪静长鲸息，映日帆多宝舶来。②”

三、茶叶

由于船舶和海运的特殊性，海上丝绸之路与陆路相比，绝对路程相对绵远，耗时也更加漫长。但运量巨大，成本低廉，而且货物损坏比陆路小得多。货物种类上，使得大量瓷器、茶叶等日常用品取代了早期的丝绸、象牙、珠宝等奢侈用品，贸易量和贸易范围大大增加。

《广东华侨史》主编、暨南大学教授张应龙认为，到了近代，中西贸易是以茶叶为核心③。在18、19世纪，欧洲国家只能用白银来购买中国商品。当时不管荷兰、丹麦还是瑞典的商船来中国都是买茶，但这些国家本身不喝茶，他们买了茶叶卖给英国。运货的时候，通常是陶瓷压舱底，上层放生丝，最宝贵的茶叶放中间。当年运载茶叶的主要交通工具是飞剪船。飞剪船运茶，以快制胜。运茶的航程，是以生命为代价的赌博，最先到达伦敦的飞剪船将获得超额的利润。现如今，飞剪船已难寻踪迹。但海上丝绸之路所带来的对世界的改变，却如茶香一般香醇悠远。

2006年，瑞典仿古商船“哥德堡”号已经到达广州。这艘在260年前载着中国茶叶、瓷器和丝绸的商船，是我国茶叶对外贸易的见证者，当年它沿着海上茶叶贸易之路，把我国茶叶运到欧洲。1745年9月12日，“哥德堡”号在驶入瑞典哥德堡港口时沉没，当时载有370吨中国茶叶，数量最多的是安徽休宁地区的一种松萝茶。“哥德堡”号上的茶叶包装之防潮、防腐、实用，让我们再次感悟到古代人民的聪明才智。在海底淹埋250年的茶叶，至今仍无大碍。当年，“哥德堡”号商船承载的货物中有70%是茶叶，茶的贸易是中西方经济交流活动中的主角。据打捞“哥德堡”号古船残骸时发现，仍有部分密封的茶罐中盛满中国茶，主要是武夷茶和松萝茶。打开茶罐茶香扑鼻，取出少许茶叶冲泡，甘醇依然。当时中国的精品茶叶在欧州市场贵如珍宝，上层

---

① 《新唐书·卷一百三十一·李勉传》。

② 《刘宾客诗集·卷四·酬南海马大大诗》。

③ 张应龙：《鸦片战争前中荷茶叶贸易初探》，《暨南学报》(哲学社会科学)，1998年第3期，第94-101页。

社会聚会时都以饮用中国茶叶为时尚和显示尊贵的象征①。

四、盐斤

广东近海，盐的生产十分有利。盐又是各地人民生活的必需品。盐的运输，更多地依赖内河水域。盐从广东沿海地区沿着内河河网向内陆沿河地区转移，一些盐的输送，更是通过海陆丝绸之路的通道，穿越南岭。盐的生产、运输是航运经济的重要组成部分，一些地方直接与历史时期盐业分布有着直接的关联 。

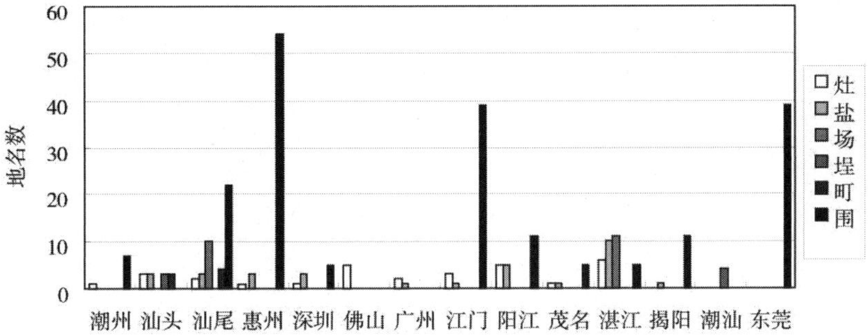

图3-2-1广东盐业地名统计图

（图片来源：王彬、黄秀莲、司徒尚纪：《地名与广东历史时期盐业分布研究》，2011。）

盐的运输，在宋代广东内河运输中的地位日显重要。宋代广东沿海盐场生产有很大发展，北宋额定广东路产盐331,060石②。产盐数量较为丰富。这些盐大部分进入流通，沿着各江运销广东各境的大小墟市、村落。可以说，盐是当时广东内河运输的又一大宗货物。在各江中，以西江为盐运的最重要水道。西江横贯广东境内，经过广州、端州两州10个县，销盐范围较大。另外，西江链接广西浔江桂江，是广东通往广西的必经水道。

宋代广西路诸盐场额定产盐231689石③。广西路诸盐场均在广东以西沿海地区。广西路所产盐运入广西，大多数是从海路用大船运到广州，然后再换成小船溯西江运入广西。除了官盐以外，西江也是私盐贩运的重要水道。广东贩卖私盐的船只，“上下东、

① 《揭秘“哥德堡号沉船茶”》，中国普洱茶网，2013-03-13，http：//www.puercn.com/cwh/cywh/43842.html

② 王彬、黄秀莲、司徒尚纪：《地名与广东历史时期盐业分布研究》，《广东海洋大学学报》,2011年第5期，第30-36页。

③ 《宋会要辑稿·一百三十二册·食货二十三》。

西两江，东江则自广至於潮惠，西江则自广至于梧横，或越数州，或不出本州之界，以其所贩私盐节次卸下于停藏之家，径引船去。[①]”由此可见，西江水道上，官盐、私盐运输繁盛。北江是仅次于西江的盐运水道，除了韶州、连州、南雄等州县所需盐斤需溯江运达外，江西虔州所需盐斤也由北江运达。江西虔州原来每年需要供应淮盐600万余斤，但淮盐供应不足，虔州“人苦淡食”。元丰四年（1081年）制定《江西广东路盐法》，明确“通广盐於虔州，以七百万斤为年额”[②]。这就可见，溯北江、过大庾岭到虔州的广盐数量实在不少。

五、米粮

米粮是民生之本，行军之基。广东水运航运与米粮的运输有着极为密切的关系。最早，灵渠的开拓正是为了解决秦军进军岭南过程中的粮草供给问题。随着人口的迁入以及农耕技术的发展，广东在粮食供给方面，逐步从输入地，转化为输出地。而随着近代历史上广东贸易型外向型经济的发展，广东在粮食供给方面逐渐从输出地转为输入地[③]。珠江三角洲属南亚热带季风气候，光热充足，降水丰沛；河汊纵横，地势低洼易涝。自南宋开始，“塞堑为塘，叠土为基”，发展基塘农业。后来形成桑基鱼塘、蔗基鱼塘、果基鱼塘、菜基鱼塘和稻田并存的独具广东特色的生产格局。

广州从宋代起，便是两广最重要的米粮市场。“广西斗米五十钱，谷贱莫甚焉。[④]”因此“富商以下价籴之，而舳舻衔尾，运之番禺以网利。”广州聚集的粮食，除调剂省内缺粮区外，就是运往闽浙，其中又以闽省为主要。

两广米粮，由海上运往浙东，由广州及潮州运往明州，然后再分给浙东各地；或者两广米粮从海上贩运至温州、台州等[⑤]。运往浙江者多系荒年暴岁，而福建既是平常甚至丰收年份，也需要从外省输入米粮。其原因是由于当时福建产米有限，不足以自给。宋代，两广地广人稀，所生产的粮食，尚有剩余，可以支援外地。正如朱熹所说：“广南最系米多去处，常岁商贾转贩，舶交海中”[⑥]。东南沿海岸航线上，米粮运输是相当主要的。

---

① 徐松：《宋会要辑稿·第一百三十四册·食货二十六》，中华书局，1957年。

② 徐松：《宋会要辑稿·第一百三十三册·食货二十四》，中华书局，1957年。

③ 司徒尚纪：《历史时期广东农业区的形成、分布和变迁》，《中国历史地理论丛》，1987年第1期，第77-96页。

④ 周去非、杨武泉：《岭外代答校注·卷四》，中华书局，1999年。

⑤ 全汉昇：《南宋稻米的生产与运销》，《中国经济史论丛》第一册，新亚研究所。

⑥ 朱熹：《朱文公文集·卷二十五》，上海商务印书馆，1940年。

从广东出发，沿东南沿海岸航线所运输的米粮，有的是专门供给行在（杭州）的需求。建炎四年（1130年），“诏广东转运司募使臣押粮舟，自海道至福州交纳”，同年中书门下上奏疏说：“行在仰食者众，食廪不丰，请委诸路漕臣及秋成和籴。诏广东籴十五万斛，福建十五万斛，并储之漳、泉、福州。①”宋代开始的较大规模的东南海上粮食运输，直到明代，仍是这一航线上运输的重要商货。

明代广东是一个“物饶而人稀，田多而米贱”能够向省外提供余粮的区域。而进入清代，则粮食开始紧缺，甚至即使在丰年，广东生产的大米仅够半年食用。清代广东缺粮问题确实存在，尤其在以商品经济较为发达的珠江三角洲、粤东、粤中沿海地区最为严重②。广东“人多地少”是一个外部原因，真正的原因则更为复杂。伴随着航运经济的发展，效益更高的经济作物如荔枝、龙眼等水果大量种植，取代粮食耕种；民间手工业、工商业如纺织、陶瓷、冶炼等行业逐步发展，吸引了大量劳动力，一些民众甚至出海打鱼采捕或航海经商，导致粮食生产人手相对减少；航运与交通能力的发展提供了依靠区域外粮食提供本地的可能性。

六、铜铁

在金属方面，铜和铅的运输，也构成了广东内河运输中不可忽视的内容。在宋代的冶炼产业发展中，铜冶炼最集中的是三个基地——韶州岑水场、潭州永兴场、信州铅山场③。岑水场的影响力最大④。根据《宋会要辑稿》记载，韶州岑水场以胆水浸铜法取铜，生产能力颇大，它吸收了广东、广西各地的铜矿。当时运铁和铜矿往韶州岑水场浸铜的州县有：韶州翁源县，南雄州始兴县，广州增城县、番禺县、清远县、怀集县，惠州博罗县，广西郁州林南流县、宾州迁江县⑤。元丰年间（1078—1085年），韶州岑水场年产黄铜3, 164, 700斤，胆铜800, 000斤。其中有部分黄铜和胆铜“赴饶州（韶州）永通监及饶州永平监”铸钱⑥。岑水场所需的铜铁矿是由翁江、浈江、北江、东江、西江和绥江运集，而其产品黄铜和胆铜除运到韶州永通监外，有部分也溯浈江、过大庾岭运到江西饶州。从原料到产品都依托于水运。

① 李心传：《建炎以来系年要录 · 卷三十四》，中华书局,1988年。
② 程明：《清代广东粮食生产问题略论》，《岭南文史》，1995年第3期，第29-33页、第38页。
③ 徐松：《宋会要辑稿 · 一百三十四册 · 食货二十六》，中华书局,1957年。
④ 吴楠：《宋代五岭地区金属矿产资源开发与利用研究》（学位论文），暨南大学，2012年。
⑤ 徐松：《宋会要辑稿 · 一百三十七册 · 食货三十三》，中华书局，第1957页。
⑥ 徐松：《宋会要辑稿 · 一百三十七册 · 食货三十三》，中华书局，第1957页。

图3-2-2 “南海一号”出土的钱币等金属制品
（图片来源：中国网络电视台）

七、香料

公元前204年，赵佗在如今的岭南地区建立南越国，自称南越武王。南越国三郡临海，拥有漫长的海岸线，由此南越国通过南海海域、中南半岛、马来群岛到南亚次大陆与阿拉伯地区发生了贸易往来。

细细观察，南越王墓中还有产自西亚的乳香[①]，一小撮盛于高脚鎏金漆盒的颗粒物，经过两千多年的埋葬，有些成分已经分解，但其异于普通松香的成分在红外光谱的见证下一目了然。至秦朝以来，从阿拉伯地区运来的乳香在整个广州市场并不罕见，这其中有个美丽的名字，叫“季风的秘密”。

示巴王国，如今的也门共和国，山坡上种植成片的乳香木，它们是示巴的主要财富。示巴和附近的国家暗暗地控制着该区的国际贸易，因为那里的季风从7月至8月间吹向印度及远东，随后又向反方向吹。他们就是利用季风作为航海的天然动力，独占这条贸易航线，并保守“季风的秘密。”据说，直到公元1世纪初，这个秘密才被希腊人发现。来自西亚的香料，成为凭借海上丝绸之路到达广州的重要物资。

图3-2-3 广州西汉南越王博物馆馆藏四连体铜熏炉
（图片来源：海上丝绸之路文物精品七省联展·2013）

---

① “海上名粤”系列报道组：《海上丝路最远到过哪儿？》，《南方日报》，2014-07-04，南越王墓博物馆馆长吴凌云介绍。

同样的，香料的运输，是宋代广东内河运输的重要内容。香料也叫香药，是古代的一种奢侈品，一般需要达官贵人或大商巨贾才能享用。香料或香药的种类众多，有一些可做药用，如木香、乳香、安息香、肉豆蔻、没药、苏合油香等。香料的贸易从唐代就已经兴起①。到了宋朝，宋朝的香料主要是从东南亚、南亚和东非等地进口。宋代广州对外贸易的进口货中，以香药为最大宗，获利最多②。北宋熙宁年间，明州、杭州和广州市舶司共博买乳香354449斤，其中明、杭两州只有5000斤，广州所收者达348673斤，占三个市舶司所收乳香总数的98%以上③。除了博买外，还有“抽解”一项，当时香药的抽解以十分之一为常率，即货十抽一。

香料经海陆丝绸之路向京城汴京的运输也是一件不容易的事情。之前，博买和抽解后的香料，需要分纲解送京师汴梁（今河南开封）。分纲就是分批包装、分组运输的含义。陆路以3000斤，水路以10000斤为一纲。从广州起运的香料，按性质分为粗色和细色两类：真珠、龙脑之类为细色，每一纲5000两。犀牙、紫矿、乳香、檀香之类为粗色，每缸一万斤。当时凡起一纲，都派一名“衙前”管押④。其主要运道是从广州转入北江，溯江而上，经韶关，到南雄起岸，陆运翻过大庾岭，在江西南安下水北运。当时在大庾岭至南安的山路上设有驿铺，配备士卒，以便运输。《宋史》记载：“岭南陆运香药进京，诏蒙正往规画。蒙正请自广韶江溯流至南雄，由大庾岭步运至南安军，凡三铺，铺给卒三十人，复由水路输送。⑤”

八、鸦片

清朝中后期，欧美各国已经把一种特殊商品——鸦片运入广东沿海口岸，以此作为扭转对华贸易逆差的筹码，并作为平衡白银收支，扩大中国市场的手段。据统计，从雍正七年至道光十九年（1729—1839年），输入中国的鸦片总量达648246箱，平均每年3889箱⑥。鸦片输入所引起的航运商品结构变化，预示着中国对欧美各国的贸易将从出超变为入超，白银也将从内流变为外流⑦。根据吴义熊的研究⑧，鸦片战争前的18年

---

① 吴娟娟：《香料与唐代社会生活》（学位论文），安徽大学，2010年。

② 夏时华：《宋代香药业经济研究》（学位论文），陕西师范大学，2012年。

③ 梁廷楠：《粤海关志·卷三》，引北宋毕仲衍《中书备对》。

④ 关履权：《宋代广州香药贸易史述，载于《宋史研究论文集》（上海古籍出版社，1982年）。

⑤ 宋史：《刘熙古传·卷二百六十三》，中华书局，1977年。

⑥ 黄启臣：《清代前期海外贸易的发展》，《历史研究》，1986年第4期。

⑦ 贺力平：《鸦片贸易与白银外流关系之再检讨——兼论国内货币供给与对外贸易关系的历史演变》，《社会学科战线》，2007年，第1期，第63-80页。

⑧吴义雄：《鸦片战争前的鸦片贸易再研究》，《近代史研究》，2002年第2期，第50-73页。

中，平均每年有1万多箱鸦片输入和1000多万两白银被掠夺，这一数字虽不如以往有的研究所揭示的那么庞大，但已足以揭露鸦片贩子和其背后的利益集团的掠夺本性。鸦片贸易的继续发展，对清王朝的政治、经济、社会造成极为深刻的影响，并最终导致1840年的鸦片战争。

18世纪末19世纪初，西方主要资本主义国家如英国等开始了轰轰烈烈的工业革命，生产力迅速扩大。为了销售商品，英国等欧洲国家急于打开市场，特别是中国市场。然而，此时清王朝国家是典型的自给自足的封建经济，对工业产品的输入有着顽强的抵抗力。英国的工业产品如印花布、棉布、剪绒、天鹅绒等，尽管已进入中国，但未能获得广泛认同并占领广泛市场。因而英国便大力倾销鸦片，以便打开中国的贸易大门。

鸦片原产印度，1757年，英国在印度的殖民企业——东印度公司占领了孟加拉，强迫当地农民扩大鸦片种植。后来，东印度公司又获得在印度的鸦片专卖权及制造鸦片的垄断权。当时，东印度公司表面上不参与对中国鸦片贸易的运输和贩卖，而是将它制成的鸦片在印度市场公开拍卖，由东印度公司以外的商人（散商）和船只向中国倾销。英国、印度、中国形成了围绕鸦片的三角贸易关系[①]。散商，即所谓“自由”商人，是经东印度公司许可到广州进行贸易的商人，又称“港脚商人”，其船只称为港脚船[②]。散商大致包括英国商人、美国商人和印度商人（帕栖人Parsees）三种。道光十一年（1831年），广州除了东印度公司官员和职员以外，计有英国商人26人，美国商人21人，帕栖人26人[③]。这些散商在广州设立洋行，进行大规模的走私鸦片的贸易。当时与鸦片有关的最著名的洋行包括：颠地洋行，为当时最大的商行。1831年，拥有14只船，总吨位3048吨[④]。怡和洋行，地位仅次与颠地洋行的商行。首脑威廉·渣甸原是个随船的苏格兰医生，嘉庆二十四年（1819年）定居广州做生意。“他异常聪敏，做起买卖来心狠手辣。他拿出全份的力量来干鸦片买卖，毫不顾忌什么道德”[⑤]。当时怡和洋行在生意上与帕栖人有千丝万缕的合作关系。他们共同经营飞剪船走私，而在名义上则属于怡和洋行所有。1833年，怡和洋行有14艘船，总吨位2144吨[⑥]。旗昌洋行是美国的著名商行。1836年，拥有8艘船，总吨位2047吨[⑦]。洋行商人的鸦片贸易是通过飞剪船、沿海

① 李宽柏：《鸦片战争前英、印、中三角贸易的形成》，《哈尔滨学院学报》，2006年第2期，第93-97页。

② 朱新镛：《广州的英印港脚商与鸦片战争》，《广东省社会主义学院学报》，2010年第2期，第83-87页。

③ 聂宝璋：《中国近代航运史资料》第1辑，上册，上海人民出版社，1983年，第14页。

④ 聂宝璋：《中国近代航运史资料》第1辑，上册，上海人民出版社，1983年，第16页。

⑤ 聂宝璋：《中国近代航运史资料》第1辑，上册，上海人民出版社，1983年，第13页。

⑥ 聂宝璋：《中国近代航运史资料》第1辑，上册，上海人民出版社，1983年，第16页。

⑦ 聂宝璋：《中国近代航运史资料》第1辑，上册，上海人民出版社，1983年，第16页。

船和趸船组合的船队来实现走私贩运的。

“飞剪船”是一种结构特殊的船，船身不大，吨位在一百余吨，可迎着季候风快速前进，专门用来运载鸦片和白银、高档茶叶或珍贵丝绸、瓷器等，速度很快。最早由美国首先制造，英国随后仿制。

图3-2-4　停泊在江面上的鸦片趸船

（图片来源：《黄埔秘档》）

“趸船”是用麻栗木建造的港脚船或印度商船，船身宽敞，备有坚固的缆索、巨大的武器库和闪亮的舷炮。趸船可容载大量的鸦片箱和银锭箱，趸船上配备武装的看银师队伍，专门负责鸦片烟箱的过秤分装和整箱银锭的鉴别。

图3-2-5　停靠在珠江上的东印度公司的鸦片船

（图片来源：《进入中国内河的鸦片船》，南岛晚报2013年9月14日）

“沿海船”（或称沿岸贸易船），是小型的双桅方帆船和双桅纵帆船，吃水浅，能够在未经测量的河口或者乱石的河道中行驶，负责沿海少量鸦片的运输与分销任务。

当时鸦片的运输方式，是由飞剪船利用季风从孟买和加尔各答载运鸦片到泊于澳门海外或伶仃岛和金星门等处的趸船上，再由沿海船分送到沿海城镇与渔村。伶仃岛及其附近的南海海面，是鸦片贸易的中心。《清史稿》记载：道光初，英吉利大舶终岁停泊零丁洋、大屿山等处，名曰趸船。凡贩鸦片烟至粤者，先剥赴趸船，然后入口[1]。1831年，怡和洋行的趸船“杨上校”号，首次停泊在澳门水域；鸦片贸易中第一艘沿海船“仙女”号，就往返于该

① 《清史稿·卷一百二十五·志一百，食货六》，中华书局，1977年。

趸船和伶仃岛之间。“杨上校”号首次抵埠就脱手33万美元的鸦片。1831—1833年，怡和洋行的“杰姆茜娜”号船，也泊在伶仃岛作趸船使用了两年[①]。1837年，当“安东尼奥·佩雷拉”号和“格兰特夫人”号从孟买运载460箱麻剌土抵达伶仃岛时，岛边的趸船已囤积了16000箱鸦片[②]。鸦片贸易量之巨大，触目惊心。

鸦片贸易的另一支船队在东线。1837年，有几只属于广州两个洋行的中型船只，停泊在厦门、泉州、碣石及南澳岛附近。它们由“沿岸贸易船”供给鸦片。这些船只从伶仃洋的大趸船出发，将货送到上述船只停泊处，然后收集货款，即行回航。经营这项贸易的人数很少，并且需要尽可能保持秘密[③]。飞剪船具有快速性能，因此洋行商人也使用飞剪船担任广东沿海的鸦片贩运。有一个在广州的洋行经营过鸦片贸易的外国人回忆道：那时我们公司有一只波斯顿飞剪快船，名叫“玫瑰”号，这只船要在1837年将公司在广州卖妥的一批鸦片运到南澳交货，另外还要带若干箱鸦片去试卖。整船差不多有三百箱，以广州的价格计算，约三十万元。我邀请了一位英国绅士作为我的旅伴，我们便一道从澳门到急水门上船。“玫瑰”号很快便扬帆出海[④]。

当时以经营鸦片贸易而发财的洋行商人不乏其人。如怡和洋行的首脑威廉·渣甸，经营鸦片贸易不到二十年，就积攒了100多万英镑，于1838年宣告隐退回到英国[⑤]。当时参与鸦片贩运的船长也都得以致富。几乎每一名船长最终都拥有几条船，有些人甚至积聚了一支相当可观的船队[⑥]。

鸦片贸易给中国人带来极为深重的灾难，广东沿海地区也深受其害。它最终演化成中国人民轰轰烈烈的禁烟运动，并进而爆发鸦片战争。当鸦片贸易的控制权无法掌握在中国手中时，航运经济就成为掌握主动权一方获利与剥削的工具。鸦片贸易所昭示的航运经济主导权所具有的负面历史教训，值得我们深思。

---

① 聂宝璋：《中国近代航运史资料》第1辑，上册，上海人民出版社，1983年，第23页。
② 聂宝璋：《中国近代航运史资料》第1辑，上册，上海人民出版社，1983年，第25页。
③ 聂宝璋：《中国近代航运史资料》第1辑，上册，上海人民出版社，1983年，第19页。
④ 聂宝璋：《中国近代航运史资料》第1辑，上册，上海人民出版社，1983年，第19页。
⑤ 聂宝璋：《中国近代航运史资料》第1辑，上册，上海人民出版社，1983年，第16页。
⑥ 聂宝璋：《中国近代航运史资料》第1辑，上册，上海人民出版社，1983年，第15页。

第三章　广东航运经济历史形态

航运经济形态，是为了实现航运功能，相关经济主体在已有的航运科技条件下根据航运需求特点所采取的航运实现手段与表现形式，如海运、河运、海陆联运等形式。航运经济形态与相关航运经济主体的目的有着密切的联系。比如，内河航运的迅速发展与珠江三角洲及沿海地区农业和手工业的商品化有着密切的关联。远洋通航则与世界范围内的经济贸易交流密切相关。走私逐利以及粤人渡海是在政府监管体制之外的民间航运经济活动需求。监管治理、制造维护等是围绕着服务航运经济，政府及行业组织对航运经济的支持作用，其中蕴含着科技进步对航运经济的支持。从一定程度来看，广东的经济文化受到了海外的深刻影响，集中体现在“舶来经济”的一些特征中。

一、内河航运

水运与广东区域的社会经济发展，是互相增进的因果关系。在明代以前，珠江三角洲处在初步开发阶段，人口稀少，社会经济相对落后，以多余产品同外地交换就相对有限。作为水上运输线的珠江西江、北江、东江，主要供官府或权贵消费的奢侈品和“公差史客”运输，或者用于军事目的，在运送粮草辎重或军队人员方面作为水运的主要目的。宋元两朝，商品性的运输日益增加，但仍不够繁华。从明代起，珠江三角洲进入全面的深入开发阶段。伴随着社会经济的快速发展，有两个行业——商品性农业和手工业[①]迅速兴起，并与航运经济呈现深度互动关系。

商品性农业，主要体现为特色农产品的种植。这种特色农产品依托贸易发展起来，跟水乡航运条件基础有着极为密切的互动关系。珠三角涌现了一批经济作物的产区，如

① 《广东航运史》（古代部分），中国水运史丛书，人民交通出版社，1989年。

图3-3-1　黄埔岛上的各种制茶工序及茶叶贸易
（图片来源：《珠江风貌》）

甘蔗、蒲葵、香料、茶、水草、烟叶、花木园艺等经济作物的核心产地；出现了桑基鱼塘为特色植桑养鱼的基塘区、栽花种果的果木花卉区等专业化农业生产区域。以前单一种植水稻的农业结构产生了很大变化，各种各样依托航运贸易的经济作物得到全面发展。比如顺德的龙山乡，于万历年间（1573—1620年）[1]基塘面积已约占农田面积的三分之一[2]。南海的九江乡，基塘面积，已占田地面积的五分之四[3]。这种外向型经济的发展趋势，奠定了区域发展的基调与方向。顺德及南海到了现代，也是生态农业与特色产业集聚的地区。

农业商业化进一步带来社会分工的细化，农产品加工手工业以及其他商品性的手工业也同时得到快速发展。新兴的农产品加工手工业中，主要有制糖、葵扇、缫丝、丝织、棉麻纺织、织草、制茶等。其他商业性、外向型手工业如铁冶业、陶瓷业也得以迅猛发展。明朝时期，佛山的铁冶业崛起，“工擅炉冶之巧”[4]。成化至弘治年间（1465—1505年），佛山“居民，大率以铁冶为业。”嘉靖（1522—1566年）之后，佛山的铁冶业，更趋鼎盛。石湾的陶瓷业，也盛极一时，“石湾之陶遍二广，旁及海外之国。谚曰：石湾缸瓦，胜于天下。[5]”

农业和手工业的商品化伴随着商品流通量增多，客商往来日益频繁，水运业的发展具备更多的发展空间。同时，由于商品性农业和商品性手工业的发展，珠三角地区的农户粮食生产相对减少，越来越多的农户生产的自给产品量不断减少，从市场购买的商品数量增多，商人资本也逐渐形成[6]。传统的生产和消费一体解决的自然联系逐步演变为依靠市场的生产与消费相对空间分离的状态。谋生和消费都广泛而深刻地依赖于市场。而此时水乡的航运条件，就成为最为重要的客、货运输手段，也是产业发展与经济生活的基础手

① 《广东航运史》（古代部分），中国水运史丛书，人民交通出版社，1989 年。

② 叶显恩：《略论珠江三角洲的农业商业化》，《中国社会经济史研究》，1986年第2期，第16-29页。

③ 顺治《九江乡志·卷二·生业》。

④ 乾隆：《祖庙灵应记》，《佛山忠义乡志·卷十·艺文志》。

⑤ 屈大均：《广东新语·卷十六·“锡铁器”条》，中华书局，1997年。

⑥ 黄启臣：《明清珠江三角洲商业与商人资本的发展》，《中国社会经济史研究》，1984年第3期，第37-50页。

段。故而，明代后期，珠三角地区呈现一派“波涛汹涌，橹声棹歌相和，击汰扬舲彻夜不绝”的水运繁忙景象。整个水运航运体系遍及城乡，不仅名镇大邑有舟楫可通，就是僻乡田野，都有舟楫经过。例如“顺德，在在皆水乡，舟航所达，川流四绕，阡陌交通。故力农尤便”[①]。“顺德有水乡曰陈村，周迴四十余里，涌水通潮，纵横曲折，无有一园林不到。夹岸多水松，……桥梁长短不一，处处相通。周入者咫尺迷路，以为是也，而已隔花林数重矣。[②]”可见，园林、花卉种植等经济活动，也是靠船艇运输的。

随着商品经济的发展，涌现了一个新的小商小贩阶层[③]，这个阶层是以从事短途商品流通的人群阶层为主，在珠三角本地的商品流通网络中发挥积极作用。商品多以农产品、日用品、手工品为主。屈大均记录[④]：“每当荔枝熟时，舟自扶胥历东西二洲，至于沙贝。一路龙丸凤卵，若丘阜堆积。估人（即小商贩）多向彼中买卖。……凡四阅月而后已。”小商贩一方面做短途的贩卖；一方面聚集零星的商品，然后成批地卖给批发商作为长途贩卖的大宗货物。同时小商贩又作为批发商贩贩卖外地商货。往来于河涌交织如网的珠三角小商小贩，依靠水运短途客运货源，在活跃地方经济方面起到重要作用，因而区域内部的船渡往来亦极为频繁。

以从事小商品生产为生的专业户，如香户、花户、茶户、葵扇户、草织户、蔬菜户、果木户、蚕桑户、鸭户等，也多是自己产品的推销员。他们也是河涌上长水渡和横水渡的乘客。专作短途运输的船艇日益增多。当时的船艇是客、货运混杂在一起的。除了官宦富室的游艇外，并设有专供客人乘搭的船。万历年间（1573—1620年），新会举人李子世诗咏江门船渡景象：“千船如蚁集江边，却喜江声效雨喧。向晚绿杨归渡映，远灯明灭认前村。”“千船如蚁”展现一幅江门航运渡船众多，水运交通发达的景象。

水运还在珠三角河网地区农业生产活动中起到积极作用。明代，伴随着人口增加，珠江三角洲地区人民大量围垦沙田。中山县北部的西海十八沙和新会东南部的沙坦，以及东海十六沙河番禺南部一带的沙坦，都先后被围垦成田。新围垦的沙田，距离农户的住地比较远，在开发初期，是没有居民点的。因此，沙田开垦的农户往往用大船载送佃户和耕牛、农具前往耕种。“盛平时（指明晚期），海无寇患，耕者不须结墩，皆以大船载人牛，合数农家居之。[⑤]”疍民往往受雇，参与围垦、耕种。他们也自当以舟艇往来

① 咸丰《顺德县志·卷三·“风俗”条》。

② 屈大均：《广东新语·卷二·“陈村”条》，中华书局，1997年。

③ 叶显恩、谭棣华：《明清珠江三角洲农业商业化与墟市的发展》，《广东社会科学》，1984年第2期，第73-90页。

④ 屈大均：《广东新语·卷二十五·“荔枝”条》，中华书局，1997年。

⑤ 屈大均：《广东新语·卷二·“沙田”条》，中华书局，1997年。

于沙田之沟渠间。屈大均有诗云："上有浮田下有鱼，浮田片片似空虚。撑舟直上浮田去，为采仙人绿玉疏。[①]"说的是撑舟到搭架起来种菜的浮田中采摘的情景。从边远的沙田到附近的池塘浮田都大量地使用舟艇，水上运输在农业生产中的使用是非常广泛的。

商品化的过程中，一些富有的家族，有了游山玩水的需求。这时候，供旅游用的游艇也应运而生，成为水运的特色。珠三角有西樵山、莲花山、圭峰山、鼎湖山等山明水秀的风景胜地。一些官绅富户、文人雅士，为了观光览胜，自置舫艇。新会的伍云，自备"光风"艇，在清风朗月之夜，乘艇出游。东莞邓云霄（万历进士，官至四川参议）有舫名"天坐轩"，张萱有舫名"五名瓠"，均用来旅游[②]。看来利用水运进行观光旅游也是水运经济的历史功能。

二、远洋通航

广东在悠久的历史中，一直担负着通过海上航线，链接世界其他地区的作用。中国海上丝绸之路的发展，与广东的远洋通航息息相关。而关于远洋通航的起点，则是广东航运历史上的重大研究。目前业界已经达成共识：徐闻古港将海上丝路历史推前到西汉[③]。徐闻古港及汉代远洋航线，是海上丝绸之路的历史起点[④]。徐闻古港在西汉时期有繁荣昌茂的历史，徐闻作为西汉海上丝绸之路的始发港毋庸置疑。

在徐闻仕尾村北仕尾岭高崖上，有一座呈八角形、径2米、深40厘米的巨型石碗形的"航标灯座"。此灯座以一天然巨石雕琢而成，灯座八角有八卦饰纹、内被火灼成黑色，因年代久远而有多处龟裂，为典型的汉唐导航灯座。

在广东省博物馆内，静静地躺着一组汉代遗物，它们厚重，红褐色泥质陶物品，直径仅有14.5厘米，中分四部分，正中为近似小篆的"万岁"二字，两边为云纹。这是出土于湛江徐闻县二桥村汉代遗址的"万岁瓦当"。

在古代，万岁瓦当象征着使用者高贵身份与崇高地位，而徐闻位于中国大陆最南端的广东雷州半岛，在历史上属于"荒蛮之地"，如此珍贵的文物出土既令人惊叹，又进一步佐证了徐闻古港在我国海路贸易上曾经辉煌的历史。

《汉书·地理志》："日南障塞，徐闻合浦开航"，"徐闻南入海，得大州东南西北

---

① 屈大均：《广东新语·卷二七·"蕹"条》，中华书局，1997年。

② 屈大均：《广东新语·卷十八·"诸舫"条》，中华书局，1997年。

③ 张荣、周永卫：《汉代徐闻与海上交通》，《中山大学学报》（社会科学版），2002年，第3期，第1-8页。

④ 通讯员张世越、王孝、黄中伟、邓祥、徐大荣：《徐闻，二千年"汉港"千百年文化传承》，《湛江日报》，2014-07-10A11。

方千里”。这组描写了西汉时期，我国出海贸易船通过徐闻古港起航的记载，是古代海上丝绸之路的最早文献记载[①]。不过，古之“徐闻”是否今之徐闻，学界多年存在争议。万岁瓦当在徐闻出土，引起了中山大学历史系教授黄启臣等专家的关注。如今偏居于广东西南一隅的县城，是否就是2000多年前西汉时期我国海上丝绸之路的始发港所在地。

带着这样的疑问，2000年6月和2001年3月，由黄启臣带队，由广东省人民政府参事室、广东文史研究馆等机构的专家组成的考察团，先后两次踏上这片神秘的土地进行详实的田野考察。在徐闻县西南沿海土旺村（与徐闻古县治“讨网”音近）二桥、仕尾一带，即发现万岁瓦当的汉代遗址附近，考察团又一次发现汉代板瓦、汉代私印、汉墓群、烽火台等遗存。尤其是一座矗立于北仕尾岭高崖上的“航标灯座”引起了考察团的高度重视。这个灯座临海湾不足10米，多年被当地群众认为是马饮水的“马槽”。经验丰富的考察团多位成员一致认定，这为典型的汉唐代导航灯座，“汉唐时期曾在此点燃‘烽火’，示意方位”。

这次田野考察取得了重大的突破性成果。考察队的专家一致认定，该次田野考察的实证与史料记载“不谋而合”，徐闻古港在西汉时期有繁荣昌茂的历史，徐闻作为西汉海上丝绸之路的始发港几无争议[②]。

这项实证成果，意味着将20世纪90年代联合国教科文组织专家考察团在泉州确定的中国海上丝绸之路在南宋始发时间，推前到西汉，从而具有将中国海上丝绸之路史推前一千三百年的意义[③]。

隋朝结束了近三百年的南北分裂对立局面，建立一个强大而统一的国家。隋王朝继承了吴晋南朝重视海上交通的传统。隋炀帝曾派使节出使赤土国（马来西亚北部），使团出发地正是广州[④]。当时东南亚的真腊（柬埔寨）、婆利（印尼）、丹丹（马来半岛）等十多个国家和地区都与隋朝有来往，广州是东南亚贸易最大的中心，是国内最为重要的对外贸易港口。

唐朝正式形成了“海上丝绸之路”，当时的名称是“广州通海夷道”。唐人贾耽《广州通海夷道》把广州到巴士拉港的航路，作为东路航道；把阿拉伯半岛沿岸乃至亚丁湾、红海航道成为西路航道。东路航道地点大致包括今越南、马来西亚、印尼、斯里兰卡、印度、巴基斯坦、伊拉克等国境内的沿海据点。把乌剌即奥波拉作为东西路商道

① 邓家倍：《合浦与徐闻在海上丝路始发港地位与作用比较研究》，《中国地方志》，2005年第10期，第55-59页。

② 黄启臣：《徐闻是西汉南海丝绸之路的出海港》，《岭南文史》，2000年第4期，第17-18页。

③ “海上名粤”系列报道组：《海上丝路最早可追溯到何时？》，《南方日报》，2014-07-09。

④ 魏征：《隋书·卷八十二·赤土传》，中华书局，1973。

的交汇点。奥波拉是波斯湾中早期的贸易中心，有运河和大食重镇末罗（巴士拉）相通。西路航道地点大致包括今天的沙特阿拉伯、阿拉伯联合酋长国境内的沿海据点。广州通海夷道，作为唐朝最长的远洋航线，同时也是我国人民航海活动辉煌长久的标志，长留史册[①]。而这条航线的起点，就是当时海上丝绸之路最重要的始发港——广州。同时，我们也应注意到，从广州港起航，也有通往日本、朝鲜的航线。

与唐宋时代不同，明清时代的广东航运，直接面对的是快速工业化的西方殖民主义列强。欧洲的殖民主义国家，依靠航海业，开展海盗式的海上贸易掠夺，以实现资本积累。自15世纪末哥伦布发现美洲新大陆，麦哲伦开辟环球航线后，全球性的航运大发展已成潮流。葡萄牙、西班牙、荷兰和英国的武装船只相继东来，企图在东方建立殖民地，中国正是争夺的焦点区域。

正德六年（1511年）后葡萄牙殖民者开始在中国设法打头阵，通过行贿、强占、侵扰等办法企图获得殖民权益，屡遭挫折。唯独经过近百年的运作，终于将香山的澳门，从临时停靠的珠江口泊口，经营为拥有万家，已十余万众的城市[②]。

葡萄牙殖民者取得澳门作为据点之后，建立起西自印度果亚，东至日本长崎的东方商业网。他们把欧洲的工业品，运至南洋群岛，换取香料、白檀、宝石等物品，然后通过澳门这一贸易港口取得中国的丝织品，转运到日本换取金银，又以金银换取中国的麝香、珍珠、象牙精制品、细木器以及陶器等运回欧洲[③]。16世纪下半叶，葡萄牙人从以澳门为中心的东方商业网，获得了大量财富。17世纪荷兰海上势力崛起，并进而控制马六甲海峡。葡萄牙人和荷兰人逐步通过各种手段插手并取代闽广商人在马尼拉生丝市场上的交易[④]。

明万历到崇祯年间（1573—1644年），广州的海上航运中心地位依旧不可撼动。广州每年夏冬两季举行定期集市，开市每次为数星期或长达数月，中国各地商人源源运来货物，在集市上陈列，供外国商人选购。外国商人也将各国商品汇集于广州交易。然而，此时的澳门随着葡萄牙等的经营已日趋繁荣。广东沿海的其他泊口逐步废弃，澳门作为番舶停泊的主要泊口得到更多的集聚发展[⑤]。澳门已经成为西欧国家在东方进行国际贸易的中继站，成为广州的外港而分享了广州的部分海外贸易功能。

随着各路航线的逐次开通，中国商品在世界的名气越来越大，就连沙皇也想着怎么

---

① 沈光耀：《中国古代对外贸易史》,广东人民出版社，1985。

② （明）王临亨：《粤剑篇·卷三》。

③ 转引自百濑弘：《明代中国之外国贸易》，见明史论丛之九，《明代国际贸易》，台湾学生书局印制。

④《关于中国贸易问题的简要报告》，载厦门大学郑成功调查研究组编：《郑成功收复台湾史料选编》。

⑤ 转引自庞尚鹏《抚处濠镜澳夷疏》，《广东文征·卷八》，“奏疏”，香港珠海书院出版委员会印行。

直接到中国做生意，免去俄国花高价从英国购买所需的中国商品。于是，在1803年（嘉庆八年）5月，俄国两艘军舰，从俄罗斯圣彼得堡喀琅施塔得塔出发，横跨大西洋，次年绕南美洲的合恩角进入太平洋，向西航行，抵达夏威夷群岛，再渡太平洋到马尼拉，于1805年11月抵达广州。时人王之春记述："乙丑嘉庆十年冬十二月，禁俄罗斯商船来粤互市。"虽然俄国提请互市的要求没有得到清政府的官方许可，但广州—俄罗斯航线毕竟开通，从广州出发的"海上丝绸之路"最远点又转动了位置。

清朝前期，广州作为唯一对外贸易港口，在历史洪流中留下一抹更具理想色彩的颜色。洋务运动时期，清政府派出了赴美留学的第一批留学生，来自广东香山县南屏村（今珠海市南屏镇）的容闳就是其中一个。1847年容闳赴美留学，就是顺着"中国皇后"号航海线路去的。容闳在日记中写道："舟既过圣西那利岛，折向西北行，遇'海湾水溜'，水急风顺，舟如去矢，未几遂抵纽约。"

"中国皇后"号的成功航行，宣告着广州—北美航线开通[①]。也正预示着清朝——中华封建帝国最后一个朝代黄昏前的荣光。作为美国首任驻广州领事——山姆·肖，也是"中国皇后"号的船长，当时从中国带回一个瓷碗，碗底刻有"中国皇后"号商船字样。1784年，美国刚刚独立，摆脱了英国的殖民地控制，开始酝酿着与中国开展贸易关系。是年2月22日，一艘360吨位的商船"中国皇后"（Empress of China）号，载着40多吨西洋参以及棉花、羽纱等大批货物，从纽约起航出海，横渡大西洋，绕过好望角，经印度洋抵达澳门，于8月23日 到达广州黄埔港，历时188天，航程13000英里，换算为2万多公里。4个月后，"中国皇后"号再次起航，带着丝绸、瓷器回到纽约。从此，广州—北美航线得以开通。

远洋通航并不意味着单方向的输出，输入更是十分重要的一环。中国的传统文化中，有着封闭与自给自足的因素。在相对领先的年代，这种文化特点尚未带来更多的问题。但在欧洲开始现代工业化的进程之后，中国就成为殖民与商品倾销的目标。航运经济就成为外部强大的经济势力掠夺中国经济利益的手段。而这样的特点是建立在外部航运科技力量逐步超过中国航海科技的基础上的。落后就会挨打，便利的海上航运条件也会反过来成为外国势力经济、军事与政治入侵的条件。

从清初开始，欧洲列强依次闯入南海水域。英国，是继葡萄牙、西班牙、荷兰等国之后东来的。英国在其他殖民者共同争夺中国市场的过程中，通过各种手段发展巩固自身的势力。英国最终凭借工业革命的强大产业科技力量，在航海方面取得明显优势，成为清代前中期，乃至后期对华贸易及船运的主角。乾隆十六年（1751年），到黄埔港的

① 梁碧莹：《美国商船"中国皇后"号首航广州的历史背景及其影响》，《学术研究》，1985年，第2期，第75-79页。

外国商船，共18艘，属英国的占半数。乾隆五十四年（1789年），驶入黄埔港的外国商船86艘中，英船60艘，占总数的71%。到18世纪末，英国在广州的商业机构已经有很大的规模。英国有自己的货栈，并逐步从欧洲其他国家手中夺取了茶叶贸易的垄断权。英国政府甚至还要求有一个小地方或者珠江口的附属岛屿作为货物中转集散的地方[①]。英国的这一设想最终通过两次鸦片战争强租香港岛及新界最终实现。1784—1811年，从广州口岸出口的英国船有762艘，占当时对西方各国从广州出口船只的58%；美国有船只378艘，占28.9%[②]。英美两国占到了出入广州外国船只的绝对多数。

从广东与全球各地的通航开拓情况来看，可以汇总广东航运经济远洋通航发展历程如下：

汉——航线：南越国—南海海域—中南半岛—马来半岛—南亚次大陆—阿拉伯地区。到达最远处：阿拉伯地区。

唐——航线："广州通海夷道"（广州珠江口屯门山—南海—越南—波斯湾—乌剌国—巴格达）。到达最远处：巴格达。

明——航线："太平洋上的丝绸之路"（广州—马尼拉—太平洋—墨西哥西海岸—秘鲁）。到达最远处：拉丁美洲。

清——航线：航线1."中国皇后"号航线（纽约—大西洋—好望角—印度洋—澳门—广州）。到达最远处：纽约。航线2.圣彼得堡喀琅施塔得塔—大西洋—南美洲合恩角—太平洋—夏威夷群岛—马尼拉—广州。到达最远处：圣彼得堡。

三、走私逐利

广东自秦汉开始的海上贸易传统十分深厚，沿海、沿河民众依靠航运从事经济活动的习惯已经时代传承。在航行伴随风险的同时，航运也伴随着较高的贸易利润。在正常和平年代，这种海上贸易的民风与监管方面尚不存在较大的矛盾。可一旦从政治管理上禁海，剥夺了沿海从事航运贸易人们的生计，则必然会引起各种抵制。这种抵制以地下贸易及走私航运为体现。或者相关产品如鸦片等若具有暴利性质，则走私的可能性也会增大。沿海商民与西欧商人均具有这种走私逐利的动机。比如，在清初禁海期间，他们不惜冒着"海盗""通叛"等杀头之罪而下海贸易。欧洲国家在清后期，甚至开展了大规模的鸦片走私贸易。在我们建国后的改革开放前的时代，海洋贸易监管尚未全部放开，走私等行为也屡禁不绝。航运经济所伴生的非正式非官方经济交往关系，十分值得关注与研究。

---

① 聂宝璋：《中国近代航运史资料》，上海人民出版社，1983，第一辑，上册，第314页。

② 聂宝璋：《中国近代航运史资料》，上海人民出版社，1983，第一辑，上册，第10页。

顺治十二年（1655年），有3艘广东帆船前往日本长崎贸易，载去生丝、丝织品和其他货物[①]。顺治十八年（1661年），又有3个广东商人搭乘一艘私自渡海前往日本的商船。1人是顺德县人高参，携绉纱50匹，价值银170两；1人是雷州人周太，携细毛毡45条，价值银81两；另1人是新会县人卢五秀，携货价值510两[②]。康熙年间，广州羊城长寿院长老徐汕俗（石濂和尚），也"大修洋船出海，货通外国，贩贱卖贵，往来如织，于是长寿院富甲一时。[③]"

禁海期间，澳门与内地的贸易业是禁止的。康熙十七年（1678年）恢复广东与澳门的边界旱路贸易，但水路贸易依然绝对禁止。在距离澳门十里有十字门岛，岛中港湾支叉众多。这里成为走私商船理想的集中贸易点。"通洋往来之舟皆聚于此，彼此交易。故有时不必由澳门也。[④]"不少商民"乘驾大船潜往十字门海洋，与夷人私相交易"。然后满载洋货，分几路偷运回来，有由虎门东莞而偷运入省者；有由秋风口、朗头以抵新会等处而偷运回栅下、佛山者[⑤]。货物上岸后，他们又瞒过税关，偷偷卖与广、佛两地的"店牙经纪"。

清代前期禁海期间的走私商船，实际上是市场经济的内在动力冲破闭关锁国政治束缚的努力。中西方的商贸群体相互配合进行帆船贸易，使广东海上航运保持不绝如缕的局面。可见，单纯的禁海对国民经济的损害甚大，应该引起反思。另外，走私就意味着政策框架已经不适应贸易供需对接的需要。贸易者担惊受怕，用高风险来换取高利润；监管者劳心费力，千方百计防止不合法的贸易与税收流失。由此可见，创造安全、合法、共赢的贸易框架就愈发重要。

四、粤人渡海

清代广东的沿海运输已经与内河运输紧密联系为一体，形成一个纵横南海、通贯三江、兼带岭北的巨大运输网络。但是货运发达的同时，客运方面相对受到很大的限制。官方严禁官民人等擅自出海。《大清律例》第二百二十五条规定："一切官员及军人等，如有私自出海经商者，或移往外洋海岛者，应照交通反叛律处斩立决。"清王朝施

① 岩生成一：《近世日中贸易数量的考察》，史学杂志，1953年，第六二编第一一号。

② 韩振华：《一六五〇—一六六二年郑成功时代的海外贸易和海外贸易商的性质》，《郑成功研究论文选》，福建人民出版社，1982年。

③ 刘世馨、黄佛颐撰、钟文点：《粤屑》，清乾隆上海申报馆铅印《申报馆丛书》本，1994，卷二，第十四页。

④ 吴震方：《岭南杂记》上卷，商务印书馆，1936年。

⑤ 李士桢、沈云龙：《抚粤政略·卷六·文告》，1966年。

行海禁，对官员、军人出海经商的禁制尤为严厉。因此，尽管与周边区域及海外的商贸联系十分频繁，却难以开辟沿海客运的航线。清朝前中期，“闽粤之轻生往海外者，冒风涛蹈复溺而不顾”[①]，相习成风。粤人的渡海外出，就成为沿海客运的重要内容。

广东人渡海外出的最重要路线，是沿粤东、粤中海岸西行，经过琼州海峡，到安南、暹罗和南洋群岛的新加坡、爪哇等地。当时渡海之人，广东沿海各县都有，而以潮人为多。潮汕地区人口密集，但粮食供应等相对不足。因此靠海吃海、外出谋求生路成为非常重要的发展路线。雍正二年（1724年）广东巡抚年希尧发现，暹罗国来船的梢目（水手）徐宽等九十六人“均全系广东、福建、江西等省人民”[②]。暹罗国“因该国民人不谙营运，是以多请福潮船户代驾。[③]”在安南，1767年，“场厂盛开，监当官多请‘清人’采之。于是一厂佣夫至以万计。矿丁曹户，结聚成群，其中多潮州、韶州人”[④]。

粤人渡海的另一条路线，是从海南岛渡海迳往南洋群岛。乾隆年间，很多海南岛人就是在泰安南方出海到南洋群岛谋生的[⑤]。特别是1819年，英国占领新加坡之后，需要大量劳动力，于是此时从海南岛新加坡的民人非常之多。他们成群结对，乘海船横渡北部湾而去[⑥]。

还有一条路线是从潮州府澄海、南澳、饶平直渡台湾。多为潮州府、嘉应府之人。清代前期，嘉应州“地狭人稠，雍乾间半渡台耕种”[⑦]。其中又以镇平人最多。康熙年间，镇平县“地窄人稠，多就食于台湾”。但当时海防禁例甚严，往往“苦无以渡”。康熙六十年（1721年）镇平知县魏燕超请准上官，凡到台湾耕作者，由本籍县官给照至泉州厦门海防同知验放，准予渡海。这就使镇平人赴台湾成为合法行为。于是镇平人富者走厦门渡台，贫者“往往在潮州樟林径渡台湾”。到嘉庆、道光年间，镇平县赴台湾耕佃者已达“十之二三”[⑧]。清代前期，“移往台湾者，仅噶玛兰[⑨]一地，就有闽粤两省移民四万多人”[⑩]。可见渡台粤人之多，广东与台湾的联系十分密切。粤闽民众赴台，

---

① 颜斯综：《南洋蠡测》，载王锡祺：《小方壶斋舆地丛钞》，2004年，再补篇第10帙。

② 郝玉麟、鲁曾煜：《广东通志（道光）·卷一七〇·“经政略”十三》，四库全书本，1987年。

③ 梁廷枏：《粤海关志（校注本）》卷二十一贡舶一，广东人民出版社，2002年。

④ 颜斯综：《南洋蠡测》，载王锡祺：《小方壶斋舆地丛钞》，再补篇第10帙，2004年。

⑤ 小叶田淳、迅斋：《海南岛史》，学海出版社，1979年，第253页。

⑥ 小叶田淳、迅斋：《海南岛史》，学海出版社，1979年，第279页。

⑦ 袁昶：《广东便览·卷一》。

⑧ 黄钊：《石窟一征·卷三·教养》，1930年。民国十九年广东黄睦记铅印本。

⑨ 噶玛兰，台湾原住民，原居于宜兰地区。清叶以降，随着汉民族的不断迁入，土地与文化的纷争与对立，迫使族人大量南迁到花莲、台东的海岸线一带，目前仅有新社、立德等少数部落，还维持着语言、祭仪等风俗与传统。

⑩ 刘锦藻：《清皇朝续文献通考·卷三十》，浙江古籍出版社，1988年，第516页。

带来了区域发展的密切互动，也引发一系列的社会经济文化影响。

当时粤人的渡海方式主要有两种方式：一是游贾不归，二是偷渡。商人合法经商，乘船游贾于外，见海外有利可图，于是留寓该国不归，此类商人在清代是很多的。一般是年轻时候外出经商，经商有成后在海外成家立业。至于偷渡，是买通船户，偷偷搭上商船，瞒过官府稽查，漂洋而去，存留不归。雍正年间，广东、福建、浙江一带商船出洋，往往运多报少。每船所报人数七十人左右，“其实每船皆私载二三百人。到彼之后，照外多出之人，皆存留不归。”更有一种贪财的船户，用一些货物做掩护，剩下的空仓位腾出来，“竟将游手之人偷载至四五百人之多，每人索银八两或十余两。载往彼地，即行留住”。当时估计噶喇叭[①]有移民数万，吕宋也有“百数千人”。而其中“粤省与江浙等省居十之三四”[②]。可见到南洋群岛的粤人主要是以偷渡方式进行。渡海到台湾之人，除陈平人在康熙末年曾一度取得合法移民许可之外，也是以偷渡为主。沿海之民，“多冒险潜渡偷运，尤以闽粤二省之民为甚。康熙末年，各处移民，约占台湾全岛之半”[③]。清代前中期，几乎所有到台湾的商船都附搭着偷渡之民。乾隆五十六年（1791年），在台湾淡水厅中港口外查获广东红头船一只，内有偷渡客民余富等九人。同年，在台湾彰化县武络洋查获广东海丰县牌竹港来船一只，内有偷渡客民林喜等二十四人。乾隆五十八年（1793年），在台湾大鸡笼（今台湾省基隆市）港又查获广东潮阳偷渡商船一只，船户马辅专门揽客偷渡，每人索船租四元，先后揽得同乡刘叟等十人载运前往。此外，有些偷渡客民甚至不由商船搭载，竟互相纠约数十人或数百人，合置船只，由沿海僻静小港口偷渡到台，弃船登岸[④]。

清代广东沿海的合法与非法客运存在，为大批华侨移居海外作出了重要的贡献。广东人在鸦片战争前主要移民活动是前往东南亚，鸦片战争后大量广东契约华工被运到中南美洲、北美洲，包括澳大利亚、非洲，少数去了欧洲。鸦片战争后，广东人从东南亚走向世界。从整个中国来讲，当时广东移民走的地方是最多的。

海上丝绸之路同时也是一条移民之路。特别是明朝中期海禁时期，民间的海上贸易交流渐占上风，广东红头船性能好、数量多、行驶灵活，成为了南粤先民与东南亚地区开展频繁贸易的主要交通工具，保持了这种民间经贸往来的活跃。这既是广东人民商

① （SundaKalapa）古地名。即今印度尼西亚首都雅加达。名见《东西洋考》第三卷。《海录》译作“噶喇叭”，有专条记述。约1527年，其地为淡目国（Demak）所占，改称雅加达。后归万丹国管辖。1621年荷兰殖民者侵入，又改称巴达维亚。印度尼西亚独立后，仍名雅加达。

② 陈翰笙：《华工出国史料汇编》第1辑，转引雍正《朱批谕旨》第46册，中华书局，1984年，第26-27页。

③ 袁颖生：《重修台湾省通志·卷四》《经济志金融篇·卷四》，商业篇，南投：台湾省文献会，1993年。

④ 庄吉发：《清初闽粤人口压迫与偷渡台湾》，《大陆杂志》，1980年第60卷第1期。

业文明传承的体现，也为如今我国与东南亚甚至更广泛地区保持交往奠定了基础。东南亚广东商人已融入当地的主流社会和国际主流经济，在东盟成员国家和地区的政治、经济和文化领域中，有着举足轻重的地位和影响。而沿海各市，也依托得天独厚的侨乡优势，充分利用侨务外事资源，成为对外开放的“桥头堡”，这其中的历史脉络的确值得人深思。

五、监管治理

航运经济管理则是中央与地方对广东航运经济的监管、服务以及相应支撑体系的建设。这一脉络贯穿了市舶司、粤海关、十三行等历史过程。

公元前221年，秦始皇统一中国后，曾派遣50万大军“南征百越之君”，把东南沿海纳入王朝统治。秦灭后，秦将赵佗在岭南建立南越国。史学家认为，赵佗的贡献不仅在于按照秦汉制度在岭南推动封建化进程，促进岭南地区社会经济的开发，并且还大大推进了先秦以来不断发展的海外交通与南海贸易。

彼时，汉朝加强海上丝绸之路沿海港市的管理，唐代《元和郡县图志》中记：“汉置左右候官在徐闻县南七里，积货物于此，备其所求以交易有利，故谚曰：‘欲拔贫，诣徐闻。’（即要发财，到徐闻）”

乾隆二十二年（1757年）十一月，清廷规定“番商将来只许在广东收泊贸易”后《防范外夷规条》又得乾隆批准，粤海关自此成为了清政府批准的能与各国外商通商的唯一口岸，“一口通商”时期自此开启①。

粤海关前，数位负责“丈量船只”的海关官员根据外商货船的长宽尺寸划分等级，再由身边的同僚完成“计核船钞”。随后，中国官员们为外商们“犒以牛酒”，以示“怀远柔夷”。浓重的商业精神成为广东数千年一直充满活力的关键。特别是我国与东南亚地区间保持了几个世纪的“和平贸易”，在中外历史上都被传为佳话，广东这一门户港所发挥的作用功不可没。

清代关闭三海关，只是针对英国、荷兰等西方国家，而中国与日本、朝鲜，以及东南亚各国的交易并未受到管制。同时代，中国商人主动出海与东南亚诸国的贸易更是繁盛。时至嘉庆二十五年（1820年）前后，我国驶往东南亚的帆船多达295艘。

那时广东地区海船保有量最多可达16000艘。由于按照政府规定，广东船必须在船头涂上红色标记，以便与福建、浙江等省船只相区别，广船便从此以“红头船”之名行走天下。“红头船”成为广东航运经济文化的历史印象。

---

① 黄启臣、邓开颂：《略论粤海关的若干特殊制度及其影响》，《广州研究》，1985年第1期，第66-70页。

康熙二十四年（1685年），清政府在广州施行“以官制商，以商制夷”的管理海外贸易制度。外商到广东，必须“投行认保”，通过行商开展贸易活动。“十三行”，是广州人对经营进出口贸易的官方认定商行机构的俗称。十三行，也叫做“洋行”“洋货行”“外洋行”，就是清代前期广州官府特许经营对外贸易的商行。为统一管理、避免相互恶性竞争，十三行商人在1720年组织了垄断性的商人组织——“公行”。公行包办贸易，规定价格，甚至办理一些地方局部性的外交事宜。乾隆十年（1745年），又在商行中指定伍绍荣和卢继光为“总商”。

乾隆二十二年（1757年），广州成为独口通商口岸后，西洋各国正式贸易限于广州一处，十三行业务更为发达。清政府禁止外国商人到闽、浙、江海关贸易后，广州成为清王朝唯一的贸易港口。随着行商制度的完善，行商人数快速增多，整个市场贸易网络形成。1757—1840年的83年间，广东地区海上航运出现一派繁荣景象。18世纪末到19世纪初，广州港每年出入的外船吨位有4万～7万吨[①]。这一时期行商的主要职能包括：第一，代纳关税。第二，代购代销。第三，代理对外的一切交涉。第四，监督外商，为外商做担保人。此外，对航线的划定，也有很重要的掌握权。

由此可见，十三行商人介乎外商、华商和官府的三角关系中，既享有特殊的社会身份地位，又垄断着对外贸易。十三行商人是封建政权在对外贸易方面的代理人。

由于十三行行商懂得外语，实际上也就担当了清廷外事工作的代言人。传教士要进入中国也必须先与十三行打交道：著名画家郎世宁就是十三行商人向朝廷引荐的，美国医学博士伯驾也在当时行商伍秉鉴的支持下，开设了中国第一家西医院。以十三行为代表的粤商是近代西方科学、艺术、经济，乃至民主思想的最早接触者。他们在“一口通商”的特殊环境下仍使广州保持着对外开放的活力[②]。

广东十三行众行商们的努力在这一背景下不断放大，催生了广州对外贸易的盛放年代。广东经济也在那时得到空前发展，经济成就一举超越过去2000多年。当时有句话，“银钱堆满十三行”，是何等盛景。1820年时，十三行商人伍秉鉴资产达2600万银两，堪称世界首富，这笔资财在当时相当于50亿美金。这批商人已脱胎于封建时代的传统商人，他们的商业理念与契约精神在旧时代最为接近现代商业社会。

对此，广州大学十三行研究中心教授赵春晨认为，当年清廷在广州推行“一口通商”有着多重考量，并非如人们所认为的单纯是政治考量[③]。“清初，浙、闽、江、粤

① 李洵、薛虹：《明清史》，辽宁人民出版社，1985年，第256页。

② “海上名粤”系列报道组：《海上丝路给广东带来了什么？》，《南方日报》，2014-07-23。转述十三行商人、“天宝行”创始人梁经国的后人梁承邺的评论。

③ 赵春晨、陈享冬：《论清代广州十三行商馆区的兴起》，《清史研究》，2011年第3期，第25-36页。

四地海关都是开放的，也经历了一段自由竞争的时期，结果，粤海关的贸易额节节攀升，体现出了强劲的增长势头，超过了其他三家。试想一下，如果广州的国际贸易发展不好，那么只开放这一个口岸，肯定会给清廷带来财政和政治上的双重压力，所以说当年广州国际贸易的蓬勃发展也为其夺下‘一口通商’的地位做出了贡献。”可以说，正是有了这批精于洋务的十三行行商的努力，中国的对外贸易才创下了历代的高峰，无论从对外交往国家的数量上还是对外贸易商品的种类和贸易额上，都达到了古代海上丝绸之路发展进程的巅峰。

六、制造维护

航运科技演变则是从船舶技术、航行技术、码头技术、信息技术等多个角度理解航运经济的基础条件变化。从航运技术来看，广东的航运经历过几次发展，包括船舶技术、码头建设技术、水道维护技术、集装箱技术等。而广东航运经济文化史中，制造维修功能，则一直是伴随着航运经济发展的重要经济形态。

船作为载体，是实现海上交流和跨国贸易的前提；与造船密切联系的航海技术，也是海上丝绸之路赖以维系和拓展的关键。秦代造船遗址位于广州市区中山四路原市文化局内，证明秦汉时期我国的造船技术水平和造船规模有了较大的发展。秦汉时代是开发海上贸易，将航海向远洋发展的重要时期。据史书记载，秦始皇平定岭南时期，当时处在番禺（即今广州）的一支秦军，专门建造了大量的船只，供平定瓯越所需。出土于广州的秦代造船工场遗址[①]为我们带来直观的感受——距今2000多年前的造船工场颇具规模，当时已可以造出宽8米、长30米、载重五六十吨的木船。

从技术角度，沿岸航行一般根据山形水势或航标来引航，是地文航海。八卦航标灯座位于徐闻县南山镇仕尾岭高崖上，以一块天然巨石雕琢而成，呈八角形，直径2米，深约40厘米，八角均饰八卦纹，是典型的汉唐代导航灯座。这里距离海湾不足10米，是为来往船舶导航的最佳位置。灯座直径2米，从底部尚存的雨水倒影中，依稀闻到一股油火味。2000多年前，这里的熊熊烈焰指引着夜空下的航船，从海上丝绸之路始发港驶向远方的世界[②]。

广州是中国古代的造船基地，出土于广州的东汉墓还有不少船模，有货艇、渡艇，还有人货并载的航船。单从广州东汉墓出土的陶船看，船分前、中、后三舱。前舱低矮

---

① 陈华堂：《论“广州秦代造船工场遗址”的地貌》，《热带地理》，2001年第21卷第4期，第384-386页。

② 司徒尚纪、李燕：《汉徐闻港地望历史地理新探》，《岭南文史》，,2005年第4期，第13-16页。

宽阔，蓬顶为拱形；中舱略高，呈方形；后舱稍狭而高，是舵楼；船尾还有一间矮小的尾楼。这种船吃水深，负载量大，适合深水航行。这反映出2000多年前广州造船技术和生产能力就已达到了相当高的水准。

广州地区濒临南海，海岸线长，自古以来，居住在这里的劳动人民就以“善于造舟”闻名于世，自秦汉以来造船业颇为发达。从广州汉代墓葬中出土的船舶模型和文献记载中可以窥见广州汉代船舶的基本形制和特点。据《广州汉墓》一书记述，广州曾在12处汉代墓穴中出土过船模，包括西汉中期的木板船模和东汉陶船模。

广州秦代造船遗址、“南海一号”“南澳一号”、“红头船”等，真实地记录着广东古代远洋造船技术的发达。南澳一号是明朝万历年间一艘向外运送瓷器而失事沉没于汕头市南澳县附近海域的商船。船上装载的生活用具等文物极具价值，有盘、碗、罐、碟、瓶、盖盅等，横跨宋、元、明三个年代。有专家推测这或是一艘从漳州月港出发驶往东南亚的商船。

“南海一号”是一艘在海上丝绸之路向外运送瓷器时失事沉没的南宋初期古船，沉没地点位于阳江市南海海域。“南海一号”是迄今为止世界上发现的海上沉船中年代最早、船体最大、保存最完整的远洋贸易商船，它将为复原海上丝绸之路的历史、陶瓷史提供极为难得的实物资料，甚至可以获得文献和陆上考古无法提供的信息。“元承宋制”的说法，这艘被命名为“南海一号”宋船的巨大价值在于，它是目前世界发现的海下沉船中，船体最大，年代最早，保存最完整的远洋贸易商船，是研究海上丝绸之路的难得实物史料[①]。

在南越王博物馆有一件独特的出土文物——船纹提筒[②]。提筒周围有四艘形成环纹的战船（后又称“南越王船”）组成的纹饰。船体造型美观，首尾上翘，船的甲板、底板、前桅等部件都能够清晰地分辨。虽然可能经过了艺术加工，但也能充分说明当时造船技术的先进水平，且人们已经将船作为重要交通工具。

东晋八槽舰在公元5世纪由东晋起义军领袖卢循在广东发明建造[③]。上起4层，高12丈，舱底层有隔槽8个，将船体分隔成8个水密舱。这样的结构不仅坚实，即使破损也易于修补，被认为是世界船舶水密舱的最早范例。

---

① 周湘东：《从“南海一号”出水瓷器看古代海外贸易瓷器的生产变迁》，《丝绸之路》，2012年第14期，第52-53页。

② 高占盈：《南越王墓船纹铜提筒纹饰研究》，华南理工大学学报（社会科学版），2008年第4期，第31-34页。

③ “海上名粤”系列报道组：《维系海上丝路的技术条件是什么？》，《南方日报》，2014-07-16。

“舟师识地理，夜则观星，昼则观日，阴晦则观指南针。或以十丈绳钩取海底泥嗅之，便知所至。”在公元1119年成书的《萍州可谈》中，用这样一段相当精彩的描述表现北宋舟师利用天文导航配合地文导航的神奇。从唐代起，我国已逐渐摆脱沿海航行，可以“取直”，对远航技术的掌握让我们可以走得更远。应运而生的，就是唐代开拓的“广州通海夷道”。

然而，当航线横贯海域，长期在见不到陆岸的海中央航行时，就必须采用天文航海来引航了。根据太阳、星辰的方位，辅以指南针引导，将天文定位与地文导航结合起来，再加上可靠海泥辨别方向的高超技艺，可见古代航海导航技术的神奇所在。郑和船队——海上丝绸之路航海造船技术集大成者。经过了长期发展，到了明朝，海上丝绸之路进入鼎盛时代。此时随郑和下西洋的，不仅有指南针，还有郑和海图和过洋牵星术。通过“牵星板”测定星宿位置及与海平面的高度，来判断船舶位置、方向、确定航线，这种方法被称之为“牵星术”，又称为天文航海术，代表了当时世界先进水平。多亏明代茅元仪收录在《武备志》中，《郑和航海图》才得以传世，海图中记载了530多个地名，其中外域地名有300个，最远的东非海岸有16个，是世界上现存最早的航海图集。

与其相匹配的，是被作为古代造船技术鼎盛代表的郑和船队，除帅船拥有9桅12帆的惊人规模外，60多条船的总数也创下当时船队的数量纪录，浩浩荡荡，云帆蔽日，堪称古代巨型航海舰队。正是航海和造船技术的不断发展和相互促进，进一步推动了古代海上丝绸之路顶峰时期的到来。郑和下西洋成为了海上丝绸之路航行中距离最远、次数最多、途经停留国家最多的航海经历。

另外，广船的帆面积很大，犹如羽翼，更便于利用各向风力，甚至可逆风行船。在中国几大古船中，广船因为形态特征和坚固非常，被认为是最适合于南海等艰险海洋环境里航行的船型。

“红头船”[①]祖祖辈辈穿行的这片南海海域，水深流急，暗礁众多。因此，据船史学家金行德介绍，为适应环境，作为中国三大木质帆（海）船船型之一的“广船”，相比于采用松木、杉木的福船，在结构用料中，中龙骨、肋骨、肋板等均采取坚硬强度数倍于前二者的铁力木等硬木，以达到极为坚实的纵向和横向结构强度。

同时，与扁平的沙船不同，为了使南海航行更加安全，广船还形成了下窄上宽的尖底船型，且船头艏柱坚硬锐利，可以劈水，有时即使触到砂礁也可以铲行而过，而且航速很快。

---

① 黄光武：《红头船的产生及其作用和影响》，汕头大学学报（人文社会科学版），1993年第4期，第14页。

到了鸦片战争后，19世纪70年代左右，轮船就开通了。轮船开通的意义是有定期航班，不像以前靠季风来回，更加方便广东移民到海外去。轮船介入后，木帆船虽然还可以从事贸易，但是作为载人工具就被淘汰了。鸦片战争后，美洲横跨太平洋航路建立起来。当时美国造了很多飞剪船，抢运茶叶。后来发现，运契约华工比运茶叶还赚钱，就变成运契约华工到美洲去。

七、舶来经济

广东的手工业带有舶来经济的特点。海上贸易对广东手工业的发展，带来直接而深远的影响[①]。中山大学中国非物质文化遗产研究中心副主任宋俊华表示，以“三雕一绣一彩”为代表的岭南非遗，背后都与舶来文化有着密切关联。“比如，广彩工艺就来自西方的‘金胎烧珐琅’，经本地工匠改良后应用到白瓷胎上。”广东省博物馆研究馆员白芳博士介绍，外销瓷的商品图样多由国外买家提供，大量异域风格的艺术元素也随之移植到本地手工艺品中来。“海上丝绸之路”的帆影已经渐行渐远，但这些岭南非遗的瑰宝，仍在南粤巧匠的手中熠熠生辉。也就是说，由于广东的陶瓷[②]、丝绸等产品主要面向出口，所以其发展就会以市场的需求为导向进行设计制造，会根据国外市场的特点来进行产品生产，这是广东人在适应国际市场上体现出的很好的灵活性与积极性。

2014年4月，在广州博物馆展出的“海上丝绸之路文物展”上，一批外销广彩瓷器的登场，博得市民的阵阵掌声。在其中一件乾隆年间的广彩瓷壶上，西洋半裸浴女正气定神闲地准备沐足，其画风之大胆、开放令人咋舌。馆方还同场展出了多件欧洲王室的徽章瓷。历史的釉光里，仍旧闪耀着海上丝路的辉煌。

广东舶来农业的特点也非常明显。这种舶来的特点，体现在农业生产方式上，根据外向经济的需要进行结构调整，同时吸收了国外的农业品种与种植技术。广东常吃的番薯、占米都是舶来品种[③]。谁能想到，捧在手中的一碗饭，背后也会有着翻山越岭、漂洋过海的传奇故事？正所谓“民以食为天”，在素以“食在广州”名扬天下的广东人心里，“食”更是有着不一般的分量。然而，自古以来，广东就是全国有名的缺粮大省。面对人口的日益增长，智慧的广东人是如何解决粮食危机的呢？

从宋代起，就有占城稻从越南引进广东的记载。占城稻因其耐旱、适应性强、生长

---

① “海上名粤”系列报道组：《海上丝路给广东带来了什么？》，《南方日报》，2014-07-23。

② 翁舒韵：《明清广东瓷器外销研究（1511－1842）》（学位论文），暨南大学，2002年。

③ 蒋建国：《晚清广州城市消费文化研究》（学位论文），暨南大学，2005年。

周期短而广受欢迎，渐渐成为日后广东人饭碗里脍炙人口的“占米”。

到了明代，广东人更是漂洋过海，寻找新作物以解燃眉之急。多产易种的番薯，很快就受到粤人的青睐。根据方志记载，高州人林怀兰曾将番薯“自外洋挟其种回国”，东莞也留下陈益将番薯成功“种播天南”的传说。“番薯清初开始从闽粤沿海传遍全国，为清代中叶的人口快速增长提供了物质保证。”司徒尚纪如此补充。

司徒尚纪还解开了“海上丝绸之路”与广东粮食危机更深层的联系：由于受到海外市场的刺激，广东越来越多地区改种桑、茶、甘蔗等经济作物，大量农田甚至出现了“废稻树桑”“废田筑塘”的奇特景观，这都深刻改变了广东的农业结构。

“西洋菜”恐怕是全中国名字最“洋气”的一个菜种。这种蔬菜也确实来自西洋[①]。它的正式学名为“豆瓣菜”，又称为“水蔊菜”，广东人认为有清热、润肺、止咳的食疗效用，因而常常见诸粤菜之中。作家叶灵凤《香港方物志》介绍，广东人习惯称葡萄牙为“西洋”，香港的西洋菜首先移植自澳门，因而得名。百年之前，香港九龙一带就已西洋菜田密布，至今旺角仍留下了“西洋菜街”的路名。

外向经济对广东的影响是深远的。特别是近代以来，与海外的交流对广东的经济发展形成了深刻的影响，并在全国经济发展中体现了外向型的特点。从历史的角度上看，舶来经济的特点不仅对手工业、农业等都有深刻的影响，而且对居民的生活习俗、建筑风貌、文化特点等有着更为深远的影响。

① 南希：《南国珍肴西洋菜》，《食品与生活》，2009年第12期，第27页。

★ **第四篇** ★

广东航运文化篇

在2014年5月举行的广东省水运文化座谈会上，相关专家重点指出了广东水运事业建设与文化密切相关的两个问题。第一个问题是文化自觉：广东水运有着丰富、悠久的文化历史，但囿于各种原因，缺乏深度的挖掘和高度的自觉。第二个问题是文化宣传：广东水运自古至今都对广东的经济和社会生活产生着巨大而深刻的影响，然而不可否认的现状则是缺乏广泛的社会认知和文化热情。在当前国家提出“一带一路”[1]战略构想、积极倡导发展“新丝绸之路经济带”的契机下，特别是2014年11月29日海丝九城市城际联席会共同签署《泉州共识》[2]之后，我们更应该在有关于广东水运文化的种种问题和现状中深入挖掘水运文化中的积极因素。因为广东省的水运文化是海上丝绸之路中重要的一部分，在当前“海丝申遗”的全国性文化战略框架下，通过这项研究可以为发展“新丝绸之路经济带”做出贡献，为广东省的经济发展发挥文化的积极促进作用。

围绕上述问题，本篇从“广东航运与历史文化名人”“广东航运与非物质文化遗产”两个大的方面，将广东独特的航运交通系统与广东本土的地缘文化进行对接，对广东航运文化进行广泛的收集梳理。任何研究必然需要有价值、有效益的成果，我们通过对广东航运文化的深入挖掘与系统阐释，目的在于打造出一系列有一定影响力的广东水运文化产品，从而建立起广泛的文化自觉与文化自信；同时，通过这一系列水运文化产品的展示与呈现，迅速提升广东民众对本土文化的认知和关注热情，并在全国范围内对广东文化进行广泛、有效的宣传。

广东省繁荣发达的珠江航运体系将这块商业重地缔造为享有“金山珠海，天子南库”之美誉的全国第一大经济实体。该地以“江海一体”“水陆联运”为标志的独特交通运输体系孕育了完全不同于广大内陆地区的经济与文化形式。在此地，航运不仅催生了璀璨繁荣的经济之花，同时，也产生了代代相袭的水运文化脉流。其中，具有鲜明地

---

① 2013年9月和10月，国家主席习近平同志先后提出建设“新丝绸之路经济带”和“21世纪海上丝绸之路”的重要战略构想，简称“一带一路”。

② 《泉州共识》：2014年11月29日，广州、泉州、蓬莱、北海、南京、扬州、宁波、福州和漳州这九个海丝古港城市签署合约《泉州共识》，联合推动“海上丝绸之路”文化遗产列入《世界遗产名录》。

域特色的文化名人不啻为广东航运的重要历史文化名片。广东基于自身特殊地理环境所形成的航运运输系统，它所缔造的一系列珍贵的非物质文化遗产，都深刻地体现出广东省深厚的历史文化积淀，是本地域的重要文化增长点，体现了广大内陆地区并不具备的特质文化，凸显了广东本土的文化性。

广东航运的繁荣促进了物资、人口、技术的双向流动，模塑了广东文化创造的基本方向与模式，因而呈现出了与国内其他区域文化迥然不同的面貌，多样性、开放性、包容性的特点是异常鲜明的。

（一）广东发达的航运格局和繁荣的航运经济，影响了广东人才成长模式，涌现了一批批走向全国、走向世界的南粤先贤

广东四通八达的航运体系在岭南与中原地区之间建立起一条畅通的人才双向输送渠道。众多文化名人自由往来于这条通道之上，他们凭借着自己在文化领域的巨大影响力，将富于珠江地域特色的文化元素传播到中原地区，并在整个国家的文化体系中占据了一席之位，从而开启了广东文化从边缘走向中心的历史进程。在这些人当中，不仅包括广东土生土长的文化名人，如张九龄、屈大均，还包括由中原通过珠江航运进入广东疆域的外省文化名人，如韩愈、苏东坡、文天祥等。这些沿着珠江水路流动迁移的文化名人以珠江文化为背景，创造了一系列脍炙人口的作品，它们无不深深地烙上了广东航运的影子。这些作品的广泛传播无疑形成一股强大的助推力，将广东文化从边缘推向国家的中心，极大地改变了它在整个中国文化体系中的固有形象。与此同时，广东航运格局大大促进了中外文化交流。中国与世界的文化交流是沿两条并行不悖的路线展开的：其一为中国与东方其他地区的交流，其二为中国与西方的交流。作为海上丝绸之路的重要发祥地与交通枢纽地，广东自古以来一直肩负着沟通中外文化交流的重任。而随着“西学东渐”的逐步深入，广东沿海地区繁荣发达的航运运输系统为中国近代化转型提供了新的契机，近代中国所经历的“改良”和“革命”两个发展阶段，事实上都肇始于广东特有的航运文化。“改良派”的康有为、梁启超，“革命派”的孙中山、廖仲恺等历史文化名人，都与珠江水系有着密不可分的关系。这种现象绝不是一种偶然现象，而是带有一定的历史必然性，的确引人深思。

（二）随着航运经济的大发展，广东成为了我国的文化大省，深厚多彩的人文历史底蕴给我们留下了极为丰富的非物质文化遗产

迄今为止，中国人民共和国国务院分别于2006、2008、2011和2014年批准了文化部确定的四批国家级非物质文化遗产代表性项目名录（国发〔2006〕18号、国发〔2008〕19号、国发〔2011〕14号、国发〔2014〕59号）。它们分别为：2006年5月20日“第一批国家级非物质文化遗产名录”（共计518项，其中广东入选28项）；2008年6月7日“第二批国家级非物质文化遗产名录”（共计510项，其中广东入选29项）；2011年5月23日“第三批国家级非物质文化遗产名录”（共计191项，其中广东入选7项）；2014年11月11日“第四批国家级非物质文化遗产代表性项目名录”（共计153项，其中广东入选6项）。这些珍贵的、具有重大历史价值的非物质文化遗产孕育并成长于海上丝绸之路的重要枢纽地，都被形塑成各种形态各异的航运符号，带有深刻的航运烙印。这些珍贵的非物质文化遗产大致通过两种方式展示了古老的航运图景：其中既有对港口图案、船形纹饰、船形器等航运符号的抽象化表达，也有对恢宏的真实航运景象的直观记录。这些非物质文化遗产的独特魅力在于，它们用大量具有浓郁航运特色的造型和图案栩栩如生地再现了千百年前海上丝绸之路上，载满货物的商船乘风破浪来往于广东与各国港口之间，展开广泛的中外文化沟通的迷人场景。

（三）合理的航运格局和繁盛的物资转运催生了广东民俗文化

航运是不同区域之间人口流动的手段和依托，改变了人们的生活与信仰。第一，广东的许多节令受水运文化的影响很大，如广东拥有一系列与“水”有关的节日——“买力日”“龙抬头”“出会”“生菜会”、观音诞、波罗诞等等，都充分体现了对“水”的崇拜程度，透露出了明显的商业气息。第二，广东境内发达、成熟的水路交通体系，模塑了广东水神崇拜多元共存、功能齐全的复合型体系。诸水神在地域分布上出现了较明显的差异性，各有所长，各司其职，各自的信仰空间虽曾极度扩展，却不至于冲突，共存于岭南一隅，体现了岭南民间信仰兼容并包的特点。

总之，广东航运体系不仅催生了璀璨繁荣的经济之花，也产生了代代相袭的水运文化脉流。广东基于自身特殊地理环境所形成的航运运输系统，哺育了一批批具有鲜明地域特色的文化名人，缔造了一系列珍贵的非物质文化遗产，体现了岭南深厚的历史文化积淀。今天梳理广东航运格局与广东文化发展的内在理路，完全可以培育出本地域的重要文化增长点来。

当前，对于广东航运经济文化的考察与研究，人们往往落脚在经济层面，这固然有其现实性与迫切性，但是，从文化建设的层面看，则应充分凸显其深层次的、长远的意义与价值。在国家建设过程中，“文化力”的概念与作用业已得到了确认与印证。“文化力”能与软实力、巧实力等等一起与“硬实力”发生奇妙的“化学反应”，发挥强劲的“协同效应”，进而推动文化建设，提升文化自信心，进一步强化新时期的广东精神。据广东省第十一次党代会上发放的《关于省第十一次党代会报告中有关名词术语的说明》介绍，经过面向社会广泛征集及讨论研究，新时期广东精神被概括为“厚于德、诚于信、敏于行”。广东省第十一次党代会报告指出，建设幸福广东，必须突出文化引领，要以建设文化强省为目标，深化文化体制改革，加快完善公共文化服务体系，繁荣文化事业，壮大文化产业，积极动员和引导社会力量参与文化建设，充分保障和满足人民群众的精神文化需求，大力弘扬岭南优秀文化传统，发挥优秀传统文化在民众生活和社会治理中的积极作用。今天，广东航运经济面临千载难逢的发展机遇，可以预期，广东将继续以其独特的区位优势，进一步优化航运格局，接纳五湖四海的发达的科学技术、管理经验，继而向内地辐射海洋文化的先进观念，主动配合内陆省份推进“一带一路”建设。背靠深厚的中国传统文化，面向“深蓝”的海洋文明，广东精神所蕴涵的独立自信的海洋文化意识，必将彻底打破狭隘的地域观念，以更大的视野、更大的格局谋划未来，生动展示“海丝”精神的魅力，推进广东特质文化，凸显广东文化的现代性格与世界胸襟。

第一章　海上丝绸之路形成，历史文化名人辈出

千百年来，这片远离中原的土地孕育滋养了众多文化名人（张九龄、韩愈、苏轼、文天祥、包拯、屈大均），他们凭借自己在文化界的崇高地位和强大影响力，完成了将南粤文化从边缘推向中心的文化传播之旅。在中国与东西方世界的文化互动与交流过程中，从广东也涌现出一批中外文化名人（达摩、利玛窦、汤若望、南怀仁、容闳），从中发挥了巨大的作用。近代中国文化形态从延续两千余年的帝制文化转变为先进的民主文化，也是广东诸位文化名人（康有为、梁启超、孙中山）积极促成的。本节尝试从古代与近现代、国内与国际、时间与空间的纵横连接的视角，对广东航运与相关文化名人的关系进行立体式解读，还原文化历史现场。

一、海上丝绸之路让广东航运文化涌现一批古代南粤先贤

由于地理位置和气候条件的特殊性，在相当长的一段历史时期内，古代的岭南地区曾游走于中原王朝统治的边缘，在整个国家版图中处于极其尴尬的地位，一度被视为“化外之地”“瘴疠之乡”，以及“人畜不蕃”的蛮貊之邦，甚至成为朝廷专门流放文人和贬官的地点。这片区域被贴上了“落后性”“边缘性”“从属性”的文化标签，在整个国家版图中，它所传递给人们的是充满负能量的、痛苦的文化信息，与中原地区以“先进性”“中心性”“引领性”为突出特点的文化标志形成了鲜明的对比。

然而，广东四通八达的珠江航运体系无形中在岭南与中原地区之间建立起一条畅通的人才双向输送渠道。众多文化名人自由往来于这条通道之上，他们凭借着自己在文化领域的巨大影响力，将富于珠江地域特色的文化元素传播到中原地区，并在整个国家的文化体系中占据了一席之位，从而开启了广东文化从边缘走向中心的历史进程。

这些文化巨子中首屈一指的当属张九龄（678—740年）。张九龄祖籍韶州曲江（今广东省韶关市），生于始兴，唐玄宗开元年间官至宰相，素有“开元贤相”和“岭南第一相”的美名。作为开盛唐诗坛新风的领军人物，张九龄上承陈子昂，下启孟浩然、王维和李白，为唐诗的发展做出了卓越的贡献，在文化界享有盛誉，影响巨大。由于张九龄自幼生长于珠江之滨，受到珠江文化的哺育与浸润，他的诗作中充满了丰富的珠江

文化元素。广东省珠江文化研究会会长、著名的珠江文化学者黄伟宗教授形象地将他冠以“古代珠江文化诗圣”的称号，与“古代黄河文化诗圣”李白和杜甫、“古代长江文化诗圣”苏轼并驾齐驱[①]。他所创作的诗歌生动地再现了广东珠江流域所特有的航运奇景，并将航运意象作为本地特有的文化符号在诗作中反复呈现。

在张九龄现存的222首诗歌中，与故乡相关的高达83首[②]，占全部诗作的比例为37%。这些诗歌或雅淡质朴，或雄浑遒劲，但它们有一个共同的特点，即充满了各种各样生动的航运意象（水上交通工具及其部件）。例如：舟（《浈阳峡》《自始兴溪夜上赴岭》）；舫（《别乡人南还》）；槎（《与王六履震广州津亭晓望》）；帆（《南还以诗代书赠京师旧僚》）。

浈阳峡

行舟傍越岑，窈窕越溪深。
水暗先秋冷，山晴当昼阴。
重林间五色，对壁耸千寻。
惜此生遐远，谁知造化心。
——《全唐诗》·卷48-59

此诗是周武则天长安元年（701年）张九龄经水路赴广州参加乡试途中所作[③]。他从故乡曲江出发，沿珠江水系三大干流之一的北江一路而下，途经我省古代水路交通的咽喉之地——浈阳峡，不禁被那里美不胜收的自然风景深深陶醉，乃赋诗一首，抒发自己对故土的无限眷恋与赞美之情。诗中的“越”是指广东。“广东”在《吕氏春秋》中被称为“百越”，在《史记》中被称为“南越”，在《汉书》中则被称为“南粤”，故“越”与“粤”相通。因此不难看出，这首诗中的“越岑”“越溪”意为广东的山和水。“行舟傍越岑，窈窕越溪深。”一个简洁明快的“行舟”便起到了画龙点睛的作用，一幅栩栩如生的水路交通图跃然纸上。

① 黄伟宗：《南粤先贤——古代珠江文化诗圣张九龄》。参见http：//www.guangzhou.gov.cn/。

② 赵彩花：《论张九龄诗歌中的“乡愁”及其文化意蕴》，载《南昌大学学报（人文社会科学版）》，2009年第5期。

③ 顾建国《张九龄年谱》，北京：中国社会科学院出版社，2005年，第24页。

别乡人南还

橘柚南中暖，桑榆北地阴。
何言荣落异，因见别离心。
吾亦江乡子，思归梦寐深。
闻君去水宿，结思渺云林。
牵缀从浮事，迟回谢所钦。
东南行舫远，秋浦念猿吟。
——《全唐诗》·卷49-28

这首诗作于唐玄宗开元元年（713年）。诗人为即将返回故土的同乡饯行，目送着他乘坐的舫船朝着故乡的方向渐行渐远，心中涌现出对故乡南粤浓浓的思念之情。“东南”一词是指二人的故乡南粤。此时张九龄正在京城长安为官，而长安在地理格局上处于西北，所以与之相对应的，故乡南粤则用“东南”表示。“东南行舫远”，此句中的“行舫”作为重要的航运工具，是一个十分典型的航运符号。

自始兴溪夜上赴岭

日落青岩际，溪行绿筱边。
去舟乘月后，归鸟息人前。
数曲迷幽嶂，连圻触暗泉。
深林风绪结，遥夜客情悬。
——《全唐诗》·卷49-52

张九龄为我国文化发展所做出的最突出贡献就是主持开凿大庾岭、打通了北方与岭南文化交流的重要通道——梅关古道。这项工程的完成在中国交通史上具有里程碑式的重要意义，因为它“将浈水和赣江连接起来，沟通了长江和珠江两大水系，使南北畅通，创造了我国交通史的一大奇迹”①。同时，该工程还“把陆上丝绸之路和海上丝绸之路连接起来，为扩大岭南与中原的经贸文化联系，巩固国家统一做出了极其重要的贡献”②。《自始兴溪夜上赴岭》创作于唐玄宗开元四年（716年）。官场的黑暗倾轧令张

① 曾悦之：《古代外省文化名人的江右情怀系列（一）唐代张九龄开凿大庾岭》，载《江西晨报》（文化读本），2014年1月15日。

② 曾悦之：《古代外省文化名人的江右情怀系列（一）唐代张九龄开凿大庾岭》，载《江西晨报》（文化读本），2014年1月15日。

九龄萌生退意，决定南归故土，暂避锋芒。恰好他的左拾遗职位任满四年，根据朝廷惯例需离职守选。于是该年秋他以任职期满为由提出辞官，告假回乡侍奉老母。由于此前他曾在朝堂上提交奏折，请求开凿大庾岭路，此次告归居韶后不久，朝廷便下诏命张九龄以“左拾遗内供奉”的身份主持相关事务[①]。这首诗记载了他居家赋闲期间，奉诏离开始兴县故居，沿水路奔赴大庾岭的一路所见所感。“日落青岩际，溪行绿筱边。去舟乘月后，归鸟息人前。”他通过清丽优美的语言，将自己舟行月下，目送家乡美景在视野中渐行渐远的复杂情愫淋漓尽致地倾泻于笔端。

与王六履震广州津亭晓望

明发临前渚，寒来净远空。
水纹天上碧，日气海边红。
景物纷为异，人情赖此同。
乘槎自有适，非欲破长风。
——《全唐诗》·卷48-62

此诗创作于唐玄宗开元五年（717年），即张九龄去官归乡的第二年。适逢友人王履震因事来广州，赋闲在家的张九龄遂奔赴广州与友人相聚[②]。黎明时分，诗人与好友王履震站立在广州津亭前眺望远方。“水纹天上碧，日气海边红。”“乘槎自有适，非欲破长风。”看到宁静、大气、优美的珠江航运景象，无限感慨的情怀在心中油然而生。在尾联“乘槎自有适，非欲破长风”中，诗人还借助“乘槎”（乘坐木筏）这个航运符号来抒发自己官场失意、郁郁不得志的苦闷，以及对恬淡、自由生活的向往。

南还以诗代书赠京师旧僚（节选）

故园从海上，良友邈天涯。
云雨叹一别，川原劳载驰。
上惭伯乐顾，中负叔牙知。
去国诚寥落，经途弊险巇。
岁逢霜雪苦，林属蕙兰萎。

① 顾建国：《张九龄年谱》，北京：中国社会科学院出版社，2005年，第83-84页。
② 顾建国：《张九龄年谱》，北京：中国社会科学院出版社，2005年，第74页。

欲赠幽芳歇，行悲旧赏移。
一从关作限，两见月成规。
苒苒穷年籥，行行尽路岐。
征鞍税北渚，归帆指南垂。
——《全唐诗》·卷49-50

这首诗创作于唐玄宗开元四年（716年），与《自始兴溪夜上赴岭》同年。上文已经提到，在这一年39岁的张九龄以秩满为辞，去官归养，并于初秋时节启程离京南归。在归养南还途中，张九龄创作了《南还以诗代书赠京师旧僚》[①]。诗中的“南垂”一词指代故土粤地，与位于北方的京城遥遥相对。“归帆指南垂”，诗人用船只的重要部件“帆”刻画出一幅生动的水路交通图景。

此外，在部分诗歌中，张氏并未对各类航运工具及其部件进行直接刻画，而是通过对水流细致入微的描写，以及相关动词（“行”“别”）的灵活运用，勾勒出一幅幅意境悠远的珠江航运图景（《西江夜行》《初发曲江溪中》）。这些鲜活的意象无不彰显了广东航运文化的独特风格与魅力。

西江夜行

遥夜人何在，澄潭月里行。
悠悠天宇旷，切切故乡情。
外物寂无扰，中流澹自清。
念归林叶换，愁坐露华生。
犹有汀洲鹤，宵分乍一鸣。
——《全唐诗》·卷49-47

这首诗创作于唐玄宗开元十八年（730年），当时张九龄由洪州刺史转任桂州刺史，赴任途中经过西江，写下此诗。他的具体出行路线是：“由赣江南上，度大庾岭，返曲江，沿北江南下，抵广州，然后沿西江、桂江、漓水，到桂州。”[②]我们可以很清晰地看到，在广东境内，张九龄是完全借助水路交通出行的，他沿途先后经过的北江、西江、桂江和漓江（漓水）都是珠江水系的重要干流或支流。其中以西江尤为重要，它全长2214

① 顾建国：《张九龄年谱》，北京：中国社会科学院出版社，2005年，第74页。
② 顾建国：《张九龄年谱》，北京：中国社会科学院出版社，2005年，第167页。

公里，是珠江水系最长的河流，其长度仅次于长江、黄河和黑龙江。在这个月色朦胧的夜里，诗人于碧波荡漾的西江之上乘舟航行，天空显得空旷而悠远。此情此景，浓浓的思乡之情不禁涌上心头。在诗句"澄潭月里行"中，通过"澄潭"和动词"行"这两个航运符号的紧密组合，巧妙地将广东水网密布、以水运作为主要交通运输方式的文化特质清晰地刻画出来。此外，"中流澹自清""汀洲鹤"等意象也通过对水流状态及其周围环境的细致描述，达到对上述航运符号进行侧面强化的目的。清澈的江水自在地流动，江中沙洲上的白鹤在这暗夜与黎明的分界之际，乍然长鸣，与"澄潭月里行"相映成趣。

初发曲江溪中

溪流清且深，松石复阴临。
正尔可嘉处，胡为无赏心。
我由不忍别，物亦有缘侵。
自匪常行迈，谁能知此音。
——《全唐诗》·卷48-63

这首诗创作于唐中宗景龙二年（708年）。当时张九龄在秘书省担任校书郎的职位，秋后南归省亲，此诗是他省亲结束、辞家北上的途中所作①。仅从题目我们就可以明显看出，这又是一首典型的以航运为主题的诗词。虽然在诗中并未出现"舟""舫""槎"和"帆"等直接暗示航运主题的经典符号，但是诗词中对溪流细致入微的描述（"溪流清且深"），与浓烈的离愁别绪（"我由不忍别"）交织在一起，准确无误地传递出强烈的航运信号，与题目《初发曲江溪中》交相呼应，编织出一幅生动迷人的水乡出行图。

"文起八代之衰"，被尊为"唐宋八大家"之首的文化名人韩愈（768—824年）与广东渊源颇深。韩愈是河南河阳（今河南省孟州市）人，但他一生曾先后到过广东三次，与广东结下了不解之缘。韩愈的第一次广东之行是唐代宗大历十二年（777年）。因自幼失怙，他由长兄韩会抚养长大，这一年韩会受到"元载私党案"牵连，由皇帝近臣起居舍人贬为韶州（今广东韶关）刺史，于是年仅十岁的韩愈随兄嫂从京城长安来到广东。两年后，韩会染重病逝于韶州任上，韩愈只好随长嫂返回故乡定居。他生平第二次到广东是贞元十九年（803年），时任监察御史的韩愈因进谏《御史台上论天旱人饥状》得罪权贵京兆尹李实，被唐德宗贬为连州阳山县令，在广东生活了一年零两个月。

① 顾建国：《张九龄年谱》，北京：中国社会科学院出版社，2005年，第43页。

元和十四年（819年），韩愈因上书《谏迎佛骨表》触怒唐宪宗，被贬为潮州（今广东潮安）刺史，这是他一生中第三次来到广东，在这里生活了将近八个月。

自从张九龄主持打通梅关古道以来，中原人皆沿着“长江水路—梅关古道—珠江水路”的水陆联运路线进入岭南地区。韩愈的这三次入粤之行也是如此。第一次旅粤期间，由于韩愈尚年幼，他在岭南文化史上似乎并未留下些许印迹。但是他后来为悼念长嫂郑氏而作的《祭郑夫人文》中曾回忆起当年护送长兄灵柩由韶州返回河阳故里的往事，从这段文字中可以隐约窥见他沿“珠江水路—梅关古道—长江水路”从岭南返回中原、水陆联运的交通实况：“水浮陆走，丹旐翩然。至诚感神，返葬中原……”在将近两年贬谪广东的日子里，一路水陆兼行、离船过岭、登船入江进入岭南地区的文化名人韩愈，也将先进的中原文化带入了这片地区，成效斐然。他在岭南大举兴学，推动了儒家文化在该地的广泛传播，极大地提高了当地人的文化素养，将所谓的蛮荒之地改造成为文化底蕴深厚、盛产状元的福地。此外，他还引进中原先进的农耕技术与生产方式，推动了当地经济文化的发展。为纪念韩愈对珠江文化所做出的巨大贡献，岭南人不仅“以公之姓名其子”，还常常以他的名字为当地的山水改名，形成了一道独特的文化奇观。例如“韩江”（原名“恶溪”）、“韩水”（原名“湟川”）、“韩邑”（原名“阳山”）、“韩山”（原名“笔架山”）等等。著名佛学大师赵朴初先生不禁赋诗赞叹：“不虚南谪八千里，赢得江山都姓韩。”（《访韩文公祠口占》）

韩愈的这三次广东之行留下了宝贵的文化遗产，在文化界影响深远。如今，从他的相关诗词中我们仍然可以感受到一股扑面而来的航运文化气息。贞元十九年（803年）贬谪阳山的路上，韩愈有诸多佳作问世，详细记载了自己从长江水域、珠江水域辗转进入广东境内的经历。关于长江水域这段路程，以《赴江陵途中寄三学士》诗为代表。

赴江陵途中寄三学士

黾俛不回顾，行行诣连州。
朝为青云士，暮作白头囚。
商山季冬月，冰冻绝行辀。
春风洞庭浪，出没惊孤舟。
逾岭到所任，低颜奉君侯。
——《全唐诗》·卷336-21

显而易见，“冰冻绝行辀”“出没惊孤舟”这两句诗文通过“行辀”和“孤舟”这两种航运符号的自如运用，精心描绘出一幅栩栩如生的航运图，与后期在珠江水域的诗作相辅相成。进入珠江水域后，韩愈继续创作了航运诗歌两首——《贞女峡》《次同冠峡》。

贞女峡

江盘峡束春湍豪，风雷战斗鱼龙逃。
悬流轰轰射水府，一泻百里翻云涛。
漂船摆石万瓦裂，咫尺性命轻鸿毛。
——《全唐诗》·卷338-14

次同冠峡

南方二月半，春物亦已少；
维舟山水间，晨坐听百鸟。
宿云尚含姿，朝日忽升晓；
羁旅感和鸣，囚拘念轻矫。
——《全唐诗》·卷343-5

这两首诗均为吟诵珠江水系北江支流连江的诗歌。连江全长275公里，是北江的最大支流，故亦有“小北江”之称。这条美丽的河流孕育了三道冠绝岭南的独特风景，即驰名全国的连江三峡——贞女峡、同冠峡、大理峡。乘船行至连江水域、即将抵达阳山之际，韩愈不禁被这几处风光旖旎、磅礴大气的景致所深深震撼，赋诗赞美贞女峡和同冠峡。“漂船摆石万瓦裂”“维舟山水间”，这两首诗仅用“漂船”和“维舟”二词便呈现出鲜明的珠江航运图景。

永贞元年（805年）春，韩愈遇赦，并于夏秋之交的季节离开阳山，北上回京[①]。返京路上，途经龙宫滩（北江支流连江的一百零八滩之一，位于连州与阳山交界处），在此留宿，乃作诗一首。

宿龙宫滩

浩浩复汤汤，滩声抑更扬。
奔流疑激电，惊浪似浮霜。
梦觉灯生晕，宵残雨送凉。
如何连晓语，一半是思乡。
——《全唐诗》·卷343-2

① 李长之：《韩愈传》，北京：东方出版社，2010年，第76页。

在诗中作者并没有使用“船”“舟”等表示水上交通工具的字眼，而是采用了“滩声”“奔流”“惊浪”等航运符号：首联“浩浩复汤汤，滩声抑更扬”从声音的角度对龙宫滩的水流进行了细致入微的刻画。龙宫滩水流湍急，浩浩荡荡，激荡的河水不停冲击着滩头，发出充满节奏感的巨响。颔联“奔流疑激电，惊浪似浮霜”从视觉的角度对水流展开描述。奔腾的河水就像激电一样勇猛，它激起的白色浪花恰如浮霜一样洁白。就这样，一篇饱满、立体的航运主题佳作呈现在我们面前。

元和十四年（819年），韩愈被贬赴潮州途中，进入广东境内、经过增城曾江口的时候，赋诗两首赠予一路随侍的侄孙韩湘（韩愈之侄“十二郎”的长子），详尽记述了自己乘水路赴粤的经历。

宿曾江口示侄孙湘二首

云昏水奔流，天水漭相围。
三江灭无口，其谁识涯圻。
暮宿投民村，高处水半扉。
犬鸡俱上屋，不复走与飞。
篙舟入其家，暝闻屋中唏。
问知岁常然，哀此为生微。
海风吹寒晴，波扬众星辉。
仰视北斗高，不知路所归。
舟行忘故道，屈曲高林间。
林间无所有，奔流但潺潺。
嗟我亦拙谋，致身落南蛮。
茫然失所诣，无路何能还。
——《全唐诗》·卷341-13

在这两首诗中，将显性（水路交通工具）与隐性（水流）两种航运符号有机结合在一起，共同勾勒出一幅清晰的水上交通图。诗之一中的“篙舟入其家”“云昏水奔流”，诗之二中的“舟行忘故道”“奔流但潺潺”均交错出现，交相辉映。“舟”与“奔流”的共同出现，散发出强烈的航运文化气息。

此次南下途中，韩愈到达位于粤北乐昌九泷十八滩罗家渡河段老泷口西岸的韩泷祠，在此地留宿并作诗二首。

泷吏

南行逾六旬，始下昌乐泷。
险恶不可状，船石相舂撞。
往问泷头吏，潮州尚几里。
行当何时到，土风复何似。
——《全唐诗》·卷341-10

题临泷寺

不觉离家已五千，仍将衰病入泷船。
潮阳未到吾能说，海气昏昏水拍天。
——《全唐诗》·卷344-2-25

九泷十八滩是武江位于广东省韶关的河段，而武江则是珠江水系北江水域的一级支流，发源于湖南省临武县，在乐昌市流入广东省。“船石相舂撞”（《泷吏》），“仍将衰病入泷船”（《题临泷寺》），在这两首诗中反复出现“船”这种水上交通工具，塑造了典型的航运文化主题。在《题临泷寺》一诗中，还杂糅了关于水流的描述（“海气昏昏水拍天”），使该主题变得更加生动饱满。

中国文化史上的传奇人物、北宋大文豪苏轼（1036—1101年）也与广东有一段深厚的渊源。苏轼一生宦海沉浮，曾三次遭受贬谪，先后谪居湖北黄州（1080年2月—1084年4月）、广东惠州（1094年10月—1097年4月）和海南儋州（1097年7月—1100年6月）。在远贬广东的两年零七个月中，他创作了大量脍炙人口的作品，在这片土地上留下了珍贵的文化遗产。其中最著名的莫过于千古名句：“日啖荔枝三百颗，不辞长作岭南人。”（《食荔枝》）一路长途跋涉、万里迢迢乘水路进入南粤的东坡先生，孜孜不倦地赋诗歌咏岭南风物，使岭南文化名扬四海。清代著名诗人江逢辰不禁发出这样的感叹：“一自坡公谪南海，天下不敢小惠州。”（《东坡白鹤峰故居诗》）苏轼晚年曾对自己的一生进行了总结：“问汝平生功业，黄州惠州儋州。”（《自题金山画像》）由此可见，在东坡先生的心目中，广东是其人生之旅中颇有分量的一个重要驿站。

如今从他留下来的诗文中，我们可以清晰地看到这位大文豪翻越大庾岭、扬帆水上奔赴粤地的画面。绍圣元年（1094年）九月，在翻越赣粤交界的大庾岭、即将踏入广东境内的途中，苏轼写下名诗《过大庾岭》来加以纪念。

过大庾岭

一念失垢污，身心洞清静。
浩然天地间，惟我独也正。
今日岭上行，身世永相忘。
仙人拊我顶，结发受长生。
——《苏轼诗集》·卷38-11

翻过大庾岭，苏东坡一行就进入了广东南雄州，他们自南雄登舟，沿浈水西行至韶关曲江，然后转入北江航行，自韶关乘船沿北江顺流南下。行至清远，途经飞来峡。飞来峡是广东珠江水系干流北江河道中的三峡之一，全长9公里，乃古代入粤水路要道。他深深沉醉于这里秀美的自然风光中，顿觉心旷神怡，写下了著名的诗篇《峡山寺》。

峡山寺

天开清远峡，地转凝碧湾。
我行无迟速，摄衣步孱颜。
山僧本幽独，乞食况未还。
云碓水自春，松门风为关。
石泉解娱客，琴筑鸣空山。
佳人剑翁孙，游戏暂人间。
忽忆啸云侣，赋诗留玉环。
林空不可见，雾雨霾髻鬟。
——《苏轼诗集》·卷38-16

“天开清远峡，地转凝碧湾。”在首联中，诗人仅用简洁明朗的“碧湾”二字便道出了自己沿水路航行的事实。在清远停留的时候，苏轼结识了当地人顾秀才，听他对惠州的风土人情进行了热情介绍。他对岭南文化留下了十分美好的印象，并对在这里的生活充满了期待，于是情不自禁写下一首诗歌《舟行至清远县，见顾秀才，极谈惠州风物之美》：

舟行至清远县，见顾秀才，极谈惠州风物之美

到处聚观香案吏，此邦宜著玉堂仙。
江云漠漠桂花湿，海雨翛翛荔子然。
闻道黄柑常抵鹊，不容朱橘更论钱。

恰从神武来弘景，便向罗浮觅稚川。

——《苏轼诗集》·卷38-17

这首诗直接用水上交通工具“舟”来命名，很明显是属于航运文化主题的创作。到达广州后，苏轼改为乘舟沿东江上行。当年十月二日，在经历了数月的漫长航行之后，苏轼终于抵达此行的目的地——惠州码头。船一靠岸，他从船舱中走出来时，惊喜地看到码头上站满了当地的百姓，无比热忱地欢迎自己的到来，于是作诗《十月二日初到惠州》，对这里的风土人情和美丽景色大加赞美。

十月二日初到惠州

仿佛曾游岂梦中，欣然鸡犬识新丰。

吏民惊怪坐何事，父老相携迎此翁。

苏武岂知还漠北，管宁自欲老辽东。

岭南万户皆春色，会有幽人客寓公。

——《苏轼诗集》·卷38-23

苏轼在广东建构了辉煌的文化景观，直到近千年后仍受到岭南人的热烈追随与深情守望。他和韩愈在岭南掀起的持久不息的文化浪潮真可谓是“韩如海，苏如潮”，或称“苏海韩潮”。有意思的是，东坡先生去世前曾作六言绝句《自题金山画像》，对自己漂泊的一生做了最后的总结，作此诗半个月后便与世长辞。多年的水乡谪居生涯使他留给世人的最后文字也弥漫着浓厚的航运文化气息：“心似已灰之木，身如不系之舟……”

南宋著名的民族英雄文天祥（1236—1283年）是中国历史上一个十分重要的标志性人物，他的爱国精神和民族情操已永载史册，千百年来一直深深感染并激励着华夏民族一代又一代的仁人志士奋起保卫自己的家园。他铁骨铮铮、与国家同呼吸共命运的忠贞气节受到了人们的广泛赞颂与敬仰，已转化为我们民族精神不可分割的重要组成部分。他的名句“人生自古谁无死，留取丹心照汗青”（《过零丁洋》）在这片神州大地上几乎已是家喻户晓。然而，鲜有人知的是，文天祥这首流传千古的名诗与广东航运文化有着千丝万缕的联系。

咸淳十年（1274年）元帝忽必烈开始率军大举南侵，两年后占领长江两岸广大地区，并攻陷南宋首都临安（今浙江杭州）。南宋皇室逃往福建，在福州建立起行朝。文天祥高举抗元义旗，从通州（今江苏南通）起航，泛海南下，转战闽粤赣湘间，开启了长达四年的海上抗元之旅。祥兴元年（1278年）底，文天祥在南海五坡岭（今广东海丰）遭到元军袭击，不幸兵败被俘。祥兴二年（1279年）正月初二，元军将领张弘范将文天祥囚于战船中，下海搜寻南宋行朝。他们初六从潮阳港口启程，初八过官富场（今香港九龙），十二日到达零丁洋，文天祥在船上写下闻名于世的七言律诗《过零丁洋》。十三日，到达厓山（今广东新会南海）。十五日，张弘范要求文天祥写信劝降宋军将领张世杰，文天祥抄《过零丁洋》诗答张弘范，张弘范阅读后顿生敬意，连称："好人！好诗！"二月初六日，宋元两军大战于厓山海上，宋军战败，左丞相陆秀夫身背年仅8岁的小皇帝赵昺投海殉国，文天祥亲眼目睹南宋灭亡[①]。三年后的元至元十九年（1282年），文天祥于元大都柴市刑场从容就义。

过零丁洋

辛苦遭逢起一经，干戈寥落四周星。
山河破碎风飘絮，身世浮沉雨打萍。
惶恐滩头说惶恐，零丁洋里叹零丁。
人生自古谁无死，留取丹心照汗青。

诗歌的颈联提到了作者海上抗元生涯中最关键的两个地方，即惶恐滩和零丁洋。惶恐滩是长江主要支流赣江的十八滩之一，位于江西万安县境。此滩本名"黄公滩"，后以音近讹传为"惶恐滩"。据江西《万安县志》载："赣州百里至岑县，又一百里至万安，其间有滩十八……滩水湍急，唯黄公为最甚。"景炎二年（1277年）文天祥曾兵败江西，从惶恐滩头撤离，辗转抵达广东。"零丁洋"位于广东境内，是"伶仃洋"的古称，明万历刻本《苍梧总督军门志·全广海图》中将"零丁洋"标注为"伶仃洋"。"零丁洋"因洋中有座"零丁山"而得名，清康熙《新安县志·舆图志》记载："零丁山，其下即零丁洋也。"零丁洋的具体位置为珠江口外，是珠江流域最大的喇叭形河口湾，在当代国家地图上已成为珠江入海口的正式名称。其大致范围为北起虎门、赤湾，南至香港以及万山群岛以北的海面。

"惶恐滩头说惶恐，零丁洋里叹零丁"，作者通过两个语义双关的天然妙对抒发了自己山河破碎的沉痛心情。遥想当年率兵经过惶恐滩时，心中曾诚惶诚恐，念念不忘要为国效力，如今却兵败被俘，孤零零地乘囚船来到零丁洋上。历史上，零丁洋在国家的地理版图中只是一个名不见经传的地方，它走进中国文化的视野，正是从文天祥所作的千古绝唱《过零丁洋》开始的。全诗气势磅礴、悲壮感人，充满着一股浩然正气，迸发出直指人心

① 俞兆鹏、俞晖：《文天祥研究》，北京：人民出版社，2008年，第241-322、359页。

的感染力与爆发力，一直被后人争相传颂。从此以后，零丁洋不再仅仅是一个纯粹的地理名词，而是中国文化体系中一个极为重要的文化符号。在华夏儿女的心目中，它是一个充满正能量的、无比圣洁的所在，是闪耀在南粤大地上的一张迷人的文化名片。

上文中提到的文化名人张九龄、韩愈、苏轼和文天祥，他们都是凭借自己的文字千古流芳，成为广东重要的历史文化名片。但是，即将登场的另一位文化巨子并不是以诗文名扬天下，而是凭借自己的突出政绩成为中国文化史上一颗璀璨的明珠，他就是中国历史上最有名的清官——北宋名臣包拯（999—1062年）。在民间素有“包青天”之称的包拯，他在中国人的认知中早已超越了政治范畴的局限，成为整个民族共享的文化符号，是公平和正义的化身。在当前国家积极推进反腐倡廉建设、构建和谐社会的语境下，这个文化符号的重要性不言而喻。然而，大量现代影视剧和文学作品等文化宣传媒介往往只将叙事焦点围绕包公在河南的事迹展开，而鲜少提及他早期在广东执政的那段重要历史，造成了人们只知开封而不知端州的尴尬局面。事实上，包公虽扬名于开封，却成名于端州（今广东肇庆）。如果说是开封将包公推向政坛巅峰的话，那么端州则是引领他在政治上进入成熟阶段的福地。宋仁宗康定元年至庆历二年（1040—1042年），包拯担任端州知州，即端州的最高行政长官，全权负责该州的重要政务，这是他第一次担任州级长官。正是在端州执政的这三年，为包拯提供了充分展示自己政治才能的平台，使他政声斐然，贤名远播，从而获得了进入中央政府的宝贵机会。

包公在端州留下了多处弥足珍贵的文化遗迹，这些遗迹是广东历史文化遗产的瑰宝以及岭南重要的文化品牌，例如砚洲、包公井、七星岩题字、星岩书院、丰济仓、富民坊、文昌祠、宝光寺，等等。其中砚洲与航运文化有着千丝万缕的联系。关于砚洲民间流传着“包公掷砚化渚洲”的典故。在古代，端州出产的端砚十分珍贵，位于中国四大名砚之首，被誉为“文房四宝的宝中之宝”，自唐朝开始就被列为贡品，实行限额开采的制度。但是包公初到端州上任时却发现，过去的历任地方官都借进贡的名义，对端砚进行额外加征，巧取豪夺。所得端砚，或中饱私囊，或用来贿赂权贵。朝廷规定“端州岁贡砚十”，但地方官吏却层层加码，甚至增加到每年进贡上百块的程度，对砚工和百姓的盘剥达到了惊人的地步。包公一上任便惩办了贪污端砚的官吏，废除了这个陋习，规定必须严格按照贡额征收，不得任意增加贡砚的数目，大大减轻了百姓的负担。包公三年期满离任时，身体力行朝廷的律法，甚至连府衙的办公用砚也完整奉还，留下了“岁满不持一砚归”的佳话。这件事在《宋史·包公传》和《肇庆府志》等文献中都有明确记载。《宋史·包公传》：“端土产砚，前守缘贡，率取数十倍以遗权贵。拯命制者方足贡数，岁满不持一砚归。”清康熙《肇庆府志》：“端土产砚……拯命制者才足贡数，岁满不持一砚归。”[①]据报道，1973年合肥

① 黄小红：《砚渚清风播古今》，北京：方志出版社，2005年，第127-131页。

人曾打开包公墓穴，清理陪葬物，他们发现里面只有通用的宋代抄手砚歙砚，而没有一块端砚，为包拯“不持一砚归”的说法提供了考古学上的佐证。这个历史事件后来衍变成“包公掷砚化渚洲”的美丽民间传说。

包拯离开端州时，在西江码头乘船进京赴任。当地的百姓都来码头送行。其中有一位叫徐乐天的开明绅士是包公的好友，为了表达对包公廉洁奉公、体恤百姓的敬仰，欲赠送给他一块质量上乘的祖传端砚，以黄绸布包裹。由于担心包公坚辞不受，便将端砚交给随行的仆人包兴，嘱咐他等船经过羚羊峡后再转交包公。包公一行在西江水面航行，一路风和日丽，风平浪静。但是刚驶出羚羊峡，突然狂风骤起，浪涛汹涌，船不能行。包公大骇，认为苍天发怒，必是船上之人德行有亏，便询问随行的人员。包兴取出布包，如实相告。包公于船上朝端州方向拜谢徐老先生的厚意，但为了表示廉洁，防止继任的官员以此为借口搜刮端砚，他毅然将那块端砚抛入西江中。风浪顿时停止，船又可以顺利前行了。端砚落江的地方隆起一个渚洲，就是如今的砚洲；包裹端砚的那块黄绸布顺流而下，漂到西江下游的南边河岸，化为一片黄色沙滩，就是现在的黄布沙①。

屈大均（1630—1696年），字翁山，广东番禺（今广州）人，是清初著名的反清诗人。1646年12月，清军攻陷广州，他谨记父亲“洁其身，所以存大伦也，汝其勉之”的教诲，积极投身反清复明的斗争。他“飘然远游三十年”，曾随大思想家顾炎武实地考察陕晋之地，以期起兵复明。他在进行文学创作时，常将家国沦丧之悲、骨肉分离之痛、友人凋亡之伤、故乡缱绻之思打成一片，满腔的愁恨化作浓烈的诗句。行走外乡所作的诗作，如《孤竹吟》《大同作》《紫荆关》《思乡水》《汉口》《全州道中》等诗作满是饱含深情的乡愁，而当他真切地漫游广东各地，发为心声，创作出了《那旦道中》《七星岩》《入新兴江路》《河头舟中》《黄泥湾道中》《阳春道中》《端州道中三首》《遂溪道中》《廉州杂诗》《宿那乌塘田家》《自五蓝经热水山八十里至大牙宿》《东安舟中》《化州道中》《高州大水作》《白鹅潭》《冬日英州道中》《浈阳舟中》《度腊岭》《过泷》《乐昌水涨》《过清远诸滩》等诗作，则是直接诉诸文字，真挚热烈地讴歌故乡的山山水水。其中，《珠江泛春作》一诗是这样描绘珠江秀美清新的景致的：

珠水烟波接海长，春潮微带落霞光。
黄鱼日作三江雨，白鹭天留一片霜。
洲爱琵琶分外语，沙怜茉莉月中香。
斑枝况复红无数，一棹依依此夕阳。

① 黄小红编著：《砚渚清风播古今》，北京：方志出版社，第2005年，第421-428页。

珠江向东流去，连接起了美丽炫目的朝霞，春潮随着霞光渐渐涨落，黄鱼游泳，白鹭飞舞，琶洲在广州城东，茉莉沙在城西，犹如两颗嵌在珠江碧波中的明珠，夕阳西下，天空与大地之间色彩斑斓，诗人驾一叶小舟，泛游江中，完全陶醉在这诗情画意之中。这幅水乡图景，通过南国春季物候的温煦、水面的辽阔与清澈、花树色彩的斑斓与宁静，描写出了珠江的秀丽与奇绝，不仅表现出了诗人对故乡自然美景的热爱，更映射出了诗人志向高远、胸怀博大的人格境界。

当然，在他的笔下，珠江不仅是美丽的、浪漫的代名词，更重要的是能寄托浓郁故国之思的审美对象，如《珠江秋夜》写道：

明月生珠海，苍茫万里愁。
笙歌喧极浦，风露满孤舟。
落雁惊难宿，寒潮静不流。
年来望秋苦，不上越王楼。

凄凉的明月从珠江边冉冉升起，映照着苍茫的万里河山，愁绪顿时涌上心头，无法释怀。热烈的笙歌喧嚣了这一江流水，却温暖不了风露中的一叶孤舟。珠江寒凉的潮水静流无声，大雁飞过却无法栖止，正如抒情主人公再也不远登上广州城内的越王台一样，因为广州已被清兵盘踞，不再是汉人凭吊歌咏之地了。诗人的故国之思，是通过一个特殊词——“极浦”点出来的。《楚辞·九歌·湘君》“望涔阳兮极浦，横大江兮扬灵”，王逸注：“极，远也；浦，水涯也。”风露伴着孤舟，既是一片凄冷孤寒的景致，也是诗人自我放逐的苦涩况味。抗清复明的奋激情怀渐渐消歇，意在归隐的冷寂弥漫心头，时代风雨的变幻使得整首诗多了几分苍凉沉郁的情调，具有很强的幻灭感与时代感。

上述这些南粤先贤，不仅有广东土生土长的文化名人，如张九龄、屈大均，还包括由中原通过珠江航运进入广东疆域的外省文化名人，如韩愈、苏东坡、文天祥等。这些沿着珠江水路流动迁移的文化名人以珠江文化为背景，创造了一系列脍炙人口的作品，它们无不深深地烙上了广东航运的影子。这些作品的广泛传播无疑形成一股强大的助推力，将广东文化从边缘推向国家的中心，极大地改变了它在整个中国文化体系中的固有形象。

二、海上丝绸之路促进广东航运文化的中外交流

中国与世界的文化交流是沿两条并行不悖的路线展开的：其一为中国与东方其他地区的交流，其二为中国与西方的交流。作为海上丝绸之路的重要发祥地与交通枢纽地，广东自古以来一直肩负着沟通中外文化交流的重任。在中外文化史上，最著名的两个事件都发生在这片神奇的土地上，它们就是“达摩西来”和“西学东渐”。

众所周知，中国文化源远流长，博大精深。在其漫长的发展史中，孕育了众多的本土文化体系，其中最重要的就是儒家和道家思想；同时它还兼容并蓄，广泛吸收外来文化的精髓，其中最重要的就是来自古印度的佛教文化。自春秋之后的两千五百多年间，对中国传统文化影响最为深远的便是这三种思想体系，儒、释、道共同构成了中国传统文化的基石。作为这三种思想体系中唯一外来引进的部分，佛教是通过陆路和水路两条路径传入中国的。北方佛教沿西北陆上丝绸之路进入中国境内，而南方佛教则是经海上丝绸之路传入。南方佛教与广东航运曾结下一段深厚的因缘，早期东方世界的众多佛教高僧都是沿海路入华，在广州珠江北岸的绣衣坊码头登陆、弘扬佛法的：

广州是海上丝路的出发点，也是佛教入华之要道，素有“海滨法窟”之称。第一个有明确记载的海路来粤梵僧为支疆梁接，他于孙吴五凤二年（255）抵达广州。此后来自天竺（古印度）、锡兰（斯兰卡）的高僧，络绎不绝，相继于道，登岸广州。从文献查出的，总计有46位印度高僧、居士到过广州译经、弘法。随着中外僧人的往来传教，大量佛教经论的广州传译，众多佛寺在岭南各地建立，许多知识精英皈依佛教，至唐代，佛教逐渐在广州落地生根，成为影响中国文化和物质生活的重要精神力量。其中影响最为广泛和深远的非达摩祖师莫属，达摩祖师促使佛教中国化的开端，具有划时代的意义，直接影响了中华传统文化的构成和发展，是海上丝路文化光辉璀璨的明珠[①]。

中国禅宗初祖菩提达摩是佛教创始人释迦牟尼的第二十八代弟子，来自南天竺国（古印度）。在南朝梁武帝时期，这位高僧从印度乘坐竺密多的商船，经海上丝绸之路东渡到中国，他在中国登陆的首站就是广州。据相关文献记载，他在广州登陆的具体时间为梁武帝普通八年（524年），具体位置为广州城外的珠江北岸（今广州荔湾区下九路西来正街一带的绣衣坊码头，距今海岸线约900米）[②]。很难想象，今日熙熙攘攘的著名商业中心，在隋朝以前竟是波涛汹涌、一望无际的海岸线。达摩祖师在自己的登陆地“结草为庵”，建立了“西来庵”，潜心钻研佛法并设坛传教，后来又从这里渡江北上，创立了影响最大的佛教宗派——禅宗。“西来庵”就是当今国际佛教圣地广州华林禅寺的前身，又被尊称为“西来初地”。为纪念达摩祖师东渡来华，当时在“西来初地”街口曾立有一块石碑，碑上雕刻着“西来古岸”四个大字，并二十一个小字“萧梁大通元年，达摩尊者自西域航海而来，登岸於此。”这块古老的石碑几经辗转，如今已被镶嵌在下九路一家商铺（下九路55号）的墙壁上（图4-1-1）。它静静地守望在那里，向我们默默讲述着1500多年前这位高僧历经千辛万苦、从印度漂洋过海来到中国、弘化禅宗妙旨的动人往事。

在华林禅寺达摩堂殿堂的东墙壁上，挂有一幅航运雕画，其内容是描述达摩在海上

① 华林禅寺内部发行宣传手册《广州市华林禅寺》，第6-7页。

② 华林禅寺内部发行宣传手册《广州市华林禅寺》，第2、6页。

漂泊三年、东渡来华、最终于广州登岸的传奇故事。这幅惟妙惟肖的雕画通过图像叙事的方式，生动地再现了当年达摩乘船只在广州珠江码头登岸的历史场景。在雕画的上方，还配有一组文字“禅祖西来，履登穗垣岸”。这组文字与下方的航运图像可谓是相得益彰，无声地诉说着广东航运体系与中国佛教文化之间天然的紧密联系。

图4-1-1　西来古岸

与“达摩西来”遥相呼应的是中西方的文化交流。当我们穿越漫漫历史长河，将关注的目光转向明末清初，即16世纪中叶至18世纪末这一历史时空的节点时，我们不难发现，在这段长达两个世纪的漫长历史时期内，在华夏大地上曾发生了一件举世瞩目的文化事件，该事件使中国的整个文化结构开始发生深刻的组织裂变，从而为作为世界四大古老文化体系之一的华夏文明注入了新鲜的血液，为这套数千年以来一直自成一体、独立运行的文化系统融入了诸多新的元素，并对该文化系统的各个方面均产生了极为深远的影响。它所带给我们的，不仅包括从自身文化母体进行剥离的强烈阵痛，还包括在无数次的摩擦与碰撞中进行文化重塑、获得新生的无限欢愉。我们将它冠以一个脍炙人口、耳熟能详的名称——“西学东渐”。然而，当我们进一步追索这次文化事件的成因与影响时，常常会忽略这样一个重要事实：“西学东渐”的产生和迅猛发展与“航运”这种独特的运输方式存在着密不可分的神秘联系。从15世纪开始，随着远洋航行技术的不断成熟与发展，开启了人类有史以来空前绝后的伟大时代——大航海时代。葡萄牙、西班牙、英国、法国、荷兰等欧洲国家的船队频繁出现在全球各地的海洋上，以期寻找新的贸易路线、贸易伙伴，开拓新的市场，从而满足资本主义经济发展的需要。在远洋航行运输的过程中，欧洲人发现了很多不为人知的国家与地区，涌现出了许多著名的航海家，例如哥伦布、麦哲伦、达·伽马等。他们不仅开辟了通往非洲和亚洲的航线，而且发现了美洲大陆。大航海对人类社会影响深远，已经远远超越了交通运输的范畴，它对全球经济文化的冲击至今仍余波未平。“交通网络构筑了人类社会发展的基本脉络。大航海时代以后，交通网络更是构成了全球社会经济的基本框架……随着哥伦布发现美洲大陆所标志的大航海时代的到来使海洋民族成为世界的主宰。[①]”所以从经济层面来看，大航海使拥有发达海外贸易和海上运输业的西方国家迅速崛起，成长

① 刘宁：《交通与全球格局的改变》，《世界文化》，2015年第1期，第4-5页。

为全球最富庶的地区，逐渐从边缘走向世界的中心；而东方以农耕业为主的古老的内陆国家开始陨落，退出国际舞台的中心。从文化层面来看，大航海开创了世界性的文化传播路径，它把世界上所有孤立的大陆彻底融合起来，将整个世界推向人类文明史上第一个剧烈的全球化时代。可以说，自大航海时代开始，人类藉着着“航运”这种强有力的运输方式，不断践行着经济—文化复式交流模式，沿着经济与文化这两条相伴而生、并行不悖的路线展开广泛而有效的跨区域交流。

具体到中国的特殊文化语境，从16世纪中叶开始，航运活动所引发的“大航海时代”也为东西方文明交流带来了新的契机，打开了晚期中华帝国闭关锁国的大门。在西方与中国展开商贸活动的同时，具有现代意义的西方科学与文化艺术也源源不断地传入中国，掀起了一轮西学东渐的高潮，从而引起了持续的东西文化碰撞与文化交融。关于这一点，我们从“西学东渐”的重要载体，即利玛窦、汤若望、南怀仁等国际文化名人身上可以得到强有力的证明。恰恰是航运使他们得以初步登上中国的广袤疆域，从而开启了在中国的文化传播之路；更为重要的是，也恰恰是航运将他们以广东为原点，向中国的政权与文化核心——北京及其周边地区逐步推进与渗透，最终完成了“西学东渐”在中华大地的历史进程。

众所周知，15世纪葡萄牙的航海家开辟了从欧洲出发、绕过非洲南部通往印度的东方航线；同时，西班牙政府派遣的船队向西发现了美洲新大陆。被誉为“沟通中西文化第一人”的著名文化传播者利玛窦正是通过这条东方航线踏上了中国领土，进而经由广东地区的航线深入内地，将西方文化的种子广泛播撒在中华大地上，成为“西学东渐”的开路先锋。

1577年5月18日，利玛窦离开罗马，首先抵达热那亚，然后乘船前往葡萄牙的首都里斯本，并于次年3月24日从里斯本出发，乘坐“圣路易”号帆船前往印度。经过半年的海上航行，他乘坐的帆船于9月13日抵达印度果阿。1582年4月26日，利玛窦继续自己的航运文化传播之旅，乘船从果阿出发，途经马六甲前往澳门。3个月之后即8月7日，利玛窦乘坐的航船顺利抵达澳门。利玛窦到达澳门后，便开始学习中文，为在中国传播西方文化进行前期准备。

1583年9月初，利玛窦离开澳门，乘船前往位于珠江三角洲西端的广东省肇庆市，在那里获得政府审批，建造房屋和教堂，开辟了“西学东渐”的第一个文化传播据点，这是有史以来在中国出现的第一座欧式建筑。这不仅体现在双层布局和房前敞廊上，甚至连门窗、把手和锁都是欧式的。这一次真正的建筑技术的传播达到了双重目的：他作为中国的友人愿意奉献自己的知识；用精美绝伦的欧洲文化邀请闭关自守的中国人打开眼界，进行对话。在这里，利玛窦开始将西方的基督教翻译成汉语，同时编写了第一部《汉语和西语对照字典（葡汉辞典）》。1584年，利玛窦绘制了第一幅用汉语标注的《山海舆地全图》，深入介绍了欧洲地理学知识。这张世界地图包含了大量当时中国人所不了解的世界地理历史和文化风俗知识，地方官员出资刻印了几百份，分发给两广的官员和读书人，引起了极大的反响。这张地图还辗转传到了两广以外的许多省份，甚至传到了南京和北京。利玛窦花费了三个月的时间组织工匠成功制造出一只欧洲自鸣钟。当时欧洲的时钟制造技术已经远远领先于东方，欧洲时钟的工作原理是采用摆锤和齿轮传动，计时比较精确，还可以敲钟报时，在本地产生了较大的影响。此外，他还自己动手用铜和铁制作了天球仪、地球仪和日晷。他将这些天文仪器以及从欧洲带来的三棱镜、印刷装帧精美的西洋书籍和一座西班牙国王赠送的制作精良的欧洲座钟摆放在客厅进行展示。他通过展示上述西洋技术的成就来扩大西方文化在中国本土的影响力。

1589年8月15日，利玛窦乘船离开了居住了将近6年的肇庆，沿珠江水系的干流西江一路向东，在三水换乘较小的船只，沿珠江水系的另一支干流北江逆流而上，向北继续航行8天，最终抵达韶州，并在此地建立了中国的第二个文化传播据点。在这里，利玛窦传播了欧洲算数、欧几里德几何学以及天文仪器的制作方法。

为了北上开辟新的文化传播据点，利玛窦于1595年5月从韶州出发继续航行向北行进。他乘坐船只沿着赣江的支流章水向北航行，到达江西赣州，并继续乘船沿赣江抵达江西首府南昌。利玛窦居留南昌期间，仍然如同在广东肇庆和韶州的时候一样，积极展示西洋器物，包括装订精美的西洋书籍、三棱镜、西洋油画、天球仪、地球仪和日晷等西方文化符号。

1601年1月24日，利玛窦以欧洲使节的身份抵达京城。明朝万历皇帝派宫中四位学数算的太监向利玛窦学习西洋钟表知识。四人三天三夜学习拆装钟表，并画下钟表的每一个零件，配以汉语机械名称，完成了中国钟表制造术的第一本小册子。就这样，从利玛窦开始，中国有了钟表术语。万历皇帝还命令四名御乐师向利玛窦学习演奏西洋钢弦琴。庞迪我教弹奏鸣曲，并配以利玛窦专门编写的《西琴曲艺八章》。万历皇帝岁末亲自接见过利玛窦，要求他驻留京城，并赐以终身恩俸。在北京期间，利玛窦撰写了代表西方文化多个领域的许多重要作品。例如代表天文学的《浑盖通宪图说》《乾坤体义》，代表数学的《几何原本》，代表农学的《泰西水法》，代表音乐学的《西琴曲意》，代表地理学的《坤舆万国全图》，以及宗教学著作《天主实义》和《畸人十篇》等。就这样，沿着广东珠江航运路线一路北上，利玛窦终于进入中国王权与文化的核心，成为朝廷的“护使”，圆满完成了西洋文化传播的目标[①]。

利玛窦是第一位向中国介绍西方的科学技术知识，特别是文艺复兴中重放异彩的欧洲古典天文学、数学、地理学等知识的文化传播者。中国人从利玛窦那里知道了许多他

① 许海燕、包丽丽：《利玛窦在中国》，北京：中国戏剧出版社，2006年。

们以前从来不知道的西学知识。例如，他们第一次知道地球是圆的，而不是天圆地方的形状。地球表面是按照经度和纬度的度数进行划分的，分为赤道、热带、南北温带、南北两极；此外地球还分为五大洲和四大洋。地球上住着许多不同肤色的人种，分布着大小不同的国家。中国只是位于亚洲的一个大国，而不是世界的全部，从而打开了中国人认识世界的眼界，使他们受到了走向近代的一次科学启蒙教育。再如，利玛窦将西方的欧几里得几何学介绍到中国，使中国的学者们第一次获得了另一种几何学体系的数学知识，掌握了西方的逻辑推理和论证方法，对中国的历法改革发挥了重大的作用。另外，利玛窦将西方托勒密式关于宇宙结构的知识以及对宇宙的解释介绍到中国，对中国天文学的进步起到了一定的推动作用。利玛窦从欧洲带来的机械计时自鸣钟、玻璃三棱镜、各种天文仪器、西洋书籍等，以及他在广东地区建造的中国第一座欧式建筑，无疑为中国文化注入了崭新的文化元素，为中国文化从闭塞走向开放、从固步自封走向兼容并蓄发挥了重要的推动作用。

接过利玛窦接力棒的是汤若望。他在华传播西学40余年，经历了明、清两个朝代，奠定了自己在中西文化交流史上的重要地位。1618年4月16日，沿着利玛窦曾经的足迹，汤若望带着先进的西方文化，乘坐船只从葡萄牙首都里斯本启航东渡，沿着著名的东方航线最终抵达澳门，踏上了中国的土地。然后，他经由广东珠江水域航线沿水路北上（北江、赣江、长江），最后到达首都北京。他将从欧洲带来的数理天算书籍列好目录，呈送给朝廷，还将带来的科学仪器在住所内进行一一陈列。汤若望以自身丰富的数理天文学知识得到朝廷官员们的赏识。他到北京不久，就成功地预测了当年（1623年）10月8日出现的月食。后来他又准确地预测了第二年（1624年）9月的月食。还用了一种罗马关于月食计算的方法，计算了北京子午圈与罗马子午圈的距离。为此，他撰写了两篇关于日食的文章，印刷分赠给各官员并送呈给朝廷。此外，用中文写了一本介绍伽利略望远镜的《远镜说》，第一个将欧洲的最新发明介绍给中国，在以后的历法改革中起了相当大的作用。汤若望还凭借天文历法方面的学识和技能在明廷的钦天监供职，参加译著历书、讲解天文、制作天文仪器、修改历法等相关工作。明朝灭亡后，又继续为清廷服务，负责修正历法[①]。

继利玛窦、汤若望之后，南怀仁紧步二者的后尘，沿上述两条航线进入中国内陆的领土。他精通天文历法，顺利进入清朝王权统治的核心，长期担任康熙皇帝的科学启蒙老师，并担任钦天监的最高负责人，撰写了《康熙永年历法》《坤舆图说》《西方要

① （美）邓恩著：《从利玛窦到汤若望：晚明的耶稣会传教士》，余三乐、石蓉译，上海：上海古籍出版社，2003年。

记》等著作。此外，南怀仁还编撰了数种地理学著作，并绘制了数种地图。它们成为17世纪地理学和地图学在中国发展的标志。例如：《御览西方要纪》一卷（1669）、《坤舆图说》二卷（1674）、《坤舆外纪》一卷、《坤舆格致略说》一卷（1676）等，极大地开阔中国人认识世界的视野，对中国近代地理学的发展做出了很大的贡献。作为一位“西学东渐”的文化传播者，南怀仁无疑是极其成功的，他基于国家机器的层面上对西方文化进行了长期深入而有效的传播。

我们无法否认，在“西学东渐”之树上所结出的这一切累累的文化硕果都与航运运输有着密不可分的联系。先进的近代西方文化元素通过国际和国内两条航线逐步向中国内陆渗透、推进，最终进入中国王权统治的核心区域。国际航线也就是早期葡萄牙航海家所开辟的从欧洲通往印度的东方航线；而国内航线就是从澳门出发，经广东肇庆、韶州，沿珠江水域由南至北向内陆地区逐渐延伸的航运路线。也就是说，广东航运得天独厚的自然条件使该地区成为近代西方文化进入中国的重要枢纽与集散地，在“西学东渐”这个举世瞩目的重大文化事件中发挥了至关重要的作用。广东的珠江水域不仅是一条极其重要的经济运输地带，也是不可或缺的文化传播地带；粤地珠江水域不仅是广东地区独特的交通运输方式与经济符号，也是极具广东地域特色的文化符号。

19世纪，随着“西学东渐”的逐步深入，落后的中国不再被动地等待西方先进文化的渗入，先后兴起三次主动向西方学习的浪潮。中西文化史上这三次举世瞩目的重大事件都是由我们下文即将提到的一位广东历史文化名人一手促成的，他就是——容闳（1828—1912）。容闳是广东省香山县南屏村（今珠海市南屏镇）人。由于在商船云集的广东沿海地区长大，容闳自幼便受到西方文化的熏陶。幼年时期，容闳曾随父亲乘小船来到澳门，在中国第一所正式的西式学堂马礼逊学校读书。第一次鸦片战争之后，马礼逊学校于1842年从澳门迁到香港，容闳也随校赴港。道光二十六年（1846年），18岁的容闳和同学黄宽、黄圣兄弟随同外籍老师布朗夫妇在香港搭乘同孚洋行的“亨特利思”号商船赴美求学，他们是中国最早的一批留美学生，开创了中国近代留学西方的先河。咸丰四年（1854年），26岁的容闳顺利获得耶鲁大学文学学士学位，成为第一个受过完整的美国教育并取得学位的中国人。容闳一生致力于“以西方之学术，灌输于中国，使中国日趋于文明富强之境”的宏伟计划。“在19世纪中国兴起的三次学习西方的浪潮中，容闳一直是倡导者、推动者、实施者，甚或领导者。”[①]这三次事件分别为：19世纪中期开始的洋枪洋炮洋船和引进“制器之器”，标志着学习西方物质文明的兆始；70年代初开始的派遣幼童出洋肄业，标志着对“夷夏之变”观念的突破；容闳1895

① 刘中国、黄晓东：《近代中国留学生之父：容闳》，广州：广东人民出版社，2005年，第2页。

年末次归国后提出的“新政策”……则把仿效欧美国家，改革中国政治体制提上了议事议程……[①]

上述事件中，影响最深远的就是派遣幼童出国留学的教育改革一事，也是容闳毕生精力之所在。正如曾国藩和李鸿章在给朝廷的奏折中所说，这项举措为“中华创始之举，古今未有之事”。同治七年（1868年），容闳苦心孤诣起草了《条陈四则》，提交给大臣丁日昌，请其转奏朝廷，首次正式提出赴西方留学教育计划：

政府宜选派颖秀青年，送之出洋留学，以为国家储蓄人才。派遣之法，初次可选定一百二十名学额以试行之。此百二十人中，又分为四批，按年递派，每年派送三十人。留学期限定为十五年。学生年龄，须以十二岁至十四岁为度。视第一、第二批学生出洋留学著有成效，则以后即永定为例，每年派出此数。……[②]

这件事与广东有着密不可分的关联。清政府采纳了容闳的教育改革计划，于公元1872年到1875年间，先后分四批派遣120名幼童远渡重洋到美国留学，学习西方先进的科学技术。19世纪70年代的中国与当代国人争先恐后、踊跃出国留学的热闹情景大相径庭。当时广大内陆地区闭塞愚昧，对西方世界知之甚少，对西方充满了近乎妖魔化的理解，他们认为西方属于蛮邦，甚至传言西方人野蛮，会把孩子们“活活地剥皮，再把狗皮接种到他们身上，当怪物展览赚钱”[③]。所以，尽管清政府承诺负担一切费用，广大民众对这件在今人看来无异于“天上掉馅饼”的美事依然无动于衷，应者寥寥。在这120名幼童中，绝大多数来自航运经济发达、开风气之先的广东。因为长期以来广东都是国际贸易的重要商品集散地，受西方文化影响较深，对西方文化的先进性与发达程度有着清醒而深刻的认知。当代学者钱钢和胡劲草在《大清留美幼童记》中一针见血地指出了这个现象：“看看这一百二十名幼童的籍贯，可以发现其中十分明显的特征。一百二十人中，来自广东一省的竟有八十四人，占了百分之七十。此外是二十二名江苏籍孩子，占百分之十八。其余的则零星地来自浙江（八人）、安徽（三人）、福建（二人）、山东（一人）。”[④]下面的图表就体现得更加明显了：

① 刘中国、黄晓东：《近代中国留学生之父：容闳》，广州：广东人民出版社，2005年，第2页。
② 刘中国、黄晓东：《近代中国留学生之父：容闳》，广州：广东人民出版社，2005年，第69页。
③ 刘中国、黄晓东：《近代中国留学生之父：容闳》，广州：广东人民出版社，2005年，第78页。
④ 钱钢、胡劲草：《大清留美幼童记》，香港：中华书局香港有限公司，2014年，第49页。

表4-1-1　大清留美幼童分布图

	广东省	其他省份	总人数	广东百分比
第一批	24	6	30	80%
第二批	24	6	30	80%
第三批	17	13	30	56.7%
第四批	19	11	30	63.3%
总计	84	36	120	70%

这批广东的幼童是随容闳沿珠江水域乘船出发的，他们行程的第一站是香港，然后自香港航行至上海，经集训合格后，从上海乘轮船横渡大西洋，最终到达美国。在这批珠江文化孕育培养的优秀学子中，诞生了中国历史上的第一位总理唐绍仪（广东珠海人）、“中国铁路之父”詹天佑（广东南海人、今广州市荔湾区）以及中国第一位飞机设计师冯如（广东恩平人）。他们是中国各个行业的先驱，为中国近代化做出了不可磨灭的贡献。

容闳送出国门的这批最早的官派留学生是通过航运走向世界的，也许正因为如此，直到今天虽然国人都乘坐更便捷的飞机出国求学，他们仍然用“海归”一词来定义归国留学生群体。尽管已跨越了一百多年的历史烟尘，这个古老的词依然弥漫着浓厚的航运文化气息，使我们不禁遥想当年这位满头银发的老者带领一群稚龄孩童漂泊于汪洋大海之上的感人画面。在美丽珠江上起航的那艘航船，十年前它乘风破浪从大洋此岸带走的是振兴民族的期冀与梦想，十年后它万里迢迢从大洋彼岸载回来的则是奋起直追的实力与底气。容闳对“西学东渐”和中国近代化进程的影响是如此巨大，他无愧于“近代中国留学生之父”以及“中国留学先驱”的称号。也许我们从当代著名诗人、中华诗词学会常务理事熊东遨先生所作的这首诗中更能体悟他的千秋功德吧。

咏容闳

开樽话海归，往事混如昨。
西学起航来，吾华有先觉。

三、海上丝绸之路涌现出一批近代南粤先贤促使中国从帝制走向民主

自公元前221年秦始皇嬴政称帝以来，至20世纪初辛亥革命的爆发，在这段长达2000余年的漫长时光中，中国一直奉行君主专制政体，即以一人终身担任国家元首，并且国家元首通过家族世袭的方式进行更替的政体形式，以崇奉和维护皇权的至高无上为终极目标。在这段时期内，这种政体形式主宰并渗透到中国文化传统的方方面面，形成

了以封建帝制为核心的文化形态。在中国，这种文化形态存在的历史极为漫长，并且它赖以生存的经济土壤是广大内陆地区以自给自足、极端的封闭性和稳定性为主要特征的农业经济，从而为自身的发展戴上了厚重的枷锁，体现出十分明显的封闭性和落后性，严重地阻碍了它走向进步、民主的历史步伐。这种情况在世界人类发展史上极其罕见。然而，伴随着“西学东渐”的逐步深入，广东沿海地区繁荣发达的航运运输系统为这一局面的彻底扭转提供了新的契机。众所周知，近代中国进入民主的文化进程经历了“改良”和“革命”两个发展阶段。但是，长期以来被大家所忽略的是，如果对它们进行追根溯源的话，事实上二者都肇始于广东特有的航运文化。无论是早期“改良派”的康有为、梁启超，还是后期“革命派”的孙中山、黄兴等历史文化名人，他们的籍贯绝大部分都是广东省及其周边地区。康有为生于广东省广州府南海县丹灶苏村，梁启超祖籍广东省江门市新会区熊子乡茶坑村，孙中山生于广东省香山县（中山市）翠亨村，这种现象绝不是一种偶然现象，而是带有一定的历史必然性，的确引人深思。

正如上文所述，广东的航运四通八达，从而成为近代中西文化的交汇地。这些文化名人充分利用了这一本土文化优势，不仅在“西学东渐”的枢纽地得到西方民主思想的长期浸润，并且通过便捷的广东航运路线离开中国领土，亲赴海外学习西方的民主文化，最终成为中国文化变革的先驱者。这对于居住在广大内陆地区的人而言，是无法企及的独特先天优势。换言之，因其特有的丰富航运资源，将中国从帝制推向民主，实现这一伟大文化变迁的重任，历史性地落在了广东省身上。广东的航运系统不仅是经济运输的载体，而且也是先进文化传播的重要载体；它不仅是巨大财富的创造者，而且也是先进文化形式的输送者。关于这一点，“国父”孙中山先生逝世后，在治丧处成员、中国共产党的主要创始人之一的李大钊敬献的长挽联中得到了有效的证明：“广东是现代思潮汇注之区，自明季迄于今兹，汉种孑遗、外邦通市、乃至太平崛起，类皆孕育萌兴于斯乡。先生挺生其间，砥柱于革命中流，启后承先，涤新淘旧，扬民族大义，决将再造乾坤；四十余年，殚心瘁力，誓以唤起自由独立之精神，要为人间留正气。中华为世界列强竞争所在，由泰西以至日本，政治掠取，经济侵凌，甚至共管阴谋，争思奴隶牛马尔家国，吾党适丁此会，丧失我建国山斗，云凄海咽，地黯天愁，问继起何人，毅然重整旗鼓，亿兆有众，惟工与农，须本三民五权，群策群力，遵依牺牲奋斗诸遗训，成厥大业慰英灵。”

出生于广东省广州府南海县（今佛山市南海区、禅城区、广州市荔湾区、白云区部分、越秀区西部）的清末文化名人康有为生长在珠江广府文化的核心地带和兴盛之地，得益于广东航运体系所带来的“西学东渐”的丰硕成果，他自幼饱读家藏的大量西方书籍，得到了良好的西学启蒙。康有为不仅广读西书，还曾于1880年前后先后两次专门乘船沿珠江航线赴香港游学。当时英国对香港进行殖民统治已经30余年，充满了大量的西方文化元素，在那里康有为得以近距离地对西方先进的民主文化进行实地考察和观摩学习。脱离清政府帝制统治、充分引进英国民主文化后的香港与内地帝制文化的强烈对比使康有为大为惊叹，更加坚定了自己传播西学、推进文化变革的决心。当他在香港目睹“西人宫殿之瑰丽，道路之整洁，巡捕之严密”的时候，不禁发出这样的感叹：“乃始知西人治国有法度，不得以古旧夷狄视之。”他还创作了《初游香港》诗：“灵岛神皋聚百旗，别峰通电线单微。半岛楼阁凌云起，大海艨艟破浪飞。夹道红光驰骠袅，诏山绿圃闹芳菲。伤心信英非吾士，绵帕蛮靴满目非。”康有为深切地认识到，西方的民主文化确实远远优胜于中国延续两千年的帝制文化。这次航行之旅之后，康有为坚定了传播西学的决心，他回到广州创建了由自己执教的学堂——万木草堂，开始大讲西学，宣传改良主义思想，成为后来戊戌变法的策源地。

出生于广东历史文化名城新会（今广东省江门市新会区）的梁启超也是清末享誉全国的广东籍文化名人，他在中国民主文化改革之路上的成长也同样得益于广东航运系统所带来的“西学东渐”成果。1890年，科考落第的梁启超乘船从新会赴广州，师从于康有为，在其创办的万木草堂学习。从此，他在康有为的指导下开始接触西学，并逐渐走上了维新变革的道路。梁启超在他的著作《三十自述》中详细记载了这两位珠江三角洲伟人的历史性会面：“时余以少年科第，且于时流所推重之训诂词章学，颇有所知，辄沾沾自喜。先生乃以大海潮音，作狮子吼，取其所挟持之数百年无用旧学，更端驳诘，悉举而推陷廓清之。自辰人见，及戌始退，冷水浇背，当头一棒，一旦尽失其故垒，惘惘然不知所从事，且惊且喜，且怨且艾，且疑且惧，与通市联床，竟夕不能寐。明日再谒，请为学方针，先生乃教以陆王心学，而并及史学西学之梗概，自是决然舍去旧学。自退出学海堂，而间日请业南海之门，生平知有学，自兹始。”1898年（戊戌年）农历六月，这两位在珠江航运文化摇篮中孕育成长起来的伟人发起和领导了历史上著名的文化变革运动，即“戊戌变法”，变法的主要内容包括：积极主张引进西方文化，提倡科学文化，改革政治和教育制度，大力发展农、工、商业等，试图以西方的君主立宪文化形态取代中国的封建帝制文化形态。虽然这场声势浩大的维新变革只维持了103天就宣告失败，但这是中国近代史上一次重要的思想启蒙运动，促进了思想的解放，对社会进步和思想文化的发展、促进中国近代社会的进步起了重要推动作用。尤为重要的是，在它的推动下，两千年以来根深蒂固的封建帝制文化形式首次遭到动摇，为十几年之后孙中山等人彻底推翻中国帝制文化做了十分重要的奠基工作，充分体现了近代中国珠江航运文化的开放性和前沿性①。

中国近代史上另一位重量级的文化名人、民主文化革命派代表孙中山也来自珠江三

① 谢放：《跨世纪的文化巨人：梁启超》，广州：广东人民出版社，2005年。

角洲，即广东省香山县（中山市）。在这块近代中国最具有开放性、前沿性和先进性的珠江航运文化区域中成长起来的孙中山，为近代中国民主文化变迁所做出的一系列巨大贡献不可避免地带有天然的历史必然性。我们不难发现，孙中山所领导的革命活动大部分都发生在航运系统最发达、因此中西文化交流最通畅和深入的广州。1886年，孙中山进入广州博济医学院学医，此后再考入香港西医书院（香港大学的前身）。以优异成绩毕业后，孙中山在广州开设医馆。据史料记载，在广州行医期间，孙中山常常与尢列、陈少白、杨鹤龄等人高谈国是，针砭时弊，谈论变革，考虑革命。孙中山在广州得到了大批进步人士以及民间百姓的帮助和支持。1893年冬天，孙中山还和郑士良等一批志士在南园抗风轩（今文德南路）集会，讨论建立革命团体的问题，为日后兴中会的成立做了准备。自此，广州被确定为孙中山革命大本营。1894年，孙中山赴美国檀香山创立兴中会，提出了“驱逐鞑虏，恢复中国，创立合众政府”的口号。在兴中会员中，广东人占绝大多数，而广州府籍华侨又占主体部分。1895年，孙中山到香港建立兴中会总部，策划当年在广州起义。接着，孙中山等人马上回到广州，在王氏书舍（今青年文化宫地址）筹建了兴中会广州分会，积极策划广州起义。这年孙中山主要在广州及附近活动，为发动起义做准备。这次起义虽然未及发难便因为泄密而失败，但开始了以武装起义方式推翻清朝、建立共和制度的革命事业，这也是广州作为近代民主革命策源地和重要舞台的开端。

兴中会建立后，先后共发动了10次重要起义，从而开启了近代中国民主革命的序幕。这些起义无一例外都是以广州为核心的。其中有3次发生在广州，包括第一次广州起义、广州新军起义和黄花岗起义。在其余的起义中，也是将广州作为计划攻占的目标或策应之地。1911年孙中山发动辛亥革命，推翻两千多年帝制，并于1912年建立中华民国并担任第一届总统，所谓“起共和而终二千年帝制”。1924年3月，孙中山在广州创建黄埔军校，他的继承者们以此为基础举行北伐，保护中华民国的成果。可以说，早期的民主文化革命活动都是以广州为基地，以孙中山所领导的广大广东进步人士为主体所开展的。他们为中国文化形态最终实现从帝制向民主的转变做出了不可磨灭的贡献。

综上所述，19世纪末至20世纪初，在中国经历了一次重要的文化形态变迁，也就是由帝制走向民主。在这一过程中，来自广东省的诸位历史文化名人（康有为、梁启超、孙中山）成为一系列相关活动的发起者与领导者，这种现象并不是一种历史偶然现象，在其背后有着极其深刻的经济文化渊源。广东省“江海一体”的独特地理环境催生出全国首屈一指的航运体系，这套航运系统不仅是商品的运输通道，而且也是文化、思想的传播载体，在物质和精神两个层面促进了各个相关经济文化实体之间的互通有无与碰撞融合。所以，广东省逐渐成长为中国近现代思潮的汇注之区以及中西文化交流的最重要枢纽。因此，在这段时期内，该地区必然成为中国境内经济最发达，思想最活跃开放，在经济、文化等各个方面都处于全国最前沿的省份。只有这样的运输体系，只有这块土壤才可能孕育出最富有开拓精神和革命精神的文化名人，肩负起改变近代中国文化格局的历史重任。康有为、梁启超、孙中山，这些在近代中国文化发展史上做出如此卓越贡献的文化名人都诞生于这片土地上，整个国家的命运必然会交付到这些人的手上，必然会与他们的家乡——广东——产生千丝万缕的联系：这是我们无法拒绝也无从更改的历史宿命。梁启超的出生地新会茶坑村离康有为的家乡南海银圹乡苏村仅一百公里，而孙中山诞生的香山县距离新会往西也仅仅百里。在广东航运文化中孕育滋养的珠江三角洲地区因为这几位文化名人，在近现代中国史上的分量绝不亚于湖南韶山。

第二章　海上丝绸之路造就无数非物质文化遗产

2003年10月，在联合国教科文组织第32届大会上，通过了人类文化史上具有里程碑意义的重要文件，即《保护非物质文化遗产公约》。该文件对“非物质文化遗产”（intangible cultural heritage）的定义如下：

“非物质文化遗产”指被各群体、团体、有时为个人视为其文化遗产的各种实践、表演、表现形式、知识和技能及其有关的工具、实物、工艺品和文化场所。各个群体和团体随着其所处环境、与自然界的相互关系和历史条件的变化不断使这种代代相传的非物质文化遗产得到创新，同时使他们自己具有一种认同感和历史感，从而促进了文化多样性和人类的创造力[①]。

非物质文化遗产是每一个民族区别于其他民族的最重要文化符号。作为构成每一个民族的基本精神元素，它凝结了该民族深厚的历史文化记忆，是支撑该民族穿越漫漫历史长河，在当今世界依然大放异彩的重要精神内核。

一、民间艺术中的航运故事

在民间艺术中，这些珍贵的非物质文化遗产大致通过两种方式展示了古老的航运图景：其中既有对港口图案、船形纹饰、船形器等航运符号的抽象化表达，也有对恢宏的真实航运景象的直观记录。这些非物质文化遗产的独特魅力在于，它们用大量具有浓郁航运特色的造型和图案栩栩如生地再现了两千年间的茫茫海路上，载满货物的商船乘风破浪来往于广东与各国港口之间，展开广泛的中外文化交流的迷人场景。

（一）非物质文化遗产中的港口符号

众所周知，港口是重要的交通基础设施。作为水陆交通的集结点，港口是供运载物资与乘客的船舶安全进出与停泊的运输枢纽。广东拥有丰富的海洋资源与内河资源，是

① 联合国教科文组织：《保护非物质文化遗产公约》。

中国的航运大省，自古以来它的港口与港湾数量一直居全国前列。

陆、海上丝绸之路的东方发祥地在中国，而海上丝绸之路的发祥地则在广东省。这就是大多数学者公认的《汉书·卷二十八下·地理志》记载汉武帝组织的官办贸易使团自徐闻、合浦港出海，到达今越南、泰国、暹罗、缅甸、印度和斯里兰卡等国贸易的海上丝绸之路。

广东省何以成为西汉海上丝绸之路的发祥地呢?这与广东的历史地理区位有直接的关系。古代广东(包括今海南省和广西壮族自治区的北海、钦州、防城市)位于中国最南部，其最东端在东经117°45′，即在南海中沙群岛中黄岩岛（民主礁）东侧；最西端在东经118°37′，即在今海南省东方县八所港西侧，东西之间地域跨经度9°08′，相距约1000公里；最北边在北纬25°31′，在乐昌县北部的上旗头村；最南端在北纬4°，即南沙群岛的曾母暗沙，南北相距2400公里，全省东、西、南面向南海，与菲律宾、马来西亚、文莱、印度尼西亚、越南等国家遥遥相望。

所以，广东是中国的一个海洋大省，大陆海岸线长3368.1公里，占全国海岸线总长的23.49%，居全国首位；岛屿海岸线长1649.5公里，占全国岛屿海岸线14247.8公里的29%，亦居全国第一位。加之广东省内陆共计有大小河流1343条。这些河水流入南海形成大大小小的港口219处，而且从东到西均匀地分布于全省的海岸线上，计有粤东的汕头港、汕尾港、三百门港、榕城港、海门港、考洲洋港、海山港、莱芜港、炮台湾港、庵埠港、棉城港、潮州港、神泉港、甲子港、碣石港、乌坎港、港口港、南澳港、柘林港、马宫港、樟林港；粤中的黄埔港、沙角港、大虎港、沙田港、交椅湾港、妈湾港、赤湾港、蛇口港、崖门港、高栏港、铜鼓港、盐田港、澳头港、江门港、容奇港、九洲港、太平港、东觉头港、莲花山港、九江港、中山港、鹤山港、新会港、鲨鱼涌港、澳门港；粤西的海陵山港、水东港、海安港、东平港、沙扒港、博贺港、黄坡港、海康港、流沙港、北潭港、安铺港、徐闻港、阳江港、湛江港、防城港、北海港、钦州港、龙门港、珍珠港、铁山港、大风江港、英罗港、沙田港、营盘港、白龙港、电白寮港、南沥港、高德港、南湾港、犀牛脚港、勒沟港、沙井港、企沙港、神应港(白沙津)、芋岭港、江平港、东兴港；南海岛的秀英港、八所港、三亚湾港、海头港、新村港、博鳌港、清澜港、铺前港、新盈港、岭头港、海头港、新英港、昌化港、马袅港、调楼港、海尾港、三亚港西、黎安港、港北港、青葛港、潭门港、抱陵港、海尾港、东莺港、东寨港、洋浦港、马林港、乌均港；南海诸岛的东沙岛港、永兴岛港、广金岛港、金银岛港、珊瑚岛港、东岛港、中建岛港、太平岛港、永署礁港，等等。

同时，广东沿海也具有天然掩护屏障的港湾219个，而且由东向西分布。山地溺谷港湾有粤东的柘林、三百门、海山、南澳后宅、云澳莱芜、金厢、遮浪、马宫、鲘门、小漠、巽寮、范和、霞涌、澳头、三门岛、大鹏澳、白泥涌、盐田、蛇田；珠江口的赤湾、桂山、大万山、荷包、庙湾、上川、担杆；粤西的沙提、东平、闸坡；粤西的资深横山、湛江、硇洲、外罗、海安、流沙、江洪、草潭、北潭、英罗；海南岛的秀英、后海、铺前、白马井、新英、洋浦、新盈、调楼、马袅、花场、马村；粤中的大亚湾、伶仃洋、黄茅海、广海湾；粤东的达蒙、海门、青海、种泉、甲子、码石、乌坎：粤西的河北、沙扒、博贺、水东、乌石、企水、江洪、高德；海南岛的湖港有清澜、潭门、港北、坡头、黎安、新村、铁炉、三亚、墩头、海头；南海诸岛的东沙环礁潟湖，中沙大环礁潟湖，两沙永乐环礁、宣德环礁间潟湖、南沙环礁潟湖。

以上广东沿海和南海的诸多河口港湾为“海上丝绸之路”的发祥和发展提供了天然的良好资源。特别在古时的帆船航行时代，为航海提供避风防涛、供给淡水食粮、装卸货品等极大的便利和安全。同时，这些港口、港湾又内联广东陆地的千百条河流，保证了“海上丝绸之路”的生丝、丝织品、陶瓷、茶叶等货源的充足供应。[①]

因此，在广东的民间艺术中涌现出大量的港口符号，用来表达航运主题。这些港口图案集中出现于广彩之中。瓷器是除了造纸术、指南针、火药、活字印刷术以外，中国改变古代世界文化的第五大发明。中国瓷器的外销始于唐代，16世纪以降，中西贸易航路逐渐开通，产生了很多销往欧美的外销瓷品种，如克拉克瓷、巴达维亚瓷、五彩、粉彩、中国伊万里瓷、广彩等。广彩即“广州织金彩瓷”的简称，是清代广东专为外销而生产的釉上彩绘瓷器品种。刘子芬《竹园陶说》记载：“海通之初，西商之来中国者先至澳门，后则径越广州，清中叶海舶云集，商务繁盛，欧土重华瓷，我国商人投其所好，乃于景德镇烧造白瓷，运至粤埠另雇工匠，仿照西洋画法加以彩绘，于珠江南岸之河南开炉烘染，制成彩瓷，然后售之西商。”广彩始于清代康雍之间，盛于乾隆嘉庆，终清一代不绝，流传至今，是中西文化互动和交流的重要载体，经过了三百多年的发展历程。2008年，广彩被列为“第二批国家级非物质文化遗产代表性项目名录”。

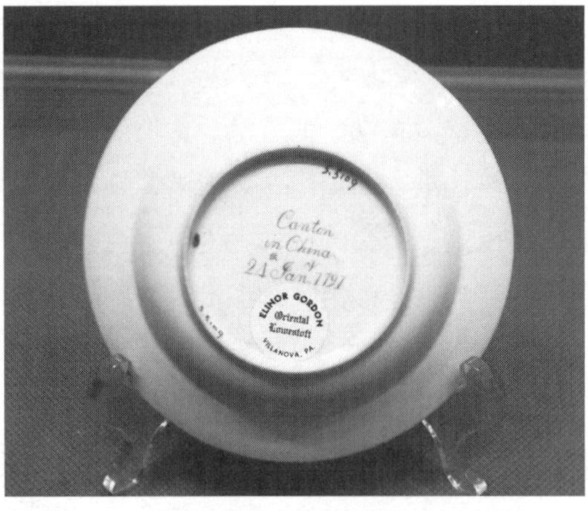

图4-2-1　广彩徽章开光港口风景图盘（盘底），清・乾隆，1791年，广州博物馆藏
（祖晓伟摄于“瓷路相逢—清代外销瓷上的中国情调与西方艺术展”，广州博物馆主办。）

在广彩中有一种特殊的类型，即英国定烧瓷。这种瓷器的边缘通常都绘制着中西贸易中对称的两座港口和沿途贸易风光，这些港口和城市都是在18世纪中英贸易关系中具有极其重要的地位和作用的，如伦敦、普利茅斯、马德拉

① 黄启臣：《海上丝路与广东古港》，香港，中国评论学术出版，2006年，第25-26页。

斯、黄埔、广州等。这种定烧瓷成为18世纪中英贸易历史的重要见证，同时也成为200多年前广东省重要对外贸易港口，即广州港和黄埔港历史风貌的珍贵图像资料。它们通过港口图案这种典型的航运符号鲜活地彰显了广东航运文化的深厚历史底蕴。图4-2-1中的这件广彩徽章开光港口风景图盘是该类型中最突出的一个经典范例。尤其难能可贵的是，在这件图盘的盘底，用英文记载了生产日期及产地等宝贵信息：Canton[①] in China, 24th, Jan. 1791（中国广州，1791年1月24日）（参见图4-2-1、4-2-2中的细部图）每年到广州贸易的西方商船必须在来年1月底东北季风盛行的时候离开广州，这只盘子是在商船离港前刚刚烧制完成的，盘底的英文真实记载了它从广州漂洋过海远赴英国的具体时间。这是迄今为止所发现的我国唯一一件仍然存有原始文字信息的外销工艺品。200年余年后的今天，它再次远渡重洋，回到了当初的产地广州。

图4-2-2　盘底标记：中国广州制造，1791年1月24日
（祖晓伟摄于“瓷路相逢—清代外销瓷上的中国情调与西方艺术展”，广州博物馆主办。）

在这件瓷盘的盘内出现了三个重要港口的图案：其中在盘中央是一幅印度马德拉斯港的风景图案。马德拉斯港位于南印度东岸，孟加拉湾岸边，1639年英国东印度公司在附近建立贸易站，它是英国在印度开展海外贸易的重要据点。在盘内的边沿则绘制着两座对称的港口，即英国普利茅斯港、广州黄埔港的景物。普利茅斯港位于英国英格兰西南区域德文郡，距伦敦约300公里，曾经是英国皇家海军的造船厂，也是16—19世纪英国人海外贸易的重要港口。

黄埔港由清政府设立，位于番禺县黄埔村（今广州市海珠区琶洲街黄埔村），是粤海关省城大关的11个小口之一。黄埔港“靠近省城大关，又处于广州对外贸易出海的要冲，是广州对外贸易的必经之地，因此成为中外贸易最重要的港口。清政府规定，

① Canton：“Canton”是广州的英文旧称，最早源于清代广州一口通商时期。当时广州曾是清政府唯一开放的通商口岸，由来粤通商的西方人命名为“Canton”，1981年正式更名为“Guangzhou”。但在国际上，“Canton”的知名度和辨识度要远远高于当代官方名称“Guangzhou”。在英语世界中，人们对“Canton”一词耳熟能详。对于他们而言，这个词还蕴含着特殊的文化含义，会让他们自然地联想到“世界第四大贸易之都”“海上丝绸之路的重要枢纽地”等历史文化信息，已经成为了广州独特的文化名片与文化符号。而这些都是它的新名字“Guangzhou”所严重缺失的。因此，出于中外文化交流与文化宣传的需要，在一些重要的涉外官方文件中，经常采取折中的拼写方式“Guangzhou（Canton）”。

图4-2-3 盘内纹饰：广州黄埔港、英国普利茅斯港、南印度马德拉斯港与商船

凡外国商船要来广州贸易必须在黄埔港停泊，办好纳税手续，才能进入广州贸易或者就地贸易。所以，清代外国商船云集黄埔港者数量最多。据统计，从康熙二十四年至乾隆二十二年（1685—1757年），西方国家来中国的江、浙、闽、粤四海关贸易的船只共有312艘，其中到黄埔港的有279艘，占总数的89%。如果仅从粤海关开始统计外国商船的乾隆十四年（1749年）算起，至道光十八年（1838年）间，来广州贸易的商船共5390艘，其中大部分是经黄埔港进入广州的。从贸易货值统计看，嘉庆二十三年（1818年），从黄埔港进口的商品货值占广州进口商品总货值的87%。嘉庆二十四年至二十五年（1819—1820年），各占84%以上……与此同时，中国出海贸易的商船也是从黄埔港出海的。据不完全统计，从康熙二十三年到乾隆二十二年（1684—1757年）的74年期间，从中国开往日本去贸易的商船共3017艘，其中相当大部分是经黄埔港起航的；乾隆二十二年至道光十八年（1757—1838年）的82年间，开往日本的商船共800艘，大部分也是从广州黄埔港开出的……从上述可见，清代的黄埔港是广州（从某种意义上说也是中国）对外贸易的最重要的港口，特别是18世纪中叶至19世纪中叶，中国对外贸易的外国商船或中国商船，基本上是通过黄埔港进出广州贸易的，因此，黄埔港在清代中国对外贸易中具有相当重要的地位。”①

这三个港口都在中英贸易史上占据重要地位，它们共同绘制在一个瓷盘上，中间还绘制了大批载满货物的商船图案，具有特殊的象征意义。这些纹饰真实地再现了两个世纪以前中英两国在三大港口间开展繁荣海上贸易的航运图景（参见图4-2-3）。

这件精美的广彩瓷器首次亮相于广州博物馆举办的“瓷路相逢—清代外销瓷上的中国情调与西方艺术展”上。广州博物馆在广州市委市政府和市文广新局的专项经费支持下，在海内外征集了逾70件（套）外销瓷，试图通过解读其中的图像艺术，为我们呈现18—19世纪通过瓷器贸易的特殊渠道，中西方文化与艺术互相传播与交流的历史。广州

① 黄启臣：《海上丝路与广东古港》，香港，中国评论学术出版，2006年，第107-112页。

博物馆陈列部主任曾玲玲在采访中对该瓷器在广东航运文化中的重要意义进行了高度的赞扬："这件瓷器说明了三个港口在中英贸易中的重要性。我们还找到了英国和美国的两个重要的博物馆所藏的一个同样的瓷盘，边沿分别绘制广州港和伦敦港的城市风光。我们如何宣传广州的重要性、广州作为世界贸易大港的地位，都不如这些器物和图像直观，而且是通过外国人之口说出来的。"

（二）非物质文化遗产中的船形符号

船是重要的水上交通运输工具，它同港口一样，也是广东地域文化中经典的航运符号。船形纹饰在广东民间艺术中历史悠久，最早可追溯至西汉时期。出自南越王墓的这件文物是一只铜提桶（参见图4-2-4、图4-2-5），在它的腹部饰有明显的航运符号——海船纹带。它出土于南越国第二代君主赵眜（公元前137—前122年）的墓葬遗址。提桶为古代大型储物器具，主要用来盛酒，是大型青铜酒器，为我国两广、西南以及越南北部所特有。墓中共发现9件铜提桶，这件船纹铜提桶出土于东耳室，通高50厘米，口径46.5厘米。这件提桶最特别之处在于其腹部纹饰：四艘首尾相连的船纹。每艘船大致相同，船身修长，两端高高翘起，船上有6人，包括5名头戴羽毛装饰的"羽人"战士以及一名俘虏。其中一人（第三名）正挥剑执宰俘虏，他左手紧紧抓着俘虏的头发，同时右手挥着利剑向俘虏砍去。那个俘虏全身赤裸，双手被捆绑于身后，双腿也被紧紧捆绑，坐在甲板上丝毫动弹不得。在这名战士的身后，一人手提敌人首级站立在高高的祭台上。船上还有形似帆、弓形大橹、瞭望台等物。船的甲板下刻画出分隔的船舱，隔成五舱或六舱，舱内满载着战利品，其中一间船舱内装满了铜鼓，铜鼓是古代越族部落权力的

图4-2-4　西汉南越王墓船纹铜提桶（公元前137—公元前122年）
（西汉南越王墓博物馆藏）（祖晓伟摄）

图4-2-5　西汉南越王墓船纹铜提桶（局部）
（船纹的四面纹饰展开图）（祖晓伟摄）

图4-2-6 清朝广彩美国商船图盘

（清道光，1821—1850年，广州博物馆藏。祖晓伟摄于“瓷路相逢—清代外销瓷上的中国情调与西方艺术展”，广州博物馆主办。）

图4-2-7 广彩航海图纹盖罐

（清嘉庆，1796—1820年，广东省博物馆藏。祖晓伟摄于“广彩瓷器300年精华展”，广东省博物馆、广东民间工艺博物馆、广州市非物质文化遗产保护中心联合举办。）

象征。船体周围另有海龟、海鸟、海鱼等动物围绕：船首的甲板上有一只海鸟，船首和船尾的舱下则分别刻画了一条海鱼，在船尾下方的大橹上则刻画着一只海龟，海龟的身上停立着另一只海鸟。这些丰富的纹饰无不暗示这艘海船正在海面上远洋航行。综合来看，这组船形图案似为表示一支大型作战船队在海上作战得胜，载着战利品和俘虏凯旋的场景，表明南越人已具备制造大型海船和进行远洋航行的能力。

2012年，广州与南京、泉州等九个城市的海上丝绸之路史迹共同列入《中国世界文化遗产预备名单》。广州市经多次论证，选定了6处史迹作为申报点，西汉南越王墓作为埋藏着大量舶来品的古老遗址也名列其中。这件船纹铜提桶与墓中的银盒、阿拉伯半岛的乳香、非洲的象牙等舶来品一起出现，充分体现了南越人已经利用海船这种远航工具开始进行海外交往，是中西文化交融的有力见证。这是目前考古发现规模最大和最为完备的海船图形，它细节丰富的船纹为证明广州是海上丝绸之路发源地提供了重要的实物资料，对“海上丝绸之路”的研究有重要意义。

时光荏苒，岁月如梭，将近两千年的光阴如白驹过隙，弹指间稍纵即逝。然而，船形纹航运符号并没有随着时光的流逝而埋没在历史的烟尘中，而是伴随着海上丝绸之路的兴盛变得愈加清晰起来。它大量出现在非物质文化遗产代表性项目广彩和广东剪纸中。这种图案几乎涵盖了广彩的所有器型：盘形器、罐形器、碟形器、壶形器。

图4-2-6是一件绘有美国商船的外销广彩瓷盘。清乾隆四十九年（1784年），刚刚获得独立的美国迫不及待地探寻与大洋彼岸的中国开展通商贸易，这一年2月22日，“中国皇后”号（The Empress of China）离开了纽约港，满载着人参、皮革、毛衣、胡椒、棉花以及铅等商品，驶往中国，从此开启了中美贸易的新纪元。美国很快成为中国外销瓷的新市场，大量的中国瓷器通过商船经海上源源不断地运往美国。在这件瓷盘的正中央，绘制着一艘美国商船的图案，具有鲜明的航运特色。

图4-2-8　广彩帆船纹叶形碟

（清乾隆，1736—1795年，广东省博物馆藏。祖晓伟摄于“广彩瓷器300年精华展”，广东省博物馆、广东民间工艺博物馆、广州市非物质文化遗产保护中心联合举办。）

图4-2-9　广彩描金帆船纹壶

（清乾隆，1736—1795年，广州博物馆藏。祖晓伟摄于“广彩瓷器300年精华展”，广东省博物馆、广东民间工艺博物馆、广州市非物质文化遗产保护中心联合举办。）

同样，图4-2-7中的广彩瓷器也描述了船形航运纹饰的主题。这是一只航海图纹盖罐，为圆筒形。在盖罐的顶部和罐体，均绘制着帆船及海浪纹，纹饰由麻色加描金绘成，简洁明快地刻画出海上丝绸之路的航运主题。

图4-2-8和图4-2-9也是广彩中经典航运符号，即船形纹饰的典型代表。图4-2-8是西餐中用于盛装咸菜的小碟子，一般四个一套，使用时放于餐桌的一个角。这只瓷碟为树叶形，中心绘制着帆船图案，简洁明快。图4-2-9是一件精美的壶形器，中国人一般用它来沏茶，西方人则同来盛咖啡。壶身的中心位置也绘制了类似的描金帆船航海纹。

广东剪纸艺术源远流长，在宋代已广为流传，明清时期发展到巅峰，距今已有一千多年的历史。在漫长的岭南历史文化长河积淀中，形成了鲜明的地域文化艺术特色，在中国剪纸艺术中占有极为重要的地位。2006年，广东剪纸被列为第一批国家级非物质文化遗产代表性项目。广东剪纸的产地包括佛山、潮州、汕头，它们都是广东省的港口重镇。这三

图4-2-10　广东剪纸：幸福的广东

（图片来源：《广东民间工艺精品集（第五册）》，68cm×68cm，潮州，岭南美术出版社，2009年。）

图4-2-11　广东剪纸：博爱

（图片来源：《广东民间工艺精品集（第五册）》，60cm×60cm，汕头，广州：岭南美术出版社，2009年。）

大地区独特的水上交通体系孕育出具有浓厚地方特色的广东剪纸文化，出现了一个专门以船形图案为叙事主题的特殊门类。

图4-2-10的剪纸，在图案的中心位置创造性地刻画了一只航行于波浪之上的船形纹饰。这幅产自潮州的剪纸被命名为“幸福的广东”，以航运符号船形纹与广东省整个地域进行并置类比，以图像的形式暗喻该地域与航运密不可分的联系，别具深意。

图4-2-11这幅剪纸来自汕头，名为“博爱”。在图案的中心位置精心刻画了一颗被小心翼翼捧于两只巨大手心之中的心形图案。在世界各地的文化中，这种类型的图案均为表达“博爱”主题的通用符号。但是，这幅剪纸的独特之处在于，在心形图案中添加了一枚乘风破浪航行的船形纹，具有浓郁的地域文化特色。

（三）非物质文化遗产中的船形器

图4-2-12　德庆出土的汉代陶船

（1980年德庆高良官村汉墓出土，高21cm，长54cm，宽18.5cm，公元25-220年，广东省博物馆藏）（祖晓伟摄）

船形器是广东民间艺术表达航运主题的一个十分重要的类型。它同船形纹一样，历史也十分悠久，根据已知的考古发现，最早源于东汉时期（25—220年）。图4-2-12中的这只陶船出土于广东省德庆高良官村的汉墓，陶船分为头舱、楼舱、舵舱三部分。拱形篷顶，两侧开对称的窗户，墙壁用复线纹分开五格，以示梁柱结构。楼壁与两边船舷相结合处有三小孔。头舱与楼舱下各有一块活动的底板，上塑一站立人物；舱楼下一人弯腰弓背两手向前。船头尾翘起，平底。船尾后墙有一圆孔。结构写实合理，应是当时内河船的再现。

图4-2-13　石湾陶船：北江船，20世纪50年代
（图片来源：《石湾窑精粹——明清至当代名家精品选》，广州：岭南美术出版社，2003年。）

这种船形器在广东非物质文化遗产代表性项目石湾陶塑和广彩中得到了很好的继承。石湾陶塑文化产生于唐宋时期，兴盛于明清时代。据《广东文物》记载：“湾陶业全盛时期，共有陶窑一百零七座，容纳男女工人六万有余人。”又载，“石湾陶业订定行规，尚有簿籍可查看。仅传自明代天启年间，初分八行，后分二十三行，若析其细目，有五十余行。”由此可知石湾陶业当年全盛时期的盛况。屈大均《广东新语》云：“石湾之陶遍二广，旁及海外之国。”《广东通志》也有“石湾缸瓦甲天下”的说法。这说明自唐宋年间开始石湾就已经成为广东的对外交通枢纽，水陆交通方便，石湾陶器畅销海内外。2006年，石湾陶塑被列为第一批国家级非物质文化遗产代表性项目。

图4-2-14　石湾陶船：南风古灶，2003年
（图片来源：《石湾窑精粹——明清至当代名家精品选》，广州：岭南美术出版社，2003年。）

图4-2-13中是20世纪50年代的一件石湾船形陶器，塑造了在北江上航行的两只陶船。其中一只船（右）的桅杆已断，船上的六个船夫（左二右四）被刻画得形态各异，惟妙惟肖，他们正在手持船桨奋力划行。

南风古灶是石湾窑鼎盛时期的标志，因灶口向南而得名。它位于石湾东平河畔，是建于明代正德年间（1506—1521年）的一条龙窑，是世界上连续使用至今的最古老的柴窑。图4-2-14中的这两件陶器正是再现了石湾陶器乘船沿水路被运往国内外的情景。

图4-2-15　广彩船形美国纹章纹汁斗
（20世纪70年代，广东省博物馆藏。祖晓伟摄于“广彩瓷器300年精华展”，广东省博物馆、广东民间工艺博物馆、广州市非物质文化遗产保护中心联合举办。）

船形器在广彩中也偶有出现。图4-2-15中的船形美国纹章纹汁斗是20世纪70年代的产品，是美国客商定制的成套餐具中的一件。位于器身中央图案的主要形象是象征美国的鹰，代表力量、勇气、自由和不朽。十分有意思的是，整个瓷器被制作成一艘船的形状，似乎暗示着它漂洋过海，乘商船从广东来到美国的历程。

（四）非物质文化遗产中的航运景象

广东非物质文化遗产代表性项目通过各种艺术形式塑造了丰富的航运景象，大致可以分两类：

第一类是对广州、潮州、佛山等广东境内重要港口城市的航运景象进行规模宏大的全景式描述。这几个地区都拥有发达的水上交通体系，是历史上重要的通商口岸。广州地处珠江口北缘，南濒大海，河网交织，水上交通素来发达。自汉代开始至清代第一次鸦片战争钱（1840年）这两千多年间，广州一直保持着中国开放海外贸易第一大港和中心市场的地位。在此期间，以广州为起点和终点发展了8条固定的国际远洋航线，中国传统文化元素经这几条水路遍及世界各地，来自其他国家的绚丽多彩的文化元素也源源不断地经由广州传入中华大地。

汉代时期，开辟了以番禺为始发港，途经中南半岛、马来半岛、印度洋、阿拉伯海和地中海，最终抵达欧洲的南海航线。当时广州的主要海上航线是“番禺—徐闻—合浦—日南（今越南的广治）—都元（今越南的迪石）—皮宗（今马来西亚的香蕉屿）—湛离（今泰国的巴蜀）—夫甘都卢（今缅甸的丹那沙林）—邑卢（今泰国的佛统）—黄支（今印度东南海岸的堪奇普蓝）—已程不国（今斯里兰卡）—安息帝国（今伊朗）—亚历山大帝国—大秦国（古代中国对罗马帝国的称呼）”，沿途与东南亚、印度、非洲和欧洲诸国展开贸易往来。

唐宋时期（618—1279年），开辟了“广州—澳门—望加锡—帝汶航线”，这是广州与东南亚国家的古老航线，沿途与东南亚国家展开广泛的贸易活动。

明代至第一次鸦片战争前（1368—1840年），先后开辟了以广州为起止点的六条海上贸易航线：“广州—澳门—印度果阿—里斯本欧洲航线”（1553年）；“广州—澳门—日本长崎航线”（明隆庆四年，1570年）；“广州—澳门—马尼拉—拉丁美洲航

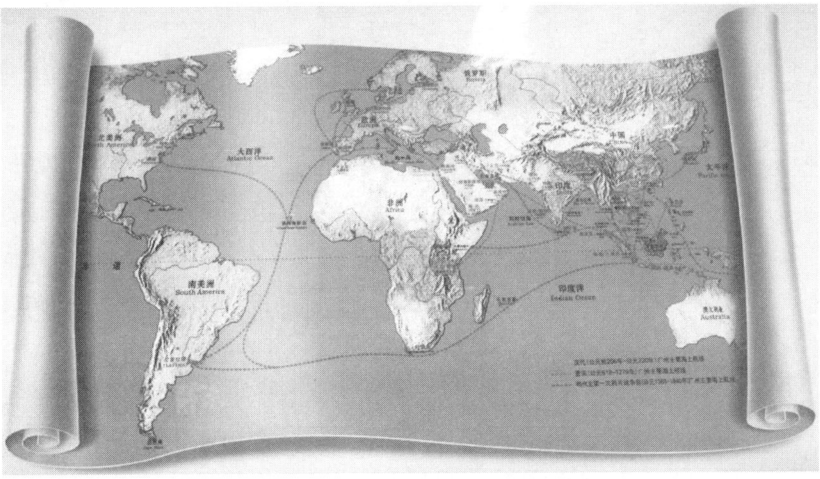

图4-2-16　广州古代海上交通示意图

（祖晓伟摄于“千年海丝、文明广州——海上丝绸之路文化展”，广州地铁集团有限公司主办，广东省博物馆、西安地铁、广东海上丝绸之路文化促进会协办。）

线”（明万历三年，1575年）；“广州—澳门—美国纽约航线”（清乾隆四十九年，1784年）；“广州—澳门—俄罗斯航线”（清嘉庆十年，1805年）；“广州—澳门—大洋洲航线”（清嘉庆二十四年，1819年）。

图4-2-17中的广州牙雕通过写实的艺术手法，对脍炙人口的广州贸易圣地十三行进行了情景再现。从1757—1852年，清朝“一口通商”时期，广州是中国最重要的对外贸易窗口，十三行垄断粤海关对外贸易85年。当时的清政府既要开放广州对外贸易，同时又要防止外国商人直接与中国商人做生意，引起统治上的混乱，于是除了设置广东市舶司和粤海关进行管理外，还建立和实施一种“以官制商，以商制夷”的措施，指定部分商业团体作为中介同外国商人进行贸易，这些中介商人所开设的专门从事对外贸易的商埠称为“洋货行”，俗称十三行。这样，偌大的中国对外贸易就全部集中在广州一城之中，由十三行的行商居间进行贸易。清初的诗人屈大均在《广州竹枝词》一诗中云：“广州城郭天下雄，岛夷鳞次居其中……

图4-2-17　广州牙雕：十三行图插屏

（图片来源：广州博物馆官方网站）

图4-2-18　广彩荔湾胜景图碟

（广东省博物馆藏。祖晓伟摄于“广彩瓷器300年精华展”，广东省博物馆、广东民间工艺博物馆、广州市非物质文化遗产保护中心联合举办。）

洋船争出是官商，十字门开向二洋。五丝八丝广缎好，银钱堆满十三行。”此诗生动地描绘了十三行对外贸易的繁盛兴旺景象。这幅图中，各国商船有条不紊地穿梭于水面之上，淋漓尽致地向我们再现了当年十三行繁忙的航运场景。

荔枝湾曾是珠江在广州地区重要的河涌，享有“一湾青水绿，两岸荔枝红”的美誉。历史上的荔枝湾是西关涌（包括上西关涌和下西关涌）和荔枝湾涌几条河汊的总称。它所涵盖的大致范围为今广州荔湾区荔湾路以西、中山八路以北的大片区域。这里原是珠江边上的沼泽地，河涌纵横，水塘密布，水陆交通便利，一直到民国时期都云集了无数富商巨贾和市井小贩，呈现出一片繁华的商贸景象。鲁迅先生的遗孀许广平女士曾专门撰文盛赞荔枝湾，将它在广州的重要地位比作杭州的西湖和南京的秦淮河：“凡是到广州的几乎没有一个人不看到珠江，因而没有不想到城西那珠江突出的一小角的荔枝湾。它的声誉早已吸引着远近的游人，谁不想找出点时间去欣赏一下？比方说：有谁到了南京而不想去秦淮河？到了杭州而不走到西湖边上的呢？”（《记荔枝湾》）图4-2-18的这件广彩荔湾胜景图碟虽然描写的是当代的航运景象，但是在水面上疾驶而过的船舶以及岸边迎风飘扬的外国国旗，无不令我们遥想起当年无比繁盛的航运胜景。

图4-2-19、4-2-20中的这件清代潮州木雕作品名为“广州府城图大寿屏”，也是对广州城古老的航运景象的生动再现。潮州木雕是盛行于粤东潮汕地区的一种民间工艺品，主要流行于旧潮州府属各县，故名。其辐射范围还应包括在文化渊源关系或地域上与潮州密切相关的闽南和客属兴梅的一些地方，其影响和传播范围应该影响更广。潮州木雕以其悠久的历史、完整的体系、精湛的工艺制作、丰富的题材内容和浓郁的地方特色享有盛名。享誉海内外的潮汕金漆木雕更与浙江东阳木雕、安徽徽州木雕齐名，成为全国著名的木雕品种之一，在中国木雕艺术中独具一格。潮州木雕因其长期广泛地流行于民间，具有典型的“潮色风味”，已经深深烙上了潮汕文化的烙印。在这件木雕中，只见广州府城外的珠江水面上行船如织，江边各类商铺林立，十分热闹繁华，尽显贸易大都会的本色。

图4-2-19　潮州木雕：广州府城图大寿屏
（图片来源：广东省博物馆编：《潮州木雕》，北京：文物出版社，2004年。）

潮州处于韩江、榕江和练江的入海口，其南部为三江形成的冲积平原，平原上河流纵横交错，拥有内河航运之便。其外则濒临大洋，在江海交汇之处，港汊岛屿密布，适于海舶停泊。故柘林、南澳、樟林、东里、达濠、海门、神泉等处皆为出洋之口。就地理位置而言，潮州地处海隅，东临福建，西连我国古代最大的港口广州，隔海峡与台湾对峙，隔南海与东南亚诸国相望，处于东海航线和南海航线交接的冲要位置，其附近海域历来就是我国北方和江浙闽地区与东南亚及印度洋各国进行海上交往的必经航道。自汉代时期，潮州港就作为沿海航运的中继港出现，隋唐时期逐步发展成为沿海贸易的商品集散转运港、对流求（今台湾）交通贸易的重要港口以及新兴的国际贸易港（与阿拉伯、马来半岛、中南半岛和马来群岛许多国家建立了通商贸易关系）　。图4-2-21中的这件清代潮州木雕作品名为“金漆木雕描金漆画西湖风景图”大寿屏，对潮州重要水路

图4-2-20　潮州木雕：广州府城图大寿屏（局部）
（图片来源：广东省博物馆编：《潮州木雕》，北京：文物出版社，2004年。）

图4-2-21　潮州木雕：金漆木雕描金漆画西湖风景图大寿屏
（图片来源：广东省博物馆编：《潮州木雕》，北京：文物出版社，2004年。）

枢纽西湖的航运风景进行了详细生动地刻画，大量在水面航行的帆船是其突出特色。

佛山毗邻南海，水上交通发达，对外贸易繁荣，是我国较早的对外通商口岸之一。早在唐朝时期，朝廷在广州设立市舶司（海关），成为全国最大的外贸口岸，佛山处于广州海湾边缘，佛山涌是广州通西江和北江的主要航道，兼有西、北两江航运之利，具备内河、外海的交通优势。当时佛山的渡口叫“海口”（后发展到六十多个渡口），已有许多外国商船到此贸易。北宋开宝四年（971年）朝廷在佛山设市舶务，相当于广州市舶司的分关。清康熙、乾隆年间，佛山有数千家商店，18个省的会馆和23间外国商馆，商品远销全国及南洋、澳洲、安南、美洲等地，来往的中外客商络绎不绝，街市繁荣程度甚至超过了省城广州　。图4-2-22和图4-2-23中的这幅广东剪纸作品名为“古镇佛山”，是对古老通商口岸佛山航运景象的宏大叙事。仔细观察图像的最右方，我们就会发现，有一大批帆船正满载着商品，在浩渺的水面上朝各个方向有条不紊地行驶着。除此之外，我们还看到有部分船舶载着物资停靠在岸边。也许它们刚刚结束漫长的航

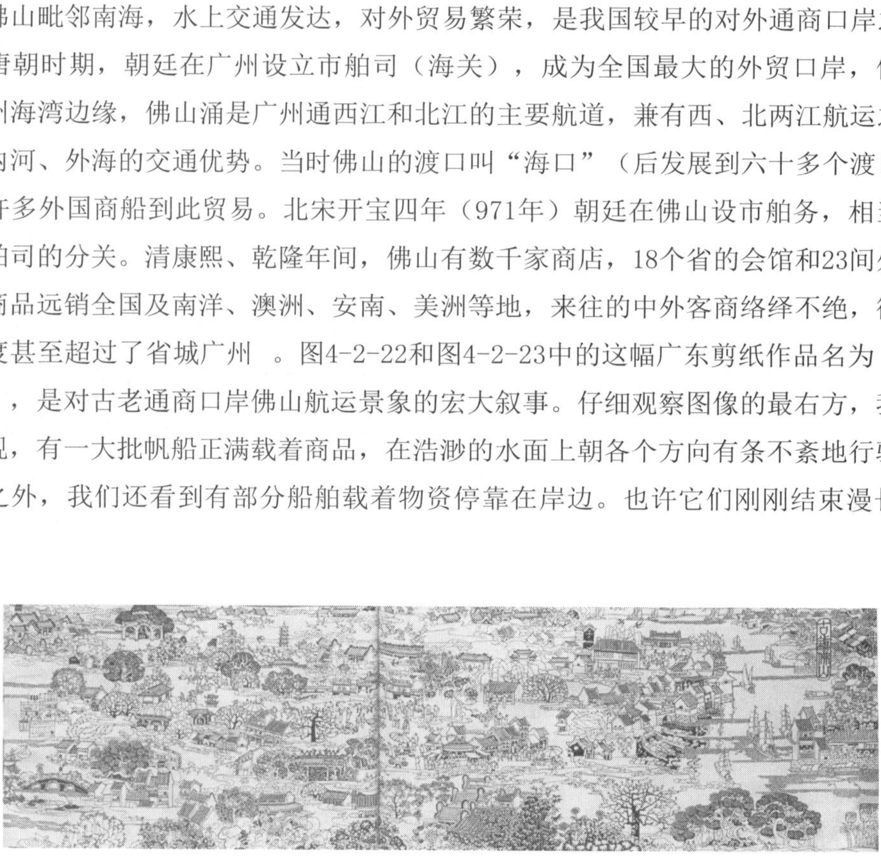

图4-2-22　广东剪纸：古镇佛山
（图片来源：《广东民间工艺精品集（第六册）》，50cm×109cm，广州：岭南美术出版社，2009年。）

程，满载喜悦回到始发地；也许正蓄势待发，即将扬帆起航，满怀希冀投入茫茫大海的怀抱。

第二类航运景象是针对某个具体航运事件进行深入细致的微观描述，创作的素材兼容并蓄，贯穿东方和西方。图4-2-24中的这件广彩人物花瓣形扁瓶向我们讲述了清朝时期广东某地一家四口乘水路出行的故事。他们正站在岸边等待出发，脚下停靠着一只船，船上装满了行李。其中最靠近船的位置是一名幼子，他身靠两件行李坐在地上，并仰头聆听父母交谈；另一位幼子侧身躲在母亲身后，俏皮地偷眼看向自己的哥哥；在他们不远的水面上，一名船夫正驾驶着另一艘船在水面奋力划行，画面十分温馨动人。

图4-2-25中的这件广彩蟠桃盛宴图椭圆形大盘是清朝时期欧洲国家在宴会上盛鱼的器皿，盘内壁上设一凹边，为放置带漏孔的瓷板而设计的，起到盛鱼时隔汁的作用。盘内绘制着中国著名的神话故事图案——西王母蟠桃盛宴故事。由于图案十分美观，故西方人也将其作为陈列品悬挂于墙壁作为装饰。这件瓷盘栩栩如生地描绘了众仙人乘坐不同交通工具到达天庭，参加西王母举办的蟠桃盛宴的热闹场景：在画面正前方最显眼的位置，有七位仙人乘船抵达天界。船首和船尾分别是一位老者和女仙人，他们或坐或立，正持

图4-2-23　广东剪纸：古镇佛山（局部）

图4-2-24　广彩人物花瓣形扁瓶

（清乾隆，1736—1795年，广东省博物馆藏。祖晓伟摄于“广彩瓷器300年精华展”，广东省博物馆、广东民间工艺博物馆、广州市非物质文化遗产保护中心联合举办。）

图4-2-25　广彩蟠桃盛宴图椭圆形大盘
（清道光，1821—1850年，广州博物馆藏。）（祖晓伟摄）

图4-2-26　广彩锦地开光人物纹双耳碗
（清乾隆，1711—1795年，广州博物馆藏。）（祖晓伟摄）

桨在云海中划船，船桨所到之处激起阵阵美丽的云波，就像在人间的水中划船一样。船中坐着五名乘客，其中一人正凝神吹笛，一人手拿芭蕉扇与身旁的仙人热烈地交谈着，一人正手持拂尘与划船的女仙人聊天，一人则惬意地欣赏着周围的美景。很显然他们是脍炙人口的神话故事“八仙过海”中的人物：铁拐李、何仙姑、汉钟离、蓝采和、吕洞宾、韩湘子和曹国舅。在这艘大船的两侧，有两位仙人分别乘坐着龙和驴紧随其后，其中乘龙的那位应是四海龙王之一，乘驴的那位就是“八仙”中的张果老。大船的右上方，还有两组仙人乘不同的交通工具出现，其中一组为两名童子，他们乘坐着芭蕉叶徜徉在云海之中，在他们后方是福禄寿三仙，正腾云而来。在这幅画面中，共出现了五种交通工具，船、驴、龙、芭蕉叶和云朵。其中后三种只存在于神话传说中，驴是马属的一个种类，水陆交通工具船和马同时出现，具有鲜明的广东地域文化特色，很显然是生活在此地的人们将自己的现实生活向神话信仰世界的投射。

图4-2-26中是一件广彩锦地开光人物纹双耳碗，碗身的图案描绘了清代瓷器通过水路外销西方的真实画面。只见两名挑夫正忙碌着合力将瓷器搬入河边的商行，两名差役在他们旁边观看。远处的帆船桅杆在水中若隐若现，说明大批瓷器正随着这些船只驶向西方。河岸上带异域风貌的建筑近在咫尺，暗示着中西方多年水上贸易带来的文化交融。

与图4-2-26遥相呼应的是图4-2-27中的这只广彩洋人归航图大碗。碗身绘制了欧洲某地商船从中国航海归来的画面：画面左方的不远处，一队远洋航船经过长途跋涉，终于从中国顺利扬帆归来，并在码头卸下大堆货物。画面近处的正中间是居住于海边的西洋一家三口，男主人牵着牛回家，他的妻儿挽手跟在后面。整幅画面具有浓郁的西洋特色，生动传神地表现了航运主题。

图4-2-27　广彩洋人归航图大碗

（清乾隆，1736—1795年，广东省博物馆藏。祖晓伟摄于“广彩瓷器300年精华展”，广东省博物馆、广东民间工艺博物馆、广州市非物质文化遗产保护中心联合举办。）

图4-2-28中也是一件广彩作品，名为“雨中过渡图瓶”。瓶身的主题纹饰取材于日本风俗画《浮世绘》中的日本仕女图。作品用丰富的色彩表现了日本仕女的丰姿。画面中微雨蒙蒙，七名日本仕女一起乘船过渡，她们衣饰艳丽，在船上或站或立，体态各异，船体呈独特的淡紫色，整幅画面十分明艳活泼。

图4-2-28　广彩雨中过渡图瓶

（广东省博物馆藏。祖晓伟摄于“广彩瓷器300年精华展”，广东省博物馆、广东民间工艺博物馆、广州市非物质文化遗产保护中心联合举办。）

图4-2-29和图4-2-30中的这两块广东端砚也是表达具体航运事件的艺术作品。端砚是中国文房四宝的极品，产于广东肇庆，具有“秀面多姿，呵气研磨，发墨不损笔毫”的优良品质，历来被文人墨客视为文房至宝。端砚的历史悠久，据史料记载，始于唐代初唐时期。清代计楠所著《石隐砚谈》记载：“东坡云，端溪石始出于唐武德之世。”清《西清砚谱》卷七亦载：“唐褚遂良端溪石渠”。由此可知，端砚在初唐时期已名声渐起，其产地肇庆又称为“端州”。到了中晚唐时期，虽然端砚是十分贵重之物，但文人趋之若鹜，已普遍为他们使用。中唐时代的文人李肇在《唐国史补》中写道：“端州紫石砚，天下无贵贱通用之。”宋代时期，端砚得到帝王将相和达官贵人的热爱，被列为贡品。广东端砚于2006年入选第一批国家级非物质文化遗产代表性项目名录。端州临近珠江的主干西江，水路资源丰富。因此，此地

图4-2-29　广东端砚：岭峡帆影砚

（图片来源：《广东民间工艺精品集（第六册）》，43cm×70cm×29cm，广州：岭南美术出版社，2009年。）

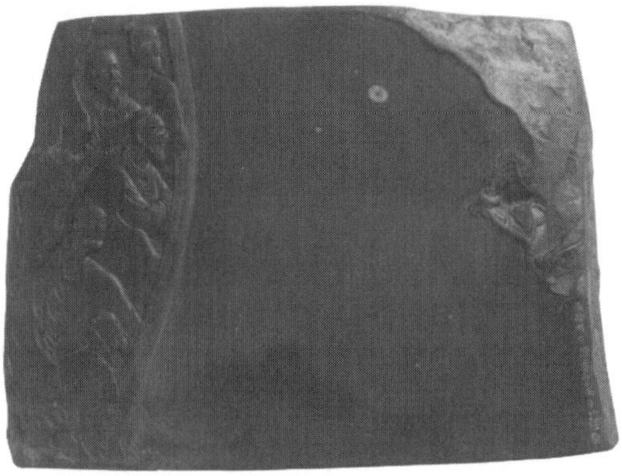

图4-2-30　广东端砚：满船明月浸虚空砚

（图片来源：《广东民间工艺精品集（第六册）》，24cm×30cm×6cm，广州：岭南美术出版社，2009年。）

生产的工艺品端砚中自然出现了大量表达航运主题的作品。图4-2-29中的端砚名为“岭峡帆影砚”，只见在崇山峻岭间有很多船只在水面驶过。高耸的峡谷与点点帆影交相辉映，意境悠远。

图4-2-30中的端砚被命名为“满船明月浸虚空砚”，出自南宋诗人戴复古的七言律诗《月夜舟中》：“满船明月浸虚空，绿水无痕夜气冲。诗思浮沉樯影里，梦魂摇曳橹声中。”大意为：在这个夜里，我乘坐的船满载清冷的月光，在水上漂浮，犹如沉浸在虚空之中。平静澄澈的江水，散发着逼人的寒气。我的诗思在帆影中沉浮不定，梦魂也在橹声中恍惚摇曳。这块端砚将此诗的意境通过图像的方式传神地传达出来：在静谧的夜色下，五位老者乘坐一叶扁舟在水面前行。朦胧的月光洒满船舱，他们面带微笑倚靠在船舷上，凝望着岸边，静静地享受着月夜行舟的欢愉。

二、民间信仰中的航运故事

广东省自古以来拥有四通八达水上交通网络，是中国的贸易枢纽地。这里繁荣发达的航运事业不仅孕育了绚丽多彩的民间艺术，还催生了大量与之密切相关的民间信仰体系——水神信仰。在这里既有集神圣仪式、民间艺术和口传文学为一体的全国独一无二的龙舟信仰，又有华夏民族上古大神祝融与广东水文化结合后所产生的独具特色的水神信仰——南海波罗神。

（一）岭南水神文化之龙舟意象

龙是中华民族的图腾，是华夏精神的象征符号。在中国古老而漫长的历史长河中，由此衍生出种种以龙为主体的信仰体系。广东为水乡，多江河，也近海，网河密布，造成了该地区“广为水国，人多以舟楫为食”的情况。屈大均《广东新语》中也曾感叹：“粤人善用舟”。舟楫是古越人的主要交通工具，他们利用这些船只担当起水陆交通的重任，为日常工作和生活提供基本保障。广东人敬仰水，崇拜水，与水建立起亲密的关系，水在他们生命中的重要性不言而喻。他们将中国古老的龙崇拜与当地独特的水崇拜结合在一起，创造出了一种独特的水神信仰体系，即龙舟信仰。他们将船制造成龙的式样，让这种“龙舟”在江河上祭祀水神，祈求在出海时得到上天的保佑。在国务院批准的四批国家级非物质文化遗产代表性项目名录以及三批国家级非物质文化遗产代表性项目扩展项目名录中，仅广东一省就入选了三项与龙舟信仰相关的项目：赛龙舟、龙舟说唱和龙舟制作技艺，居全国首位。此外，在广东省的多种非物质文化遗产民间艺术形式（潮彩、瑶族刺绣、广州玉雕、广州牙雕、广州榄雕）中出现了一个特殊的门类——龙舟艺术，这在全国各省的文化中也是绝无仅有的。

首先，赛龙舟是广东水乡独特的图腾祭祀仪式。广府人称“龙舟”为龙船，粤语和闽南话称“划龙船”或“赛龙舟”为“扒龙船”，“扒”就是划的意思。端午节是中国家喻户晓的传统节日。在端午节，人们要吃粽子、赛龙舟，纪念投江而死的伟大爱国诗人屈原。但是，这个传说十分晚近，并非赛龙舟的真正起源。在原始社会时期，赛龙舟是广东图腾祭祀的一种仪式。广东人经常在水上出行，最担心遇到风浪。因此，他们将船制作成龙的式样，并在端午节举行龙舟祭祀活动，祈求龙神保佑水面风平浪静，人们出海平安。近代大量的出土文物证明，端午节是古越人为祈求生命得到安全保障所举行的图腾祭祀节日。古时的百越人认为端午是龙的生日，水乡的人群与江河湖海打交道，常受风浪“水怪”的威胁。因此，他们把神话信仰中具有无穷威力的龙作为人类的祖先和保护神，并以龙的传人自居。他们将船只制作成龙的样子，而且还在农历五月初五端午节前后的这段日子里，通过虔诚的龙舟礼拜活动，使天上和水中的神龙心神愉悦，从而恪尽神职，保佑一方水土，驱邪消灾，人们出海平安，不会再遭受到水怪的袭击。在端午祭祀的日子里，人们不仅要扒龙舟，还要祭龙，把裹好的粽子投进水里给龙神

图4-2-31　广东剪纸：赛龙夺锦

（图片来源：《广东民间工艺精品集（第六册）》，广州：岭南美术出版社，2009年。）

吃。竞舟者通过这样的祭祀活动，目的是娱乐龙神，讨好龙神，求得龙神保护，在航行中避免风浪，逃脱船翻人亡的危险。

明末清初的著名学者屈大均在其著作《广东新语·事语·广州时序》一书中对每年端午节期间人们在珠江水面举行赛龙舟仪式的盛景：“四月八日‘浴佛’，采面荭榔，捣百花叶为饼。是日江上陈龙舟，曰‘出水龙’，潮田始作。五月自朔至五日，以粽心草系黍，卷以柊叶，以象阴阳包裹，浴女兰汤，饮菖蒲雄黄，以辟不祥。士女乘舫，观竞渡海珠。买花果于疍家女艇中。”清代名士王士祯也在他的名作《竹枝词》中栩栩如生地描绘了广州海珠石江中赛龙舟的喜庆场面：“海珠石上柳荫浓，队队龙舟出浪中。一抹斜阳照金碧，齐将孔翠作船篷。”在广东珠江流域，端午赛龙舟仪式主要分为以下七个步骤：起龙、采青、招景、应景、赛龙、藏龙和散龙。

第一个步骤是“起龙”。民谚云：“四月八，龙船到处挖。”“四月八，龙船透底挖。”意思是一般选在农历四月初八，把深埋在涌底或池塘里的龙舟船体挖起并洗净风干。然后择好吉日“起龙”，将船头、船尾披红挂彩，擂鼓放鞭炮，请念吉利咒语，洒上净水，然后龙船下水。龙船深埋在涌底或池塘的淤泥里的原因在于，龙船一般是由密度较大的红木作为材料制成的，这种材料不怕水浸，但是最怕太阳暴晒，会引起爆裂。广东夏季时间长，太阳光很猛，于是先民发明了一种独特的藏龙方式，也就是把龙船的船身深埋进河涌的涌底，用湿滑河泥包裹住龙船，使它与空气想隔绝，这样龙船就不会被晒裂或变腐朽。

第二个步骤是“采青”。沉睡了一年的龙船，修补好之后光彩夺目，整装待发，等待在端午节期间大显威风。但经过一年的沉睡，睡龙难免有些头昏脑涨，这时候需要醒一醒龙船，让其抖擞精神，这个仪式便是“采青”。古时候，“采青”仪式是将摆放在祠堂里的龙船头和龙船尾拿出来安放在龙船上，然后人们划船驶出涌口，俗称“出海”。随后，人们在珠江边的稻田里采一束青壮的禾苗回来，进行拜祭。现在珠江边上已经没有稻田，无青禾苗可采，于是只能“采旱青”了，即在祠堂边准备一只大瓦缸，在瓦缸中培育一束青苗，专门用作采青的代用品。等到采青上船后，才能打明鼓、放鞭炮，把写好的“净水符”贴在船里供奉的神盒和鼓身、锣架上。这时候，龙船已经完全恢复了精神，开始精神抖擞地投入到新一年的赛龙舟活动中。在震天的锣鼓声中，桡手们在河涌上划上几个来回，敲锣打鼓一番，还要再次划回藏龙船的地方，这一最后的仪式称为“瞧坞”，仪式大功告成。

“招景”是向兄弟村落发出邀请，兄弟村收到邀请后欣然接受，决定参加龙舟竞渡，叫做“应景”。清末番禺衙门还对招景做出了几条标准：凡招景的村落须具备一定的经济能力，对应景的龙船要热情接待，供应茶水、饼食或午食；招景乡所在河涌的长度、宽度及两岸起码可容纳数万观众；在游龙的入口处须有一定数量龙船的地方。

端午节赛龙舟一般从农历五月初一到五月初十，最长也不过五月二十。一般从初十到十五，各地的龙舟活动就结束了。人们将龙船放回原处，埋在河涌或池塘的泥地里，这个过程叫做“藏龙”。“藏龙”是对龙舟船体的一种保养。由于龙舟的船头、船尾和船身是分离的。船身被藏在河涌和池塘的泥地里，龙头和龙尾则被供奉在祠堂或神庙里。龙舟盛事结束后，还要举行“散龙”仪式。人们举行仪式感谢神恩，感谢神灵保佑龙舟比赛圆满结束，将标（旗帜）还给神灵，标志着今年的龙船会解散，等来年活动再组织，也称“散龙船标”，感谢连日来神灵对参赛龙舟的庇佑。至此，整套赛龙舟祭祀仪式才圆满结束①。

其次，龙舟意象在非物质文化遗产民间艺术中主要以两种形式出现，龙舟形纹饰和龙舟形器。龙舟形纹饰在潮彩和瑶绣中大量出现。“潮彩”顾名思义就是潮州彩瓷的简称，是广东彩瓷两大门类（广彩、潮彩）之一。它是潮汕地区彩绘瓷器的通称，因创始于潮州，故被命名为“潮彩”。据考证，远在一千多年前的唐宋时期，潮州人就已经利用本地的资源——陶土，创作出各类具有浓郁地方特色的精美瓷器，潮彩也随着潮州陶瓷悠久的发展历史，深厚的文化底蕴而逐步形成自己独特的艺术风格。明朝是青花瓷发展时期。清初，粉彩流行。潮彩就是晚清光绪年间（1871—1908年）在这两种工艺基础上逐渐发展起来的，至今已有一百多年的历史。清末宣统二年（1910年），潮彩精品参加全国工艺品赛会，之后被选送参加在美国旧金山举行的太平洋巴拿马万国博览会展出，获得各界的高度评价和广泛赞誉，潮彩自此声名远播。2014年，潮彩被列为“第四批国家级非物质文化遗产代表性项目名录”，成为广东地区重要的文化名片。在潮彩作品中，大量涌现了龙舟纹符号。例如，图4-2-32中的这件潮彩“悠悠岁月方瓶”，瓶身采用了日、月、星辰、马车和龙舟竞渡这五种意象来隐喻时光的流逝。它们与时间的共同之处在于永不止息的运动。这实际上是古老原始神话思维在近现代的传承与显现。在前科学时代，人类祖先并没有丰富的科学知识，因而他们对世间万物的认知和分类并不是依据它们的本质特征进行的，而是根据用肉眼所及的、表面上所观察到的相似性进行原始类比分类：

> 所谓“物以类聚”的原始形态大约就是这样的：从现象的普遍联系出发加以分类，并不考虑事物的本质和规律。这样，可由经验观察所提供的事物外表、性状上某一方面的共同点，成就了前科学的分类根据②。

---

① 黄启臣：《海上丝路与广东古港》，香港：中国评论学术出版，2006年，第25-26页。

② 俞建章、叶舒宪：《符号、语言与艺术》，上海：上海人民出版社，1988年，第138页。

图4-2-32 潮彩：悠悠岁月方瓶

（图片来源：《广东民间工艺精品集（第三册）》，宽20cm×高30cm×厚cm，广州：岭南美术出版社，2009年。）

图4-2-33 潮彩：悠悠岁月方瓶细部，龙舟纹

由于先民目测力的局限，他们在观象授时的过程中将天想象成为以大地为中心、以人类肉眼极限为半径的球体，而各种天体（太阳、月亮、星辰）在这个假想的球面上呈周期性的运行变化，这个假想的球面就是天球。太阳除了每天东升西落之外，还在天球上向东移动约一度的角距离，因而一年大致行移一圈。星宿（西方划分为黄道十二宫，中国划分为二十八星宿）也围绕天球移行，做年周运动[①]。月亮也每月进行一次周期性的圆缺变化。太阳的朝出夕落、星宿永不停息的年周运动、月亮的周期性圆缺变化，都与时间周而复始的永恒流动具有密切的相似性。而马车和龙舟作为陆路与水路的两种主要交通工具，它们最突出的特质就在于永不停歇的运动，与时间存在着象征性联系。使用交通工具马车以日、月、星辰与时间进行类比的现象广泛存在于世界各地内陆文化的艺术品中，但是龙舟意象的出现是广东海洋文化的独创。马车与龙舟的并置出现，或许是对潮州地区水陆一体之独特交通体系的抽象化表达。

广东瑶族刺绣于2001年入选第三批国家级非物质文化遗产代表性项目名录。瑶族是中国南方古老的少数民族之一，主要分布在广东、广西、湖南、云南、贵州等省的山岳地带。瑶族是典型的山地民族，游耕是其主要生活方式，远离水域。因此，在大部分瑶族族群的文化记忆中，帆船等航运文化符号是严重缺席的。但是，由于在历史上长期频繁迁

① 冯时：《中国天文考古学》，北京：中国社会科学出版社，2010年。

图4-2-34　广东瑶绣（局部）：船形纹

（图片来源：《广东民间工艺精品集（第三册）》，100m×95m，广州：岭南美术出版社，2009年。）

徙，瑶族与其他民族交流甚多，吸收了当地的文化元素，导致该民族内部出现了不同的文化差异。瑶绣中之所以出现航运符号，或许与他们迁入广东境内的历史记忆有关。广东的瑶人并非广东的土著民族，而是湖南溪蛮的分支后裔，北宋时开始大批移入广东。他们是通过水路交通进入广东境内的。其主要迁徙路线是：自湖南沿沅水而下，部分留居粤北，部分经贵州边境先入广西，于是又分为两支，一支先占据了广西东部贺县，再逾岭而入广东之连韶；另一支则顺江而下，经苍梧，沿西江而入广东之封川、高要等地。南宋末年（13世纪末），发生了中国历史上第三次人口大迁徙，大批中原人口涌入湘北和湘中，极大地冲击了瑶族在湖南的聚居地，严重挤占了他们的生活空间。于是，湖南瑶人继续沿着同样的路线，迁入广东和广西境内[①]。在瑶人迁入广东境内的过程中，充满了密集的水上交通的历史记忆。或许正是由于这个原因，在他们创造的非物质文化遗产瑶绣中，吸收了航运符号，出现了龙舟形纹饰，这与贵州与云南等地的瑶族文化有着极大的差别。图4-2-34中的这件乳源瑶族刺绣，是一幅大型刺绣作品，长100米，高0.95米，是乳源瑶人的集体创作。在作品中出现了一枚龙舟竞渡纹，船上的一侧有七人正奋力划龙舟，一人单膝跪地高歌，三人正在高高的桅杆上吹起号角奏乐，十分活泼生动。

龙舟形器主要集中出现于广州绚丽多姿的雕刻艺术中，即广州牙雕（广州象牙雕刻）、广州玉雕和广州榄雕。广州牙雕早在2006年就入选“第一批国家级非物质文化遗产代表性名录”，广州玉雕和广州榄雕于两年后，即2008年入选“第二批国家级非物质文化遗产代表性名录”。

① 李筱文：《五彩斑斓——广东瑶绣》，广州：广东教育出版社，2012年，第7、15-16页。

尽管这几种雕刻艺术塑造了丰富多彩的艺术主题，但是它们都有一个共同的特点，那就是都产生了大量的航运主题作品，创作了很多独立的龙舟形作品。这是广州雕刻艺术不同于其他地区的独特文化特质。笔者认为，产生这种现象的根本原因在于，广东省是中西方交通的重要枢纽和孔道。尤其是广州城不仅拥有一个完整丰富的自然生态环境，还拥有对于一个城市发展必不可少的海上交通资源。广州的海上贸易始于汉代，据史籍记载，番禺城在汉代已经是全国商贸发达的大都会。《史记》云："番禺亦一都绘也，珠玑、犀象、玳瑁、果布之凑，中国往商贾者多取富焉。番禺亦一都会也。"广州是中国最早的开放门户，海上丝绸之路的拓展，使广州成为国内最重要的贸易港口，日渐繁华，中国的商船通过广州，远航南海、印度洋、波斯湾，把国产的丝织品陶瓷输往国外；外国商人则把金银、琉璃、象牙、沉香等输入中国。随着广州对外贸易的日渐兴旺发展，海上船运在这里的地域文化中占据了十分重要的地位，因此大量的航运意象在艺术作品中大量涌现也就不足为奇了。

广州牙雕是中国传统的手工艺品牌，其发展的历史要追溯到两千多年前的秦汉时期。如今广州象港南越王墓的出土文物中就有南越王赵眜右夫人"赵蓝"的象牙篆刻名章。从这些珍稀的汉代象牙出土文物中，证明了距今两千一百多年前广州手工艺已经相当发达，牙雕已经具有相当的艺术性。广州牙雕起始于汉唐，兴盛于明清，与北京江南形成中国三大象牙雕刻流派。北京牙雕以典雅高贵庄重风格称雄全国，江南牙雕则以精雕细琢的"象牙细花"小型牙器见长，而广式象牙雕刻以玲珑剔透的镂雕技法闻名。广州牙雕的原材料是象牙，并不是本地的特产，需要从外国进口。广州牙雕历时数千年而不衰，实与广州作为中国最大的对外贸易通商口岸、航运十分便利发达有关。自唐代开始，广州就已成为世界著名港口，开辟了世界上最长的"广州通海夷道"，途经90多个国家和地区。来自世界各地的商人都聚集在这里进行交易。那时广州城外紧邻珠江，茫茫珠江一直通向大海，连接了海外商贸诸国。珠江的江北岸线直逼广州城下，从东南亚和非洲诸国运来的优质象牙，都可以在靠近城内的码头上货，大量的象牙通过海上通道源源不断地进入广州城。由于大量进口象牙，在唐代广州竟有"关口象牙堆"的美称。明朝年间，为方便从海路来广州的

图4-2-35　广州牙雕：象牙镂空雕刻龙船

（长93厘米，宽17.5厘米，最高53厘米，此为慈禧太后40岁诞辰广东贺礼。祖晓伟摄于广州博物馆。）

商人，朝廷在珠江岸边兴建楼房和商铺，逐渐形成一条象牙商贸街。这条广州最早的象牙贸易专业街位于今天的解放中路和惠福路交界处，当时这一带处于珠江岸边，南来北往的船只都在此处停泊靠岸，大批象牙手工艺品就在这里交易，十分兴旺繁华，牙雕铺鳞次栉比。从原材料的进口，到手工艺成品的出口，都是通过海上航路才得以完成。所以，广州象牙雕刻艺术中产生了龙舟形器这一特殊门类，亦不足为奇。

玉雕在中国有长达几千年的历史，从来没有消亡过。中国人是世界上最爱玉的民族，而在中国人之中，广东人对玉的痴迷，又是独步天下，无人可及的。北京、苏州、扬州、上海都是中国传统的玉雕名城，但它们都不曾像广东那样，从玉石变成玉器的每一步骤，每一环节，背后都有庞大的群体支撑着。开采玉石，买卖玉石，雕制玉器，买卖玉器，从批发市场到零售市场，几乎全部可以在广东体内循环，已构成一个完整的市场体系，并且辐射到大江南北，乃至整个东南亚地区。这是其他地方所没有的。在广州荔湾区西关，即古代长寿寺、华林寺的附近，今天华林街、源胜街及康王路一带有一个闻名海内外的玉器墟。中国历史上一直都有通过广州玉器墟向朝廷进贡珍宝的传统，如清末内廷大总管李莲英侄子李成武1908年的《爱月轩》载：“慈禧太后，头顶翡翠荷叶，重二十二两五钱四分，估值八十五万两，此为粤海道某所进贡者。”

作为康熙时期四口通商以及乾隆时期一口通商的对外开放口岸，广州水陆交通发达，拥有朝廷钦定总揽对外贸易的十三行，即今天仁济路至杉木栏路，珠江岸边至十三

图4-2-36 广州玉雕：一帆风顺（1）

（图片来源：广东省文学艺术界联合会、广东省民间艺术家联合会编：《广东民间工艺精品集（第一册）》，广州：岭南美术出版社，2009年。）

图4-2-37 广州玉雕：一帆风顺（2）

（图片来源：广东省文学艺术界联合会、广东省民间艺术家联合会编：《广东民间工艺精品集（第一册）》，广州：岭南美术出版社，2009年。）

图4-2-38　广州玉雕：一帆风顺（3）
（图片来源：广东省文学艺术界联合会、广东省民间艺术家联合会编：《广东民间工艺精品集（第一册）》，广州：岭南美术出版社，2009年。）

图4-2-39　广东榄雕：岭南龙舫（1）
（图片来源：广东省文学艺术界联合会、广东省民间艺术家联合会编：《广东民间工艺精品集（第一册）》，广州：岭南美术出版社，2009年。）

图4-2-40　广东榄雕：岭南龙舫（2）
（图片来源：广东省文学艺术界联合会、广东省民间艺术家联合会编：《广东民间工艺精品集（第二册）》，广州：岭南美术出版社，2009年。）

行路这一片区域，是中国最重要的贸易中心，在中国历史上一直被称作“天子南库”。广州作为水运交通枢纽港的重要地位从一首流传至今的《竹枝词》来看可见一斑：“粤东十三家洋行，家家金珠论斗量。楼阑粉白旗竿长，楼窗悬镜望重洋。”航运在广州历史文化中的重要地位不言而喻，这淋漓尽致地体现在大量广州的特殊门类——龙舟形器上：图4-2-36至图4-2-38的这三件玉雕龙船，船帆上都刻着“一帆风顺”四个大字，通过图像的方式无声地诉说着千百年来无数商船扬帆起航、熙熙攘攘往来于珠江水面与茫茫无际海洋之上的情景。

中国的核雕艺术历史悠久，因核雕的独创性、精巧构思和极高的工艺水平，风靡朝野和民间，上至皇家贵族，下至平民百姓，都对这一民间工艺十分喜爱。核雕是以橄榄、核桃、桃子等果核为材料雕刻而成的，当中橄榄核雕刻就是最难的一种。因为榄核坚硬异常，表面凹凸不平，形状两头尖中间空，只能因形施艺。雕刻时还要就着榄核的大小、色泽、纹理进行构图、布局，非常考人。榄雕生于广东，发源于增城新塘镇，至今已有数百年的历史。图4-2-39与图4-2-40的这三件榄雕也是船形器，具有鲜明的航运文化特色。

在广东，水神龙舟信仰不仅催生了赛龙舟的祭祀仪式和龙舟主题的艺术形式，还衍生了一种独具特色的说唱艺术——龙舟说唱。在广东“龙舟”有多重含义，这个词不仅指赛龙舟图腾祭祀仪式，还特指广府特有的说唱艺术龙舟说唱。目前学界普遍认可的龙舟说唱的起源是清代广东顺德破落公子唱龙舟的传说：相传乾隆年间，在顺德县东江有一个破落公子，生计无着，只好卖唱度日。他觉得当时盛行的木鱼书太长，节奏也不鲜明，难以吸引人，于是在木鱼歌的基础上进行了改革。他自制了一副小锣鼓挂在胸前，手提木雕龙舟作为标志，边唱边敲，自成节拍，朗朗上口，清脆明快。这种新鲜的说唱方式大受欢迎，被称为“短调木鱼”，亦称龙舟歌。那位破落公子名叫阿德，自此也被称为“龙舟德”。龙舟说唱一时引来众多“斯文乞儿”争相模仿，纷纷举着木雕龙舟穿街过巷，在人家家门口卖唱。多是唱一些吉利的祝颂词。闻者欢喜，便打赏衣食财物。2006年，龙舟说唱被列入“第一批国家级非物质文化遗产代表性项目名录”。

说唱艺人手中的龙舟是最重要的行头。龙舟长约30厘米，四周挂红布裙，船头船尾精雕细琢，船内有小木偶，木偶执桨，船桨与船底铁环相连。演唱者拉动铁环，木偶就整齐划桨，栩栩如生。龙舟举起的方向船头必须要向外，因为这样木桨就向内扒水，而水在广东文化中为财，象征着为户主送财。龙舟歌在早期的发展时期其实是“乞食歌”，龙舟艺人走街串巷挨家挨户唱，只为果腹，十分辛苦。广州群众艺术馆的退休馆员吴家耀特意编写了一首龙舟歌，生动地唱出了旧时龙舟艺人的生存状态：

锣鼓响啊，唱龙舟啊舟。呢（这）种广东嘅歌谣体，已经有百载源流。过去嘅民间艺人，都系靠卖唱糊口，手拎（拿）住呢（这）只锣鼓，拎（拿）住个只龙舟啊舟。或在江中渡船，或在沿街行走，但求两餐温饱，何计四处漂流。旧阵所唱嘅曲词，都系随意编就，唱下水浒三国，又唱下西游记个（那）只马骝（猴子）。

如果行到大户人家，唱嘅时间呢，就更加要讲究了喔，嗱，我唱几句俾大家听下：

龙舟啊舟，出街游，姐妹行埋莫打斗，封封利是匝龙头，龙头龙尾添福啊寿，老少平安就到白头，从前嘅龙舟艺人，就系咁唱嘅啦。

早期龙舟歌主要是以唱吉利的祝颂词为主，利用人们趋利避害的心理，祝福一生顺利，财运广进，身体健康，家庭幸福，满足人们普遍的心理诉求，取悦听者，从而达到换取财物的目的。唱词悦耳讨巧，往往一曲唱毕，住户总会马上拿出钱米相赠。

龙舟到，到你门来，一添贵子二添财，三添福禄寿，五添状元来！

春夏秋冬天过天，吉星拱照到你门前。神州世代源流远，敬老全凭孝义先。骨肉亲情堪赞美，家庭和睦子孙贤。

在顺德一带流传着在农历正月即春节期间演唱的祝颂歌《贺正龙舟》：

真高兴，贺新正，贺到你门前多喜庆，一年四季个个福寿康宁。

老爷本事好名声，奶奶乐善好施心地正（心善良），少奶有喜又添丁。细蚊仔（小孩）快高长大兼生性（听话），读书伶俐又聪明。子孝孙贤代代醒（精明），兰桂腾芳喜气盈。

荣华富贵天赐定，门阑霭瑞有吉星。买下良田足足有万顷，收租收到去五羊城。出入平安万事胜，东成西就百业兴。

龙舟唱过人人都高兴，老爷奶奶大把利是派俾（给）我拎（拿），大把利是派俾（给）我拎（拿）！

民国初年，龙舟歌发展到鼎盛时期，逐渐发展成为一种颇为流行的大众娱乐形式，并从走街串巷的街头龙舟衍生出堪登大雅之堂的舞台龙舟。说唱艺人除了到人家门前唱祝颂词以外，也在码头、祠堂、戏台等公众场合演唱，内容也从说吉利话演变为讲故事。龙舟从祝颂乞讨演变为民间曲艺表演，曲目也变得丰富起来，主要有五大来源：一是将现成的木鱼书故事改变成篇幅较精简、戏剧冲突更浓缩的龙舟故事；二是将《水浒传》《三国演义》《西游记》等古典名著中的精彩情节提炼出来，写成龙舟歌；三是将著名的戏曲改变为更浅显易懂的龙舟歌；四是以龙舟歌的形式传播时闻；五是以民间传说和警世故事来劝善。然而，无论发展成何种形式，龙舟说唱始终未脱离它最核心、最原始的航运主题，说唱艺人手提木雕龙舟的形象始终作为这种曲艺最突出的标志，闪耀在广东浩瀚的文化海洋中。

（二）岭南水神文化之波罗诞

海神信仰在中国历史悠久。据《礼记·月令》记载，周天子命相关官员祭祀四海、名源、渊泽、井泉。这是关于祭四海的最早文献记载。从周代起，中国的统治者就将祭祀五岳、四海、四渎纳入国家礼制体系。到了隋朝，广州已成为中国南方的海运中心。于是在隋开皇十四年（594年），隋文帝下诏建立四海神庙祭四海，在广州黄埔扶胥港处建南海神庙。广州地处珠江三角洲北端，位于东西北三江的汇合处，濒临南海，地理位置优越，是南海海上丝绸之路上最重要的港市。而位于黄埔区的扶胥港是古代广州的外港。据清代崔弼的《波罗外纪》记载，广州南海神庙地处“扶胥之口，黄木之湾”，“三江之水会于黄木湾以入大洋，琵琶、赤岗双塔并峙，而狮子洋屹立中流，虎门蹲踞海口，为夷舶之所，尤邑之险隘也。”由此可见，古代的南海神庙前濒临珠江口，江流浩渺，连接狮子洋，庙前古老的扶胥码头，是昔日各国海船入关停泊的地方。

建立南海神庙的选址至少需要具备两个条件：一是靠近南海出海口，附近有港口，方便海船的出入和人员的祭祀；二是附近要有一定的入口，能经常有人到庙中顶礼膜拜和供奉管理。位于南海之滨珠江口的扶胥镇（今广州市黄埔区庙头村）离广州古城约八十里，在珠江北岸，面临扶胥江（珠江的一段），东连狮子洋，下接虎门，是古代出入广州的海路交通要道，经此放洋出海，可以抵达南海诸国。扶胥地理位置十分优越，被称为“去海不过百步，岸临不测之渊”，于是，这里成为建立南海神庙的理想之地。南海神庙自建立起距今已有一千四百多年的历史，是古代中国规格最高的祭海场所。自隋唐以来，历代皇帝都派官员到南海神庙举行祭典。中外海船出入广州，也要到庙内拜祭南海神，祈求海神保佑海不扬波，出行平安，所以南海神庙又是中国古代海上交通贸易的重要遗址。南海神庙是中国四大海神庙中唯一保存下来的规模最大、保存最完整的海神庙，是对外海上贸易交往的历史见证和重要史迹，也是古代海上丝绸之路的发祥地之一。

更为详细的有关南海神的信仰崇拜活动，我们在下一章节水运格局的节令描绘中进行说明。

第三章 海上丝绸之路中广东航运的多样节令活动

广东航运格局由面向南海的沿海带状区域与水道纵横的内陆河流块状流域所构成。这一特殊性决定了广东航运体系的丰富性与多样性，同时也决定了一个以广州为中心的经济—文化体系。广东古来久享“金山珠海，天子南库”的美誉，今天又发展成为全国第一大经济体，造就了非凡的文化遗产，模塑了社会风俗文化样态的丰富性和多样性。众所周知，包括节庆文化、传统歌舞、民间信仰、戏曲艺术等等在内的民俗风气，是一个高度整合的有关自然、宇宙与人世的知识体系、审美品位及其实践体系的完整呈现形式，构成了区域文化的精神内核和审美理想，也是区域文化得以传承、发展和创新的具体载体。

一、与水同生、休戚与共的节令活动

所谓“节令”，分言之即节气和时令，指的是人们在长期的生产劳动过程中，依据时序变化所安排的生产生活的民俗事象。在广东，人们习惯把节气和民间节日并称为节令。广东约有79个节令，这些节令许多都是本土文化、中原文化以及海洋文化融合的结果，而广东节令中的海洋文化因子应当是最值得注意的。广东作为海上丝绸之路的主角，在历经两千年的历史中，所积淀的海洋文化无疑是深厚的，这也是有别于中原地区文化的一个方面。因此，从水运文化的视角去研究这些节令所蕴含的文化内核，应当更能把握当地人们的民族意志和心理。

文化的产生固然是人所创造的，但也离不开环境的依托。广东靠海，这里的人们对水与生活的关系有着密切的关注和深厚的情感体悟，以至衍生出对“水”的崇拜。首先，广东的自然环境催生了一系列与“水”有关的节日。过去许多居民世代生活在舟楫上，因此有“岭南疍民”之称。“疍民”善造木船，崇拜蛇图腾。这些生产生活习惯都是适应广东的地理环境而形成的，许多风俗节日亦是如此。与此相关的节令有“买力日”，买力日，顾名思义便是买力气来增加自己的能量。过去广东有许多居民生活在水上，而妇女也同男人一样每天撑船摇桨，自然很辛苦，所以便需“买力”。尤其是二月初二“龙抬头”后，春汛来临，水上劳作更是辛苦，因此在每年农历的三月初三，当地人们都要过这个节日，以此作为辛苦劳作的心理调剂。又比如番禺的水色表演，番禺水网纵横，因此人们有条件在水上进行一系列的表演活动。清人檀萃《楚庭稗珠录》有描述这一现象：“龙舟以吊大夫，凤船以奉天后……左右陈百戏，选娈童为之。复以巨舸载歌台，聘名梨园弟子登场。”除此之外，广东还有水色灯谜会、龙舟竞渡等节日。顺德为典型的岭南水乡，这里的村民每年都会举行龙舟比赛，每逢农历节，各乡镇击鼓游龙，在庆典节日时，还会举办“五人桡”的龙舟比赛。这些丰富多彩的水上活动，都离不开地理环境所提供的有利条件。其次是人们由于对“水”的崇拜而衍生出一系列民俗现象，普通的水都富有了灵性。岭南的壮族新娘要去河边或井边挑水熬粥，潮汕新娘上轿前要往花轿洒清水，惠东县新娘成亲前三天要洗髻、拔脸毛，南澳岛的人如果遇上不吉利的事便用石榴枝蘸清水洒房屋四角。这些活动都有一个共同的目的——祛邪保平安。珠三角的南雄、阳西县五月初五洗龙舟水，据说这一天洗过龙舟水便可以永远不生癞疮。七月初七增城挑七月七水，阳西人更为讲究，认为取午时水最好，挑来的水用来浸木棉花、天仙子，可以治烫伤、疮毒。岭南的客家，人死后第一件事是洗身，洗去生前罪恶，然后家人走到河边，点燃香纸，跪拜河神。珠三角出殡前一晚，儿子们去河边取水，唱《买水歌》，出殡后再用柚子叶煮好的水洗手以此辟邪。由上可知，广东的许多节令受地理环境的影响很大，由于濒临海域，许多生产活动都只能在水上进行，而为了缓解水上生活的疲劳人们又创造出一系列水上娱乐形式。过去科学不发达，当广东的居民遇到一些困难，又寄希望于他们赖以生存的“水”，赋予“水”一些超能力，广东民间对“水”的崇拜地步可见一斑。

上面所介绍的节令，皆基于“水”本身所发挥的作用，属于“水”文化的有机组成部分，体现了浓郁的水乡色彩。当人们开始利用得天独厚的水运条件从事海事活动，与外界进行交流，又派生出许多不同的节令，依然可以看到其中对“水”的崇拜心态。广东利用海洋环境进行的最典型的海事活动便是海上贸易。屈大均《广州竹枝词》其四云：“洋船争出是官商，十字门开向二洋。五丝八丝广缎好，银钱堆满十三行。”这首诗所描述的便是当时广州的港口贸易，可窥见其当时的盛况。正是因为这里海上贸易开始得早，这里的人很早就有“天生的重商意识”，对财富有着执着的热爱。这种重商意识也衍生出一系列节令，单是正月就有好几个。正月十八钟村“出会”，也就是“康公出巡”的日子，康公为宋朝抗辽功臣，他反击敌人保护了水乡居民的安全，因此水乡的居民对他格外尊敬。村民抬着康公神像出巡，康公所到之处，不少人上前摸手、摸面，寓意“发财就手”，祈求新年行财运。又比如“生菜会”，在粤语中，“生菜”与“生财”的发音相近，因此，这个节日的言外之意其实是“生财会”。“生菜会”始于明末清初，日期为正月二十四到二十七，以二十六日最为热闹，是日正为观音诞辰（民间相传的观音诞有四个，另三个分别是正月初八、二月十九日和六月十九日），人们以为这天可以向观音娘娘借钱生财。《广州府志》对生菜会有记载："迎春日……啖生菜、春饼以迎生气。"正月二十还有招财童子诞，招财童子原为观音身边的"金童"，有招财纳福之意。农历三月十五有赵公元帅诞，赵公元帅，即赵公明，为有名的武财神。农历五月初五为路头神诞，据说这天是五路财神生日。清代顾禄《清嘉录》云："正月初五日，为路头神诞辰。金锣爆竹，牲醴毕陈，以争先为利市，必早起迎之，谓之接路头。"农历五月十三为关公诞，潮汕地区的商人在这天要准备好三牲祭拜。农历七月二十二为正财神诞，又称为财帛星君诞，商民都要举行隆重的膜拜仪式，祈求纳福发财。在广州开业即使碰巧遇上普通的下雨天，人们也以为这是一个好兆头，认为有水就有财。从以上的种种节令可以看到一方面广东民间的节令许多带有宗教色彩，所祭祀的仙人包括道教、佛教名人，其中尤其对"财神"极为崇拜，他们对各路英雄人物虽然有着虔诚的景仰之情，但也有另一番寓意，希望可以给他们带来财运；另一方面也进一步可以看到人们"水"崇拜的影子，"水"的意象不仅仅可以祛邪同时变成了财富的象征。

广东民间不仅崇拜财神，也流行祭拜海神，这也可以说是"水"崇拜的延伸。昔时，沿海人民有祭海的习惯，这是因为过去居民以打鱼为生，大海是他们耕耘的"土地"，也是他们祖先归葬的"土地"，这种追忆仙人的仪式世代相传。随着港口贸易的盛行使得人们重视商业，但经商有风险，而且在过去主要依靠船舶往来贸易，海上贸易的风险性就更大，非常容易遇大风大浪等恶劣的气候，以及海上动物的袭击，再加之过去居民文化层次低，对自然环境的认识有限，没有能力科学合理地解释上述现象。因此，人们不仅仅崇拜财神，也崇拜海上的神灵，祈求海神可以保佑他们平安顺利。长期以来，在古人心目中，大海被一种超自然和社会的力量所控制，他们希望有一种神能够镇住大海的狂风怒潮。例如，潮汕地区的渔民最初所崇拜的渔业神是"长年生"。长年生为明朝的一位渔民英雄，其名为"长年"，死后为神，后游至潮汕，为当地渔民所祭祀，每年农历四月十二，渔民都要向长年公像跪拜。后来随着海事活动类型的增多，从事海上活动的不确定性增加，人们又根据神话传说和想象，塑造了许多其他的海神，具体说来有以下几种。

北帝神。北帝神，属水，主风雨，为雨神。传说中北帝不仅能够保护水域的安全，而且可以引领船只在海上运行的方向。屈大均《广东新语·神语》云："北宫黑帝，其精玄武者也，或即汉高祖之所始祠者也。粤人祀赤帝，并祀黑帝，盖以黑帝位居北极而司命南溟。南溟之水，生于北极，北极为源，而南溟为水之源也。"由于对北帝神的崇拜，修建了佛山祖庙。农历三月初三为北帝诞生的日子，人们要在这天举行隆重的庆典和祭祀仪式。

在肇庆德庆县悦城镇有龙母祖庙，是为了祭拜龙母而修建。龙母因孵出了五条小龙而得名，她有非凡的本事，能保境安民，被誉为"西江神源"。西江许多航行的船只，都供奉着龙母的神像。龙母诞的祭祀纪念日期有三个，生辰诞、得道诞和华诞，每年农历五月初一至初八的龙母生辰诞期，八月初一至初八的龙母得道诞期，华诞为每年的正月。

伏波将军是东汉时平定岭南的统帅马援。屈大均《广东通志》云：“以海神渺茫不可知。凡渡海自番禺者，率祀祝融、天妃；自徐闻者，祀二伏波。”从“伏波”的名称可知民间祭拜伏波神大概以为他可以使海面风平浪静。在广东伏波祠处处可见，比较著名的有雷州城伏波庙。民间每年都要对伏波进行顶礼膜拜。

南海圣王。南海圣王是潮汕一带所产生的海神，由于对缥缈大海的畏惧，人们对与海有关的事物也都带着一种敬畏的心理，赋予它们神力，寻求心理寄托。现今人们所见到的南海圣王是一头石虎，石虎上写有“敕封南海王”五个大字。这是因为海边的石头历经海浪的冲刷岿然不动，坚硬耐久，因而先民认为石头富有灵性。在揭阳流行要竹龙的旧俗，传说是南海圣王的化身，每年的正月初二，人们要先占卜决定竹龙的颜色和材料，正月十三制作竹龙，正月十四祭祀和耍龙，可见人们对这项活动的重视。

洪圣大王。洪圣，一说原名洪熙，为唐代广州刺史；一说为南海洪圣大王，为有名的海神。洪圣大王给渔民和商人带来了很多益处，人们因此纪念他。在广东有洪圣诞的庙会，在每年的二月初九举行，祈求风调雨顺。

火帝。火帝，亦称大老爷，在清康乾盛世末期，潮州澄海漳林港航运商业贸易鼎盛，作为港口神明深受祀奉便兴起于此，后发展为风靡粤东祀奉海神的一项风俗活动。作于光绪年间的无名氏《樟林游火帝歌》曾详细记载了“游火帝”祭祀活动，从农历二月十二至十五，游神持续四天，热闹非凡。

水运对节令的影响还体现在两个方面：一是有些本土化的节令因为海事活动更加繁荣，或者纪念的形式有所改变；二是广东民间有些节令是“舶来品”，但也渐渐在民间盛行。例如，除夕花市（即著名的“羊城花市”）这个节令早已有之，但它的起源其实与海上贸易密切相关。相传，在五代十国时期，南汉王的宠姬素馨是珠江南岸的种花女，入宫之后在宫内依然不忘种花。王姬的举动带动了官员百姓种花养花，逐渐形成岭南地区的民风。后人为纪念她，把岭南特有的一种茉莉花称为素馨茉莉。屈大均的《广东新语》就说：“花市，在广州七门，所卖只素馨花，而无别花。”可见当时还是只有素馨花的花市，但外来贸易客商通过船舶带来了各地的奇花异草，渐渐花市的品种增多，而当地的人们也养成了购买鲜花的习惯，因此出现了以种花为生的“香户”，很多地方被称作“花田”“花地”，而运花的码头也被称为“花渡头”，又加上销量特别好，花市便更盛行了。据乾隆《番禺县志》卷十七记载：“粤中有四市。花市在广州珠江之南，有花地以卖花为业者数十百家。市花于城，与合浦之珠、罗浮之药、东莞至香称四市。”广州的除夕花市，在二十年代定型，通常为农历十二月二十八一直到除夕夜。除夕的花市除了纪念这位王姬，随着广东商业的发展，它对人们来说还有一定的象征意义。许多老板认为企业的盈亏与花的荣枯有关系，所以他们极为重视逛花市，常常精心挑选好花，祈求生意兴隆。所谓“花开灿烂，今年必好生意”。而作为一般市民，好花就象征着希望，买一枝好花，祈求横祸远离自己。

许多节令也受西方文化的影响。比较典型的是许多广东的传统节日春节受圣诞节启发，广东人们在过春节的时候喜欢摆上一些“年橘”，挂上“利是”封和彩灯装饰，这与西方人民在过圣诞节时需要装饰圣诞树有点类似，之所以会模仿圣诞节大概是因为两个节日虽然来自于不同的国家，但是它的含义都是预示着一年新的开始。所不同的是西方人过圣诞节主要是一种宗教信仰，广东人们过春节时则寓意着大吉大利。有的地方春节的形式更丰富，甚至有新年音乐会。音乐会要求男士穿西装，女士穿礼服，音乐会有西方音乐，也有广东民乐，这种中西交流所产生的节日更丰富多彩和具有趣味性。

因为与外来的交往增多，广东的节令吸收了其他地方的节令为己所用。妈祖原本为福建人民所崇拜的对象，大概在宋元时期，闽广之间往来频繁，妈祖崇拜渐渐传入到广东，很快融为岭南文化一部分，同时也体现它的海洋文化精神实质。妈祖，名林默娘，有异术，为航海保护神。刘克庄《到任谒圣妃庙》云：“某持节到广，广人待妃，无异于莆，盖妃之威灵远矣。”所记载的就是广东的妈祖崇拜，现今广东有许多天后庙和天后宫，也是妈祖崇拜的集中体现。前文所说的水色活动，其实最先也是为了祭祀妈祖，番禺南沙天后宫便是为此而建。凤船原本为水神天后的座驾，后来则演变为水色表演的平台，祭祀天后的活动也逐渐变成了一种艺术欣赏活动。中山小榄也有水色活动，与菊花会一起举行。在潮汕有众多的天后宫，是潮汕人民为纪念妈祖而建立，当然也能体现沿海民俗信仰。潮汕人民在妈祖崇拜中也加入了别具地方特色的因素，即在天妃圣像旁边增塑了猪像“亥爷”配祀。深圳有天后宫，《夷坚续集·崇福无极夫人神兵》记载：“广州城南五里，有崇福无极夫人庙，碧瓦朱甍，庙貌雄壮。商船往来，无不乞灵于此。”

农历的三月二十三据说是天后的诞辰，每年秋天这里都要举行祭拜妈祖的典礼——辞沙，即辞别大海开辟新的生产领域，“辞沙”典礼要进行三天，以摆供品、点油灯、扎“鬼王”等方式拜祭妈祖，祈求给家人带来幸福吉祥。

从以上可以看到，广东的节令许多都是中国古代神话传说具化而来，因为海上贸易，广东与世界的交往增多，也是最先接触外国民俗的地区。所以一个有趣的现象是，在广东也有对外国神灵的祭拜活动，例如在南海神庙有一位外国人的泥塑像，它纪念的是印度神达奚司空。大约在宋朝达奚司空沿海上丝绸之路来中国，当时船停靠在神庙码头，种下了波罗树种子。人们认为他是丝绸之路的友好使者，因此塑雕像纪念他。为了祭拜他，早在隋文帝时期，便在广州设立了南海神庙。每年的农历二月十一至十三日为南海神诞，二十三日为正诞，所举行的活动最为隆重，有祭祀还有庙会。刘克庄有《即事》诗描绘庙会的盛况：“香火万家市，烟花二月时。居人空巷出，去赛海神祠。”

除此之外，现今在广东全境非常流行的盂兰节其实最先也是外来的节令。盂兰节的时间为每逢农历的七月十五日，而在广东境内则为七月十四，故以称中元节，又叫“鬼节”，其最初起源于公元前5世纪的印度，那时印度便有兴办盂兰盆会活动的习俗。盂兰盆的含义是以干净的碗钵盛以食物供养僧众，解救父母的罪业和痛苦。中国借鉴这一节日演变为追怀先祖的节日，至今，在广东依然有许多地方会在每年的节日举行祭拜仪式。德庆县在盂兰节这天以冬叶裹粉做饼，名为“架桥”，用以祭祖，是对这一舶来节日的世俗性改造。

综上所述，可以了解到水运所带来的节令文化极为丰富，可将水运视野下的广东节令总结为几点：第一点是广东节令与沿海居民所处的环境和精神诉求具有一致性。广东节令受地理环境的影响较大，地理环境决定了人们的生产生活方式，在最初的时期，人们是“以海为田”，后来是“以海为商”，因此渐渐地产生了以地理环境为依托的民俗活动。随着海上丝绸之路的开辟，人们生产生活的方式愈益多样化，所带来的直接变化是观念的变化，即人们开始重视商业，因此出现了祈求财富的节令。而越重视商业，越希望水运贸易可以顺利平安，因此又产生了天后传说以及海神崇拜。

第二点是广东的节令因为水运条件的关系受到其他地方文化的渗透，具有极大的兼容性。需要指出的一点是，尽管广东的节令与其他地方的节令有交流和融合，但是依然以本土化或者民族传统作为主流，其他外来的节令文化只是有选择的吸收，为“我”所用。许多广东的节日受到中国其他地方甚至是世界其他节令的影响，节日表现的形式越来越丰富，与之相对应的建筑物亦应运而生，这些建筑常常是节令活动展开的基础平台。广东节令的包容性还表现在民间多神崇拜，但是却很少发生信仰冲突的情况。

第三点是广东的节令文化保存得较好，许多传统的民间节令至今还有祭拜仪式。当然在保存传统节令文化的过程中也有一些问题，即有些节令是否该保存和怎样保存的问题。有一些节令是在过去自然科学不发达的情况下所产生的，带有封建迷信的色彩，在科技发达的今天是否还有必要保存，这是一个值得深思的问题。另外有一些节令在流传过程中渐渐淡化，有些比较庄严的节令现在变成了一种娱乐形式，如何更好地保存这些非物质文化遗产，尚需要我们进一步地探索思路和研究对策。

二、岭南历史与社会生活中的南海神崇拜

如前所述，广东水域辽阔，一方面濒临南海，海岸线长达4300公里，岛屿众多，渔业资源丰富；另一方面内陆江河纵横，以西江、北江、东江、韩江、鉴江、漠阳江为代表的600余条河流，在整个广东境内编织了一个发达、成熟的水路交通体系，因此，模塑了广东水神崇拜多元共存、功能齐全的复合型体系。广东水神的区域分布全面涵盖了大到江河湖海、小至溪井池塘所有水域。龙王作为中国民间神祇，统领四海，广受尊崇，但在广东航运文化中的地位与作用却远不及本土性的神祇。南海神作为本土水神，

分司南海广阔水域的福祉，自唐确定为国家正祀，政治象征意义掩盖了宗教含义，从广泛的民间信仰中剥离出来，影响力反而出现严重萎缩现象；佛山祖庙祀奉道教神祇真武大帝，以北方炎神而镇南方，恰恰说明佛山的内陆水运属性；龙母崇拜则盛行于西江流域，贯通广西东部和广东西部，止于佛（山）肇（庆）交界处；伏波信仰则跨越琼州海峡，形成了一个环北部湾的民间信仰，在北部湾东缘的雷州、廉州一带具有很深厚的民众基础；妈祖信仰崛起于宋朝，屡受封诰，随着闽人的迁移而遍布于自潮汕平原至雷州半岛的广东沿海地带，成为福佬文化圈的重要影响。而那些与寻常百姓日常生活、劳作休戚相关的水神，也层出不穷，例如，潮汕地区的渔业神崇拜就发挥着奇妙的作用，极具地方特色。广东水神信仰除了本属全国范围内民间信仰层面的古老的龙王崇拜之外，还发展出了别具地方特色的海神崇拜、河神崇拜、行业神崇拜，尤以北帝信仰、龙母信仰、妈祖信仰、洪圣信仰最为著名。诸水神在地域分布上出现了较明显的差异性，各有所长，各司其职，各自的信仰空间虽曾极度扩展，却不至于冲突，共存于岭南一隅，总体上呈现为条块分割鲜明而又交叉渗透的文化形态，最大限度地兼顾并满足了广东沿海地带人们出海的祈拜与内陆居民施雨的祷求，体现了岭南民间信仰兼容并包的特点。

关于广东的海神崇拜，清初的屈大均在其《广东新语》中作了这样的描述：

> 溟海吞吐百粤，崩波鼓舞百十丈，状如雪山，尝有海神临海而射，故海浪高者既下，下者乃复高，不为民害。父老云：凡渡海至海安，所闻涛声哮吼，大地震动，则知三四日内有大风雨，不可渡。又，每月十八日勿渡，渡则撄海神之怒。……然今粤人出入，率不泛祀海神，以海神渺茫不可知。凡渡海自番禺者，率祀祝融、天妃；自徐闻者，祀二伏波。祝融者，南海之君也。……而天妃神灵尤异，凡渡海卒遇怪风，哀号天妃，辄有一大鸟来止帆樯，少焉红光荧荧，绕舟数匝，花芬酷烈，而天妃降矣。……其祠在新安赤湾，背南山，面大洋，大小零丁数峰，壁立为案，海上一大观也。凡济者必祷，谓之“辞沙”，以祠在沙上故云。而二伏波将军者，专注琼海，其祠在徐闻，为渡海之指南[①]。

这里所描述的广东境内的海神崇拜，皆与渔业捕捞、商旅往来休戚相关，在岭南社会生活中占据着极其重要的地位。广东境内的水神崇拜，有国家祭祀层级的南海神庙、遍布东南沿海及东南亚的民间妈祖崇拜、以佛山为中心的北帝崇拜、环北部湾的伏波将

① （清）屈大均：《广东新语》，北京：中华书局，1985年，第203页。

军崇拜。其中，民间龙王信仰遍及全国各地，虽在广东也很流行，但典型性与代表性都不够强。后四者信众极多，祭祀规模宏大，影响极其深远，而南海神崇拜源远流长，最富有岭南色彩。

南海神崇拜的起源，相当复杂，应该是多种文化因素混合而成的一个文化创造过程。南海神祝融，属于天神、人鬼、地祇中的地祇，本是地界神灵中的火神，后来演变为水神。南海神最初的形象，出现在《山海经》中。此书描绘了东、西、南、北海之神，其中，关于南海之神，《山海经·大荒南经》说："南海诸中，有神，一曰不廷胡余。""四海之神"一词，最早出现在《太公金匮》中，"四海之神，南海之神曰祝融，东海之神曰句芒，北海之神曰玄冥，西海之神曰薄收"，首次明确称南海之神为"祝融"。《山海经》对南海之神"祝融"作了这样的描绘："南方祝融，兽身人面，乘两龙。"祝融以火神居于南岳衡山，镇守南方，兼有水神的职责。屈大均《广东新语》说："南海之帝实祝融。祝融，火帝也，帝以南岳，又帝以南海……故祝融兼为水火之帝。其都南岳，故南岳主峰名祝融，其离宫在扶胥。"关于四海之神祭祀的记载，《礼记·月令》载，周时"天子命有司祈四海大川名源渊泽井泉"，按先河后海的顺序司祭，"三王之祭川也，皆先河而后海，或源也，或委也"，"山川有能润于百里者，天子秩而祭之。"河海一方面能"润千里"，是不可或缺的水源和捕鱼场所，造福人类；另一方面却又吞噬生命，泛滥成灾，祸害人间，天子无法亲临海滨祭祀，便以"望祭"的方式以示虔诚。所谓"望祭"，就是遥望河海所在的方向祭祀。

隋开皇十四年（594年），隋文帝下诏，于近海建祠祭东、西、南、北四海，在浙江会稽县建东海神祠，在广州南海县建南海神祠。这是关于南海神庙国家祭祀的最早记载。此后，历代中央朝廷、地方政府皆有祭祀，封赐有加。自唐至清，南海神册封号多达十余次。唐天宝十载（751年）以"王仪"封四海之神，并提升到与五岳之神并重的高度。张九章奉金字玉简之册封南海神为"广利王"，除了例行的立夏祭祀之外，增设春、秋二祭，成为朝廷、地方政府的常规化祭祀[①]。这使得南海神在中国水神体系中的地位发生了明显变化的，因此，韩愈《南海神广利王庙碑》说："考于传记，以南海神次最贵，在北、东、西三神、河伯之上，号为祝融。[②]"南汉大宝元年（958年），刘鋹诏加南海广利王为"昭明帝"，龙袍加身，更是将南海神提到了前无古人、后无来者的高度。宋太祖一度降赐一品服，宋仁宗仍参照唐朝"王仪"祭祀南海神，频频派员修葺神庙，康定二年（1041年）加封"南海洪圣广利王"。此后代有封赐，罗列如下：

---

① 黄淼章、闫晓青：《南海神庙与波罗诞》，广州：暨南大学出版社，2011年，第26页。

② 陈锦鸿：《南海神庙文献汇辑》，广州：广州出版社，2008年，第122页。

表4-3-1　南海神所获封号一览表

朝代	帝王	纪年	公历	封赐
唐	唐玄宗	天宝十载	751年	封“广利王”
南汉	后主	大宝元年	958年	尊“昭明帝”，立“聪正宫”
北宋	太祖	开宝四年	971年	除帝号，赐一品服
北宋	仁宗	康定二年	1041年	封“南海洪圣广利王”
北宋	仁宗	皇祐七年	1053年	加封“洪圣广利昭顺王”，赐南海神夫人为“明顺夫人”
南宋	高宗	绍兴五年	1137年	加封“南海广利洪圣昭顺显威王”
元	世祖	至元廿八年	1291年	封“广利孚灵王”
元	泰定帝	致和元年	1328年	加封，号不详
元	文宗	天历二年	1329年	加封，号不详
元	惠宗	至正十四年	1354年	加封，号不详
明	太祖	洪武三年	1370年	除历代封号，称“南海之神”
明	成祖	永乐五年	1409年	封“宁海伯”
明	熹宗	天启元年	1621年	封“南海广利洪圣王”
清	世宗	雍正三年	1725年	封“南海昭明龙王之神”

由于后世封赐累加极多，诵读不便，老百姓便撷取“广利”“洪圣”，称其为“广利王”“洪圣王”，而尤以“洪圣王”居多。唐玄宗以“王仪”封四海之神，封东海神为“广德王”、南海神为“广利王”、西海神为“广顺王”、北海神为“广泽王”，其中，南海神封号的“利”字便突出了南海市舶之利的丰盛，更希望从此海晏无波、促进中外经贸畅顺的美好愿望。

这一点，可从南海神庙的具体方位窥知一二。隋文帝将南海神庙建在广州黄埔扶胥口，极具深意。扶胥口，在广州东南30公里溺谷湾北缘，珠江前后航道在此汇流，形成宽达2500多米的狮子洋面，成为广州最大的外港，是中外船舶出海、入港的必经之地。清人崔弼《波罗外记》说：“扶胥之口，黄木之湾”，“三江之水会于黄木湾，以入大洋，琵琶、赤岗双塔并峙，而狮子洋屹立中流，虎门蹲踞海口，为夷舶之所，尤邑之险隘也。”南海神庙“去海不过百步，向来风涛万顷，岸临不测之渊”，自然是要体现南海之神祝融镇守南方大地和南海的神威，最大限度回应渔民、商旅对于平安、收货、财富的祈求。自秦将南粤纳入中国版图，广州作为南方最大的港口城市，一方面有效隔阻了中原战乱纷争，得以休养生息；另一方面连接海外商贾，互通有无，一直扮演着汇聚天下财富、沟通中外经贸的角色。元大德《南海志》言：“广东南濒大海，控引诸蕃，西通牂牁，连接巴蜀，北限庾岭，东界闽瓯，或产于风土之宜，或来自异国之远，皆聚于广州。”此语就是从地理与经贸内在关联性的角度，描述了广东繁荣发达的航运体系聚焦在广州所产生的“聚合效应”。《史记》记载，广州（时称番禺）已是海外贸易的大港埠，成为中外货物的集散地。《汉书》称，广州近于南海，多海外奇珍异宝，“中国往商贾者多取焉”，汉武帝也曾派遣黄门译长从徐闻、合浦出发前往东南亚进行黄金、丝绸贸易。

三国、南北朝数百年间，岭南远离战乱，保持着相对的安定，广州作为外贸港口城市的地位得到了进一步提升。隋唐之际，广州对外贸易发展到了顶峰，航线经东南亚，穿越马六甲，进入波斯湾，再延伸到东非海岸，绵延一万多公里，成为当时世界上最长的一条航线。由于中亚地区战事频仍，丝绸之路彻底崩溃，亚非贸易随之改为海路，一时间广州万国商人云集，奇货纷呈。唐人贾耽将这条航线命名为“广州通海夷道”，起点就是广州港。而《道里邦国志》《中国印度见闻录》等阿拉伯地理著作则将其眼中“中国最大的港口”广州定位为南海诸国航海东方的终点。唐玄宗开元二年（714年），朝廷在广州设立市舶使，专司对外贸易。日本真人元开《唐大和上东征传》记录了鉴真和尚天宝七年（748年）的广州港见闻，“江中有婆罗门、波斯、昆仑等舶，不知其数，并载香药、珍宝，积载如山。其舶深六七丈，师子国、大石国、骨唐国、白蛮、赤蛮等往来居住，种类极多”。繁荣的海外贸易，令国库充盈，唐玄宗封南海神为“广利王”，其意就是广得财利。中唐文人李肇《唐国史补》记载，广州港口停泊了许多外番的“南海舶”，其中，师子国的船高达数丈，宝物堆积。南海舶到来时“则本道奏报,郡邑为之喧阗”。韩愈《送郑尚书序》也说：“其海外杂国，若躭浮罗、流求、毛人、夷亶之州。林邑、扶南、真腊、于陀利之属，东南际天地以万数，或时候风潮朝贡，蛮胡贾人，舶交海中。若岭南帅得其人，则一边尽治，不相寇盗贼杀，无风鱼之灾，水旱疠毒之患。外国之货日至，珠、香、象、犀、玳瑁奇物溢于中国，不可胜用。”广州相对稳定的海外贸易在“安史之乱”后一直是中央财政的重要来源。

宋朝沿袭唐制，也在广州设市舶司，管理海外贸易，并屡屡修葺南海神庙，以期收“限六蛮于外服，通七郡以来王”之效。南海神屡屡显神，宋太祖开宝六年（973年），裴丽泽《大宋新修南海广利王庙碑铭》说：“自古交趾七郡，贡献上国，皆自海沿于江，达于淮，逾于洛，至于南河。故砥砺砮丹，羽毛齿革，底贡无虚岁矣。”宋英宗治平四年（1067年），章望之《重修南海神庙碑》说：“先时此民与海中蕃夷、四方之商贾杂居焉……及是嘉祐七年秋，风雨调若，五谷丰实，人无疫疠，海无飓风，九县旁十有五州，无盗贼之侵。民相与语曰：‘兹吾府帅政令公平之召，亦南海大神之赐。’”南宋乾道元年（1165年），佚名《南海广利洪圣昭顺威显王记》说：“夷舶往来，百货丰盈，顺流而济，波伏不兴，自唐迄今，务极徽称。”乾道三年（1167年），崇道观廖颙《重修南海庙记》也说：“胡商越贾，具万斛之舟，张起云之帆，转如山之柁，乘长风，破巨浪，往来迅速，如履平地。非恃王之阴佑，曷克尔耶？西南诸蕃三十余国，各输珍赍，辐辏五羊，珍异之货，不可缕数。闽浙艟舶，亦皆重载而至，岁补大农，何啻千万缗？尘肆贸易，繁夥富盛，公私优裕，系王之力焉。”诸文都认为海外贸易的繁荣全赖南海神的庇佑。

在宋代，南海神庙有了两个重大变化：一是加封南海神夫人为“明顺夫人”，祀于后殿，增加了南海神庙的“送子”功能；二是加封了南海神庙“六侯”，扩大了功德的范围。所谓“六侯”，乃是六个为南海神治理海域而立下大功的人物：达奚司空封助利侯、杜公司空封助惠侯、巡海曹将军封济应侯、巡海提点使封顺应侯、王子一郎封辅灵侯、王子二郎封赞宁侯，并在神庙大殿左右两旁塑六侯之像。其中，达奚司空和巡海提点使皆为外国人。达奚，原是达摩弟子，随达摩泛海来中国，在广州登岸后，路经南海神祠，入祠庙拜谒南海王。道光《广东通志》卷210《六侯之记》言：“达奚司空：庆历中，阮遵有《记》云：菩提达磨，由南天竺国与二弟航海而至；达奚，乃季弟也。经过庙，款谒王，王留共治，达奚立化庙门之东。元丰秋，苦雨，太守曾布祈晴于祠下，默有祷于神。一夕，感梦告以所复，逾月，被命，了然不差”，“王留与共治，达奚不可，揖欲去，俄死座间，化为神。航海者若遇风波呼司空辄有应”，“因而命工修饰祠像，以答灵贶。今封助利侯。”而巡海提点使姓蒲，是广州的阿拉伯商人，《六侯之记》：“巡海提点使：元祐五年五月十三日夜三更时，广帅蔡公卞忽梦神人，身长丈余，紫袍金带，容貌堂堂，趋步而前，似有贽见之礼。蔡公云：吾受天子命，来守此土。公何人，而辙至此？神人曰：余姓蒲，本广州人也。家有三男，昨辞人世。以平生所积阴功稍着，上帝命充广利王部下巡海提点，但未立祠位。言讫而没，梦觉，但增归仰。次日，具述梦由于郡官之前，闻者莫不叹服，遂命工委官，诣庙致祭，彩绘神像，并写立南海庙牌。其神今封顺应侯。”达奚本属禅僧，蒲氏亦为外国人，都被奉为广东的地方性海上保护神，不能不说得之于对外经贸所产生的文化交汇的伟力。

元朝肇建，元世祖忽必烈急于向海外扩张，战船均从广州出发。至元十三年（1276年），忽必烈遣使为南海神建醮，至元二十八年（1291年）遣使祭南海神，封南海神为“广利灵孚王”。同时，为了加强海外贸易，一方面朝廷出资建造于购置“管本船”，雇募商人经营，另一方面广泛接纳各国商船。据元大德八年（1304年）陈大震撰《南海志》载，元朝前期到广州从事贸易者达147国之多，占元朝涉外贸易220多个国家和地区的64%，称“广为番舶凑集之所，宝货丛聚，实为外府。岛夷诸国，名不可殚。前志所载者四十余，圣朝奄有四海，尽日月出入之地，无不奉珍效贡，稽颡称臣。故海人山兽之奇，龙珠犀贝之异，莫不充储于内府，畜玩于上林，其来者视昔有加焉。而珍货之盛，亦倍于前志之所书者。”吴莱《南海山水人物古迹记》也说：“岁时蕃舶金、珠、犀、象、香药、杂产之富，充溢耳目，抽赋帑藏，盖不下巨万计。”扶胥镇一年的税收达4467贯，远超过新会县（4082贯）、清远县（3623贯）、东莞县（2282贯），可见广州外港对外贸易的极度繁盛。

作为国家祭祀的坛庙，随着历代赐封的累加，南海神庙徽号也日见其繁。明洪武三年（1370年），朱元璋索性径赐“南海神庙”四字，从此，无论官方，还是民间，对于南海神庙的称呼完全统一起来了。明朝商人走南洋的船多为200～250吨位，走非欧的海船则为1000吨位左右，而外国商船直达广州，“番夷市易，皆趣广州”。屈大均《广东新语》描述海外贸易全盛情景说：“番舶衔尾而至”，“豪商大贾各以其土所宜，相贸得利不赀”。繁荣的贸易，给政府带来了巨额的税收，王临亨《粤剑编》说：“余驻省时，见有三舟至，舟各赍白金三十万投税司纳税，听其入城与百姓贸易。”但是，由于扶胥一带泥沙淤积，淡水流量锐减，南海神庙慢慢远离水岸，广州外港也渐渐移至长洲岛至琶洲一线，过往商旅不再如前朝那样虔诚祭拜南海神庙。但是，嘉靖帝遣使求子成功，反倒提振了南海神庙的“威名”。

清朝时期的广州外港迁移至长洲岛至琶洲一线，南海神庙基本上已没有出海入海的祈祷，但官方祭祀坛庙的定位依然未变。清朝统治者屡派要员前来南海神庙祭祀，例如康熙一朝就曾先后十一次派员祭祀，康熙四十二年（1703年）御书“万里波澄”四字制匾，委派户部侍郎范承烈送至南海神庙，并立碑纪事。雍正三年（1725年），加封南海神为“南海昭明龙王之神”。这是南海神庙的最后一次封赐。

随着海岸线的迁移，商旅往来的变化，南海神庙一千四百多年有了明显的变迁，但是，作为国家祭祀的坛庙，一直在各个朝代扮演着不可或缺的社会角色，而且，由于民间信仰的叠加，使得南海神的“神力”不断增强，最终凝定为一个多元复合的崇拜。

一是海润千里，调节旱涝。古人对于龙王的最大想象就是呼风唤雨，蕃殖五谷，南海神庙就一直保留着这一“四海之神”的“神力”——布云施雨，故凡遇旱涝之年，官民上下无不虔诚祷告。例如，宋熙宁七年（1074年），广东大旱，广州知州程师孟奉命前去南海神庙祷雨。两次祷雨皆降甘霖，每次降雨之后又都诣庙敬谢，程师孟一年之内前后拜谒达四次之多。明成化十三年，春雨稀少，不利耕种，朝廷派员诣庙祷雨，不久普降甘雨。显然，这反映了农耕文明对于大自然无法控制的无力感，但也正反映了人们最善良也是最本能的愿望，因此，只有勤于祷告，虔诚祭祀，南海神自然是有求必应。庙内头门林子觉书联：“白浪起时浪花拍天山骨折呼吸雷风，黑云过后云芽拂渚海怀开吞吐星月”最能体现祷神的社会心态。

二是镇海靖波，保佑商旅。秦汉以后，海上商旅日见兴盛，广东民众得近海之利，很早就开启外海贸易，《粤游小识》说：“粤东居民近海者，多与番狎。”屈大均《广东新语》也说：“广州望县，人多务贾与时逐，以香、糖、果、箱、铁器、藤、蜡、番椒、苏木、蒲葵诸货南走澳门，至于红毛、日本、琉球、暹罗斛、吕宋，帆踔二洋，倏忽数千万里，以中国之物相贸易，获大赢利。”“夷人入市中国，中国而商于夷”的贸易均是在广州港完成的，为政府创造了巨额的税金。宋神宗也清醒地认识到：“东南利国之大，舶商亦居其一焉。昔钱、刘窃据浙、广，内足自富，外足抗中国者，亦由笼海商得术也。”所以，各朝代隆重祭祀南海神庙，祈祷“海不扬波”，官民皆能“广收财利”。商旅登岸祷于“前据大海，吐纳潮汐”的南海神庙，“来往祠下者，微若一苇”的渺小感和无助感促使人们诚心礼拜，虽不脱商人底色，但无疑都是发自内心的崇拜。

三是专主军事，克敌制胜。古人从《周易》推演出南海神也是一位主兵事的神，法力无边，敬之定可制胜。南宋李焘《续资治通鉴长编》载：宋仁宗皇祐四年（1052年），侬智高在广西起兵反宋，一路攻城略地，围困广州，长达57天之久，“广州数有风雨之变，贼惧而遁，州人赖其神灵”。这一胜利坚定了粤人对南海神的敬意。《南海广利洪圣昭顺威显王记》又载：宋高宗乾道元年（1165年）郴州寇犯广州，有司祷告南海神庙，然后出兵北进，一举剿灭匪徒。宋宁宗庆元三年（1197年）大奚岛乱民从海路直攻广州，行到南海神面前，忽起大风浪，官兵乘势攻击，一举平定乱军。广州守臣认为，此役必是南海神庇佑。历史上这一系列的“神异”事件，令人对南海神的“兵神”角色深信不疑，以至于历代用兵必祷于南海神庙，如清廷平定准格尔叛乱、大小金川，乾隆帝都派员来南海神庙致祭。这也增加了南海神镇国固位的神话属性。明永乐之后，每逢新帝，即遣使来南海神庙祭祀祷告。

四是善治疾病，送孕子嗣。或许南海神的广大神通显露无遗，“粤人信神而尚巫”的性格自然强化了南海神“有求必应”的功能，而宋仁宗至和元年（1054年）加封南海神的夫人王夫人为“明顺夫人”，此后更突出了“送子”的功能。其中一个突出的例子，发生在明嘉靖十一年（1532年）。嘉靖帝一直无子嗣消息，遣使祷于南海神庙，其文曰：

> 维嘉靖十一年岁次壬辰九月……皇帝遣广东广州府同知沈尚经等，致祭于南海之神曰：惟神钟灵秀，利泽一方，阴翊国家，其来尚矣！朕以寡昧，恭承天命，十有一年，于兹敬事神祇，罔敢少懈。顾储宫未立，恒切于怀。兹者特具牲帛醴斋，遣官虔祷，伏望茂著神功，锡予元嗣，则我国家绵庆骥于无穷，而神亦享福于有永矣。伏惟尚飨[①]。

不久，嘉靖帝屡生龙子，喜不自禁。这给南海神庙增添了几分传奇色彩，也更增加了民众的崇敬之情。

在这里，我们重点分析了最重要的水神——南海神，希望通过个案的分析展示广东水神虽在祭祀层级上悬隔甚远，但在广大民众心里业已形成的一个互补性很强的水神崇拜结构体系，确实有着非常鲜明的“沿海 / 内陆”复合型特征。

接下来，让我们看看南海神崇拜的“波罗诞”活动，怎样体现在日常中，作为重要

① 陈锦鸿：《南海神庙文献汇辑》，广州：广州出版社，2008年，第135页。

的节令活动，体现着怎样的民俗特点与民间情趣。

先讲“波罗庙”的名称与两个传说有关：第一个传说是，相传在唐朝，有印度波罗国使者团前来中国朝贡，他们朝贡结束后从广州乘船归国时，途经南海神庙外的江面，被这里的美景吸引，于是便泊船上岸来参拜神灵和欣赏美景。其中一位使者名叫达奚，他拜完南海神后，虔诚地在神庙的左右两旁各种了一棵从家乡带来的菠萝树苗。达奚欣赏美景过于入迷，忘记了启程回去。当他想起来匆匆赶回到岸边时，船队早已扬帆远去了，达奚就这样被遗忘在异国他乡。他每天都爬到神庙旁边的土丘上去眺望大海，看看有没有船队来接他回波罗国，结果每次都扫兴而归。最后达奚因悲伤过度而抑郁而死，并化为神。当地的村民被达奚的这种思乡的感情深深感动，便在庙里为他塑像进行供奉，并给他封了“司空”的神名。只见达奚的塑像仍然举手眺望着大海，盼望着有船只来接自己。自此以后，大家都四处传唱这个“番鬼（番鬼为广东人对外国人的俗称）望波罗”的感人故事。第二个传说则和“波罗蜜”的发音有关。在梵语中，“波罗”是“彼岸”的意思，“蜜”是“到达”的意思。当时海道十分狭窄，不少外国商船经过十分艰难的航行，终于到达了广州南海神庙的海岸，船员们都十分高兴，于是不停地朝南海神庙高呼“波罗蜜”，便是指到达彼岸的意思。天长日久，人们便将南海神庙称为“波罗庙”，将南海神称为“波罗神”，而南海神的神诞也叫作“波罗诞”。

南海神庙中供奉的是南海神祝融。他本是南方居民的始祖神，又号祝赤。古人认为，南方属火，而火之本在于水，故祝融合水火于一神。历代帝王加封其为“南海广利洪圣昭顺威显灵孚王”，俗称“广利王”或“洪圣王”。南海神主管南海海域的海上风云，据云他法力无边，凡雷电潮汐，疾风波涛，海产奇珍，旱涝水溢等均属他管辖，能消灾除难，威灵显佑。古代来华朝贡使、中外商人等出入广州都要向南海神祈求庇护，以祈海不扬波，一帆风顺。南海神管辖区域“远涉重洋”，被誉为“海上外交之神”，是一位具有浓郁航运色彩的水神。

南海神的诞辰又称“波罗诞”。当代诞期为农历的二月十一日至十三日。但是在早期的时候，诞期要持续更久，诞期为十五天，从农历二月初一就开始了。每年“波罗诞”期间，本地人都会举行盛大的祭南海神仪式。2011年，“波罗诞”入选“第二批国家级非物质文化遗产代表性项目扩展项目名录”。迄今为止，关于“波罗诞”最早的书面文献记载始于南宋时期。南宋著名诗人杨万里（1127—1206年）在其诗作《二月十三谒两庙早期》中描述道：

起来洗面更焚香，粥罢东窗未肯光。
古语旧传春夜短，漏声新觉五更长。
近来事事都无味，老去波波有底忙。
还忆山居桃李晓，酴醾为枕睡为乡。

从诗篇中可知，诗人对庙会十分重视，早早就起来洗面焚香，吃完早粥天还没亮的时候就赶过去看庙会了。此后诗人刘克庄（1187—1269年）也特意作诗一首《即事》，描述“波罗诞”的盛景：

香火万家市，烟花二月时。
居人空巷出，去寒南海祠。
东庙小儿队，南风大贾舟。
不知今广市，何似古扬州。

唐宋时期，神庙旁的扶胥港是广州的外港。扶胥港处于广州溺谷湾北缘，珠江前后航道在黄埔地区汇合后，形成宽广的狮子洋湾区，江面宽达2500米。由扶胥往上直至广州，河道狭窄，江内水急潮聚；由扶胥出虎门，则风帆南下，势无所阻。由此可见，扶胥港地理位置优越，是一个非常优良的港口。因此，当时紧邻扶胥港的南海神庙是广州的大庙，“波罗诞”十分兴盛热闹。进入清代之后，由于扶胥港海滩淤积，海岸线外移，大量船只淤积于港口，故改黄埔港为广州外港。但是南海神庙的“波罗诞”作为水神祭祀的仪典依然保留下来，十分兴盛。著名文人崔弼不惜笔墨在其著作《波罗外纪》中对“波罗诞”庙会的盛景进行了十分详尽的描述：

波罗庙每岁二月初旬，远近环集如市，楼船花艇，小舟大舸，连泊数十里，有不得就岸者，架长篙接木板作桥，越数十重船以渡，其船尾必竖进香灯笼，入夜明烛万艘与江波辉映，管弦呕哑嘈杂，竟达十余夕，连声爆竹，灯火通宵。登舻而望，真天宫海市不过如是矣。至十三日，海神诞期，谒神者仅三更烧豭（小公猪）、蜡、燕、斋、楮、帛、蚖、脂，络绎庙门，填塞不能入庙，内置小桌数百桌，前置香炉烛台、置席、置签珓，就席拜谒者，赁以钱两，庑下卖签语者、卖符者，僧、道、巫、觋、黥奴、乞丐，拥杂衣冠不可穷诘。庙前为梨园戏一棚，近庙十八方各奉六侯，为卤薄葳蕤，装童男女作“万花舆”之戏，至鹿步、墩头、芳园，皆延名优费数百金以乐神。庙前搭篷作铺店。凡省会、佛山之所有日用器物玩好闺阁之饰，儿童之乐，万货荟萃，陈列炫售，照耀入目。其响小鼓小铮笙竽篪笛者，必叮叮当当，滴滴坎坎刺刺聒耳。糊纸作鸡，涂以金翠或为青鸾彩凤，大小不一，谓之波罗鸡。凡谒神者、游览者必买符及鸡以归，馈遗邻里，谓鸡比符为尤灵，可以辟乌雀及虫蝗作护花铃云。祀神毕，登浴日亭，听铜铮四响，兰桨动摇，蒲帆齐举，海艘悉发矣!潮未长沙田阁，舟倩蛋人，推桅如撬行泥中，驼牵蚂蚁，附岁无赖子业，此得升汁者，数十百人，甚有剪柳钻舱治，以鹿步巡司惟喝雉呼卢一掷百万，连船轰赌。不能察觉，比于金吴驰禁也。至花朝以后，男船退毕，女舸渐登，近而红粉村姑，山花插髻，远则青楼荡妇，浪蝶随身，借祈祷之名，恣为游观。海光寺里，坡诗亭子，冶服艳妆，遗钗坠珥，此亦嬉春旧俗矣。

崔弼是番禺人，他的这段记载为我们留下了清朝时期波罗诞期民间祭祀的盛况。波罗诞期间，远近百里的乡民，纷纷前来祭祀南海神，庙内庙外，车水马龙，游人如织，热闹非常，勾勒出一幅车水马龙，游人如鲫的岭南风俗图。古代每年农历二月上旬，方圆数十里的城乡居民就络绎不绝地前来南海神庙参拜祈福，俗称“游波罗”。古时的南海神庙近海，附近一带河网交错，人们多从水道前来。波罗诞的那几天，只见楼船花艇、大舟小舸在河面连泊十余里。有些船无法靠岸，只好架长篙接木板作桥，经过数十重船才能登岸。到了晚间，各船头高高挂起进香灯笼，千万盏明灯与珠江相映，十分壮观，这样连续十多个昼夜，管弦齐作、爆竹连声，犹如天宫海市。特别每年农历的二月十三日的正诞日，更是热闹非常。

民国时期，延续千年的波罗诞依旧热闹非凡。据广州的《越华报》1934年3月29日报道：“番禺第四区庙头乡，又名波罗，有洪圣庙，建于村外。庙前滨海，背后枕山，颇饶风景，为羊城八景之一，岁中香火颇盛。每届洪圣诞辰，循行例会，举乡若狂，或演梨园助庆，联同鹿步、南湾、夏园、沙涌等乡轮流充当主会……惟游客特众，兴高采烈，攘往熙来，人山人海，挤拥不堪，故俗有第一游波罗，第二娶老婆之谣。”由此可见，民国年间波罗诞民间祭祀依然兴旺。

波罗诞期间，人们的祭祀活动除了“游波罗”外，还有重头戏上香。农历二月上旬开始，拜神的人就逐渐增多，有的赶在正诞之前祭拜，有的一心要选择正诞日参拜。正诞日有一个烧五更香的民间风俗，即清晨越早进庙祭拜烧香，越显虔诚之心。所以农历二月十三日波罗诞的正诞之日，善男信女们都为争烧五更香，三更起床，梳洗完毕，争相入庙进香，礼拜祈祷，祈求福佑。由于人太多，“庙门填塞不能入庙”。有些年纪大的，实在挤不进庙里烧五更香，只好在庙外烧香、祀神。更有些远道而来的香客和信众，为争上五更香，他们往往摸黑即起，赶在三更时分，在波罗庙前码头附近空地，挖穴成炉，烘烧乳猪，这些习俗与近年庙前考古发现的众多祭祀坑相互得到印证。五更一来临，即带烧猪入庙拜神。一些珠江三角洲各地来的祭拜者甚至在二月十二日晚就带着简单的行李来到南海神庙，晚上在南海神庙过夜，争得上头炷香，也借以吸收南海神庙圣地之灵气，祈求南海神给自己带来好运。进入现代之后，除了上述祭拜仪式之外，人们还高举写有“海不扬波”“出海大吉”等祈祷词的匾额，在波罗诞上游行。这一切都充满了浓郁的航运色彩。